金朝往事系列

耿元骊 主编

齐伟 著

金朝覆灭
北宋悲剧的重演

辽宁人民出版社

© 齐伟　2025

图书在版编目（CIP）数据

金朝覆灭：北宋悲剧的重演 / 齐伟著. -- 沈阳：辽宁人民出版社，2025．7．--（金朝往事系列 / 耿元骊主编）. -- ISBN 978-7-205-11548-7

Ⅰ．K246.09

中国国家版本馆 CIP 数据核字第 2025SB5785 号

出版发行：辽宁人民出版社
　　　　　地址：沈阳市和平区十一纬路 25 号　邮编：110003
　　　　　电话：024-23284191（发行部）　024-23284304（办公室）
　　　　　http://www.lnpph.com.cn
印　　刷：清淞永业（天津）印刷有限公司
幅面尺寸：145mm×210mm
印　　张：10.5
字　　数：177 千字
出版时间：2025 年 7 月第 1 版
印刷时间：2025 年 7 月第 1 次印刷
责任编辑：姚　远
封面设计：乐　翁
版式设计：一诺设计
责任校对：吴艳杰
书　　号：ISBN 978-7-205-11548-7
定　　价：78.00 元

总 序

金朝：自树唐宋之间

9—13世纪的欧亚大陆东端，在大唐王朝逐渐走向衰败消亡的同时，北方各族群勃兴未艾，契丹人、女真人、党项人与中原汉人族群形成了广泛而激烈的对抗。辽、宋、西夏、金几大势力反复争夺，最终形成了对峙之局，开启了第二次南北朝时期。群雄争霸之时，生长于白山黑水之间的女真人，由完颜阿骨打带领，成为其中极耀眼的一支，并最终成为东北亚霸主，建立"金朝"。征战中金朝维持近一百二十年，成为中国历史上一个极为重要的朝代，置身唐宋之间，自有独特地位。

全盛之时的金朝，北达外兴安岭－库页岛，南到淮河－大散关，东到日本海，西至今呼和浩特－延安－兰州一线更西，面积约360万平方公里，与此对照，南宋面积约200万平方公里。南宋人口高峰期约6000万，金朝人口也有4800万。虽然在文化创造、经济开发上略输一筹，但无论是军事实力还是当时周边威望，在南北多方对峙当中，金朝都更占上风。"辽主见获，宋主

金朝覆灭：北宋悲剧的重演

被执"，是它的高光时刻；"大定民兴咏，明昌物适宜"，是它的全盛之际；"跨辽宋而比迹于汉唐"是后世史官的高调褒扬。

宋政和四年（辽天庆四年），也就是公元1114年，完颜阿骨打兴兵宁江州，开启了反辽征程，随后在出河店赢得第一次大捷，第二年就开启自立之途，定国号大金。辽天祚帝亲率70万大军，想在黄龙府一举剿灭只有2万人的女真军。不想女真军勇猛剽悍，以少胜多，大败辽军，战绩辉煌，由此开启了兵锋威震天下之势。随后一路南下，攻占了辽上京、中京、西京、南京，天祚帝出逃被俘，被封为海滨王，居于长白山东。而宋徽宗不知己方军事实力，更对天下局势没有准确判断，妄想恢复燕云，建立超迈祖宗的不世功业。在马植等人建议下，派人过海到辽东与女真结盟。但宋军战力不强，独自面对失势且无后援的辽军，仍不能取胜，两次攻打燕京均告失败，最终还是由金军攻占燕京。面对军事无能的局面，宋方还要招纳降将，贻人口实，被指责为"渝盟"。1125年，金军南下攻宋，而徽宗应对失当，一味想逃跑避敌，匆忙传位给太子，是为钦宗。金军一路向南，直抵开封城下。一年多时光里，在后方局势占优的情况下，北宋君臣采取种种匪夷所思应对策略，终致败局，二帝被俘，被封为昏德公、重昏侯，迁居东北，北宋灭亡。自起兵到灭辽灭宋，十余年而已，所谓"金之初兴，天下莫强"的局面得以一气呵成。

金朝近一百二十年历程当中，"海内用兵，宁岁无几"，但是

总序　金朝：自树唐宋之间

就在年年征战，高层矛盾持续不断，纷争无日无之的局面下，却出现了世章之治的国泰民安光景。耶律楚材说，"大定民兴咏，明昌物适宜"，也算和杜甫名句"忆昔开元全盛日"一样的追忆名句了。金世宗熟悉中原文化，提倡以史为鉴，认为历史很重要，特别是认真通读过《资治通鉴》《汉书》等汉文典籍，还能评论一二，足见其吸收能力。世宗下令翻译"五经"，完善科举制度，专门开设女真进士科，多管齐下，金朝出现了"国朝文派"。儒学事业在金朝达到了鼎盛状态，"声明文物出中天"。世宗也被《金史》称赞为"小尧舜"，"金源大定始全盛，时以汉文当世宗"。世宗之后，由皇太孙章宗继位，赓续以文治国道路，继续扩大推广儒家文化，完善礼乐制度，推动国家礼制形成体系，编成《大金集礼》。加强法律体系建设，制定了《泰和律》。史家褒奖说章宗统治时期，"宇内小康，乃正礼乐，修刑法，定官制，典章文物粲然成一代之治规"。章宗在位之时，南宋主动进攻，发动了"开禧北伐"，金朝实力仍在，最终在大幅度消耗国力的前提下，取得了"嘉定和议"的胜利。金朝声望在泰和年间的东北亚达到了顶峰状态，大定明昌，成为金朝历史上的一段绝唱。

金史学界将金朝主体文化归纳为"金源文化"，称其是以女真文化为基础，融合了中原文化和其他北方文化，最终形成的一种新北方文化。也有学者认为，金源文化吸纳和融汇多民族文化，成为一种东北区域文化，在交往交流交融当中，最终成为中

金朝覆灭：北宋悲剧的重演

华文化支脉。女真早期完颜部，基本没有什么典籍，没有文字，无官府，大体处于部落联盟阶段。在辽统治下，逐渐学习到了契丹人的文化知识，掌握了建立统治体系的办法。完颜阿骨打建政不久，就由完颜希尹创设了所谓女真大字，然后又创设了女真小字。有了文字，就有了记录、交流的精密工具，说明女真文化水平在逐步提高。不过，从现存金代高水平作品来看，大多数还是汉文作品。攻破开封之时，金军大量索取医人、艺人、工匠迁往北方，也说明北方能工巧匠还不多，水平还不是足够高。但是以此为基础，金朝工艺水平有了很大提升，在建筑、纺织、艺术等方面都呈现了自己的特点。金熙宗这样狂暴的君主也亲自到孔庙祭拜，以后各代也都重视尊孔，提倡儒家教育。金朝在太宗时期，就开始学习中原王朝，编纂国史、实录，建立了修史制度，甚至还修成了一部《辽史》，成为元修《辽史》的基础。金人在几番争论之后，还采用了五德终始之说，主动纳入中国历史谱系，自称是"中华"正统继承者。元代郝经就说，"金源氏有天下，典章法度几近及汉唐"，史称其"跨辽宋而比迹于汉唐"。

到金代末期三帝，面对来自蒙古高原的强敌，虽然自身决策并无较大失误，但是"形势比人强"，局部可抵抗蒙军势力，全局上还是节节败退。宣宗畏敌如虎，蒙古大军兵临中都城下，竟然如徽、钦二帝一样相信术士可作法取胜，幸而蒙古大军议和妥协暂退。在重重压力之下，宣宗决定将首都从中都（今北京）迁南京（今河南开封）。哀宗继位后，被迫迁归德（今河南商丘），再迁蔡州（今河南汝南），最终在蔡州亡国。但是败亡之际，金哀宗还算是有英雄气概，自杀殉国，所谓"图存于亡，力尽乃毙"。

金朝历史一路走来，波澜壮阔，悲壮沉浮。在金、西夏、南宋的对峙当中，金朝基本占据上风，但是面对蒙古大军，也难逃溃败命运，自然让人更加唏嘘。如果想了解女真人百年历程，观察辽、宋、西夏、金四方五政权彼此角力的精彩斗法，自然要读"金朝往事"。与往事系列其他朝代撰写思路相同，孟浩然"人事有代谢，往来成古今"最能代表我们的心声。没有人，没有事，也就没有历史。见人，见事，方见历史。考虑到史料局限性，我们选择了五事来进行描绘，各书仍然是尽力做到文字流畅，线索清晰，分析准确精当，且可快速读完。希望读者朋友能和我们一起思考金朝，思考第二次南北朝的对峙之局，回首"金朝往事"。

女真初起，完颜部源于按出虎水，即今黑龙江哈尔滨东阿什河，女真语"金"即"按出虎"，传说由此得大金之名。无论是经济社会发展程度，还是军事装备技术，甚至是后勤财政支援，辽的实力都是远远高于女真。但是就是这样一支没有财政支援，没有后勤力量，只凭一个杰出头领，由不世出的英雄豪杰完颜阿骨打带领，一群白山黑水之间的精兵猛将，运筹帷幄，十余年间，吞辽灭宋，功勋卓著，伟业足以震古烁今。女真人如何兴起，不由得让人长思。故有《女真崛起：辽朝后方的强大部族》

金朝覆灭：北宋悲剧的重演

一部，探析辽朝后方如何生成了如此强大的部族且如何成长为辽之大患。

金人只用十余年征战，就俘虏天祚帝，歼灭立国二百年的辽朝。先与宋结成海上之盟，但是在战争中发现宋军实力不济，军纪不整，指挥失灵，逐渐起了觊觎之心。正好宋方投机取巧，多次违反盟约，给了金军借口。1125年，金军西路军由云中（今山西大同）攻太原，东路军由平州（今河北卢龙）攻燕京（今北京）。东路军长驱直入，宋军将领郭药师投降，转而带领东路军绕过保州（今河北保定）等有重兵把守的军事关隘，直奔开封而来，兵临城下。东京城内，举措失当，最终二帝北狩，北宋灭亡。故有《吞辽灭宋：金朝建立初期的"壮举"》一部，详细解说金军军事路线、进攻谋略、征战经过，足为鉴戒。

金朝与南宋之间，常有征战，也常有议和，每一次金朝都能得到超额利益。自绍兴和议之后，双方息兵20余年。到1161年，海陵王完颜亮征集60万大军，号称百万雄师，兵分四路，企图饮马长江，一统天下。这一年是正隆六年，史称"正隆南伐"。南宋朝廷上下，再次惊慌失措，不知道如何应对。宋高宗仍然想先行逃跑，令人不齿。恰在此时，一位智勇双全的文官虞允文视察前线，主动承担了防务指挥工作，虽然仓促迎敌，但是组织得法，赢得大胜。完颜亮败退扬州，仍想一鼓作气，攻克临安，再回师消灭发动政变的完颜雍。不过军情骚动，完颜亮被杀，大军北返。故有《正隆南伐：图治之君的"疯狂"选择》一部，梳理海陵王南征败亡历程，介绍完颜雍东京政变经历，双线索理解世宗上台的全过程。

完颜雍政变上台，开启了金朝全盛之时，消除了熙宗造成的混乱局面，金朝国力得到全面恢复。世宗将治国重点转入文治，与民休息，整顿吏治，提出各种文教措施，制定礼法，推动文学发展。"不折腾"在任何时代，都是发展民生的好办法，于是出现了社会稳定，百姓基本能安居乐业的新状态。世宗推崇孝道，模仿汉地治国办法，减少对外征伐，保境安民，和安邻国。章宗继位，继续推广以文治国，扩大科举，制定国家礼乐制度。而且取得了反击开禧北伐的成功，重开和议，宣告金朝是天下共主，威望在东北亚达到了顶峰。故有《世章之治：盛世下的危机》一部，详细介绍两位皇帝统治时期，如何追求文治并取得成功的过程。

盛世之后，就是败亡，此为恒久不变的历史规律。到卫绍王和金宣宗时期，虽然帝王昏庸无能，统治腐败，但也看不出有什么重大的过格之举。但是两位帝王如宋钦宗一样倒霉，无论怎么做，都难逃失败命运。全新外部力量，蒙古势力已然在草原崛起。面对再次新兴的北方势力，曾经雄霸北方的女真人在衰落。对蒙古铁骑，女真人几无还手之力。内忧外患加剧了金朝衰败，哀宗虽然积极抵抗蒙古进攻，却无力回天，金朝在蒙古和南宋联合夹击下灭亡。故有《金朝覆灭：北宋悲剧的重演》一部，详细

金朝覆灭：北宋悲剧的重演

介绍金朝灭亡历史，思考金朝灭亡原因。

以上就是"金朝往事"总体设计。与其他往事系列一样，再抄写我们的基本设想：希望以明晰框架，建设具有整体感的书系。既有主线，又可分立；既有清晰流畅的语言，足够的事实信息，也有核心脉络可以掌握。提供给读者既不烧脑，又不低俗的"讲史"，以学术为基础，但又不是满满脚注的学究文。专业学者用相对轻松的笔调来记录和阐释，提供不一样的阅读感受。这个目标做到与否还很难说，但是我们正在向此努力。我们6人用一年多时光，共同打造的5部小书，请读者诸君阅后评判！

感谢陈俊达（吉林大学）、刘晓飞（辽宁师范大学）、齐伟（辽宁大学）、武文君（吉林大学）、张宝坤（内蒙古大学）等辽金史学界青年翘楚（以上按姓名音序）接受我的邀请，参与撰写"金朝往事"。感谢辽宁人民出版社蔡伟编辑及其所带领编辑团队，细致加以审校，使本书能与"唐朝往事""宋朝往事"以同样优美状态呈现出来。

现在，亲爱的读者，请您展卷领略金朝往事，我们一起思考金源文化与中华文化，探索女真人融入中华民族，长期交往交流交融的历史走向！

耿元骊

2025年5月18日于金之南京开封府

目录

总　序　金朝：自树唐宋之间　　001

引　言　　001

第一章　盛世而衰：从章宗谈起　　004

一、嫡长虽殁，嫡孙当立　　006

二、文人天子，明昌之治　　010

三、叔侄反目，子嗣凋零　　016

四、经童作相，监婢为妃　　028

五、盛世之下，"内忧"加剧　　036

六、大金余晖，"外患"初现　　041

金朝覆灭：北宋悲剧的重演

第二章　地缘宿敌：铁木真眼中的卫绍王　　　　048
　一、"外患"的由来　　　　049
　二、蒙古的反击　　　　054
　三、哭泣的君臣　　　　063
　四、弑君的权臣　　　　070

第三章　缘木求鱼：宣宗的举措　　　　079
　一、螳螂捕蝉：权力的诱惑　　　　080
　二、故园北望：南迁的都城　　　　086
　三、中都沦陷：混乱的北方　　　　098
　四、金源不复：失去的祖地　　　　104
　五、九公封建：无奈的选择　　　　111
　六、末世乱象：窘迫的财政　　　　125
　七、敌人相攻：三国的悲哀　　　　132

第四章　独木难支：哀宗的十年　　141

一、议和南宋，修好西夏　　142

二、山川表里，关河之战　　146

三、喋血三峰，绝望南京　　151

四、"巡狩"河南，共赴国殇　　163

第五章　板荡识诚臣：死于社稷的忠良　　177

一、四朝元老徒单镒　　178

二、宁死不屈王子明　　181

三、视死如归陈和尚　　186

四、汝水忠魂忽斜虎　　193

五、誓死不降张天纲　　196

第六章　国破山河在：传承文脉的士人　　201

一、经学大家王若虚　　202

二、一代文宗元好问　　206

三、女真文人徒单公履　　213

四、李冶和封龙书院　　216

五、刘祁与崔立碑事　　221

第七章　金朝覆灭：历史的巧合　　　　　　　　　　233
　　一、宿怨开端："靖康之耻"　　　　　　　　　　234
　　二、新仇旧恨：系列条约　　　　　　　　　　　　245
　　三、彷徨君臣："旧事"重现　　　　　　　　　　249
　　四、尊严耻辱：宿命轮回　　　　　　　　　　　　257

第八章　旁观者清：无法后退的历史车轮　　　　　　260
　　一、宗室内讧：皇权政治的加强　　　　　　　　　261
　　二、晚期诸帝：素质参差的"大脑"　　　　　　　263
　　三、民族政策：亲疏有别的"家人"　　　　　　　280
　　四、矛盾爆发：夹缝求生的反抗军　　　　　　　　298
　　五、周边关系：策略失误的金廷　　　　　　　　　303

结　语　　　　　　　　　　　　　　　　　　　　　312

后　记　　　　　　　　　　　　　　　　　　　　　316

引 言

历史是什么？我们曾无数次地提出这样的疑问。有人说，过去发生之一切都是历史；有人说，记录在史书上的文字就是历史。而今人所看所学所感，就是从历代浩如烟海的史籍中所获得的。司马迁说："前事不忘，后事之师。"唐太宗说："以史为镜，可以知兴替。"培根说："读史使人明智。"过去，百家为帝王而修史，寻求治国之道。今天，我们为国家、社会和人民而修史，以寻求人类文明发展和进步的空间和动力。历史是一盘棋，有时我们置身其外，看古人下棋，替古人担忧，"念天地之悠悠，独

金朝覆灭：北宋悲剧的重演

怆然而涕下"；有时我们豪情万丈，"为天地立心，为生民立命，为往圣继绝学，为万世开太平"。

金朝，是一个由女真人建立的传统王朝。1115年，金太祖完颜阿骨打在统一女真诸部以后起兵反辽，在上京会宁府（今黑龙江省哈尔滨市阿城区）称帝建国。金朝于1125年灭亡辽朝，1127年又灭掉北宋，迫使南宋称臣。金朝共传10帝，国祚近120年。其鼎盛时期疆域包括东北、华北、关中、中原和黄淮地区以及俄罗斯的远东地区。南至大散关、淮河一线，与南宋对峙；西北与西夏连接；东北地区达外兴安岭，东临日本海。1153年，海陵王完颜亮迁都中都（今北京市），统治中心的南移，使金朝统治的汉化程度愈来愈深。金世宗、金章宗统治时期，政治、经济和文化发展水平达到了自身的巅峰，史称"大定之治"和"明昌之治"。金章宗统治后期，社会矛盾逐渐激化，北部边患加剧，金朝由盛转衰。卫绍王和金宣宗时期，帝王昏庸无能，统治腐败；蒙古南侵，生灵涂炭，民不聊生，内忧外患加剧了金朝的衰败。金哀宗时期，虽然积极抵抗蒙古军的进攻，却无力回天，金朝在蒙古和南宋的联合夹击下灭亡。尤为值得一提的是，金末汉族士人群体在元代金兴之际，或蓬门荜户而著书立言，或高居庙堂而兴邦论道，为中国传统文化的传承与发展做出了不可

引 言

磨灭的贡献。

  本书所讲的故事，是金朝历史上最悲壮的一幕，我们可以把它当作一部悲剧，因为它肇端于"明昌之治"，结束于金朝统治的土崩瓦解。之所以说它是一部悲剧，因为它既充满了英主锐意改革、励精图治的帝王气概，又写意着臣民披肝沥胆、喋血疆场的史册丹心，还饱含着文人志士心系苍生、胸怀天下之家国情怀。在这段历史中，家国大义、儿女情长，记载着兵连祸结中黎民百姓所遭遇的掳掠、蹂躏、愁苦与离别。它是一部史诗，跌宕起伏、险象环生，不同民族、政权、阶级在中国东北、华北和中原的广阔大地上相互角逐，政治博弈、战争威胁、军事征伐，形成了你中有我、我中有你的千丝万缕之联系，女真、蒙古、汉、契丹、奚、渤海、党项等族互为敌人，又互为盟友，最终形成一部多民族深入交融的发展历史，融入中华民族大家庭之中。

第一章
盛世而衰：从章宗谈起

在中国古代官方史书记载当中，当提到中原王朝与东北地区的往来时经常会出现一个名词——"楛矢石砮"。它是生活于中国东北地区的古老民族——肃慎民族所使用之工具，可它究竟长什么样，我们却不得而知，据说可能是用楛木做杆的箭，用石头做成的箭镞。这其貌不扬的东西在3000多年前的商周时期，可是肃慎族用来朝贡中原王朝的贡品，后来与肃慎同一祖先的挹娄、勿吉、靺鞨无不向中原称臣纳贡。斗转星移，时间到了公元12世纪初，与肃慎同一族系的女真是契丹辽朝的属部，经过漫

第一章 盛世而衰：从章宗谈起

长岁月的洗礼，女真人除了保留着与他们祖先相似的生活习俗之外，其民族性格则更加坚韧。女真人生活在东北地区的东部深山密林之中，那里气候寒冷，由于生产力低下，他们从事着粗放的农业经济和原始的渔猎，过着半定居的生活，没有文字，史学家在史书中记载他们的时候，给他们起名叫"生女真"。就像《三朝北盟会编》中描绘的那样，女真人生来凶猛彪悍，作战勇敢，纵横驰骋，且善于骑术，翻山越岭如履平地，饥寒的恶劣环境造就了女真民族临危不惧、不畏强权的民族性格。由于他们生活的地方盛产马匹、珍珠、鹰鹘、貂鼠等土特产品，因此女真人经常受到辽朝统治者的剥削。女真人在辽朝一次次的压榨中以极其顽强的生命力存活下来并迅速壮大，先联宋灭辽，又挥师南下，逼得赵宋政权偏安一隅，建立起占据中国半壁江山的金政权。从完颜阿骨打建立金政权，经过了太宗完颜晟、熙宗完颜亶、海陵王完颜亮、世宗完颜雍、章宗完颜璟这6位统治者90余年的统治。在这不同寻常的90余年当中，金朝有过灭辽伐宋的壮举、上演过手足相残的悲剧，也达到过"宇内小康"的治世局面。历史上的无数史实曾经告诉我们，任何事物都有其产生、发展、鼎盛、衰落和灭亡的规律，金朝在经历了金世宗"大定之治"、金章宗"明昌之治"的盛世之后，在金章宗统治的后期便逐渐走向了

金朝覆灭：北宋悲剧的重演

衰落。

一、嫡长虽殁，嫡孙当立

从阿骨打建立金国到世宗统治时期，金代的社会已经发生了翻天覆地的变化。金世宗完颜雍统治时期，经济发展，社会相对安定，百姓终于过上了安稳太平的日子。大定二年（1162），金世宗立嫡长子完颜允恭为皇太子。大定二十四年（1184），在世宗巡幸上京（今黑龙江省哈尔滨市阿城区）的时候，太子完颜允恭留守中都，奉命监国，除关于遣使、祭享、五品以上官员和重大军国事需向世宗遣使驰奏之外，其他六品以下官和其余常事，任由完颜允恭裁决。完颜允恭居守中都，勤勉政务，宵衣旰食，凡启禀刑名，都亲自批阅，常常移晷忘倦。但不幸的是，在他监国的第二年就因病突然去世。噩耗传到上京，世宗受到沉痛打击，悲痛之余，他还要重新考虑皇位继承人的问题。为稳固朝纲，为了金朝的长治久安，世宗便立了完颜允恭嫡子完颜璟为皇太孙。

完颜璟生于大定八年（1168），因为他出生于金西京抚州（今河北省张北县）境内的金莲川麻达葛山，因此小名又叫麻达

第一章 盛世而衰：从章宗谈起

葛。麻达葛从小就聪明伶俐、勤奋好学，努力学习女真语言和汉字经书，10岁便被封为金源郡王。完颜璟因熟悉女真本民族的语言文字深受爷爷完颜雍的喜爱，世宗曾经对百官说："我经常嘱咐诸王子弟多学习我们自己的语言，可是大家都敷衍了事，只有这个孩子听了我的话，努力学习，我应该好好称赞他呀！"太子允恭去世以后，麻达葛就被晋封为原王，判大兴府（今北京市）事，之后又拜尚书右丞相，作为世宗和明德皇后乌林答氏的唯一嫡孙，越过了他的几位实力派叔伯而成为皇位继承人。

关于完颜璟成为皇位继承人这件事，一直以来都是学界研究金朝皇储之争问题不能回避的话题。对于女真人建立的金朝来讲，选立皇位继承人可不是简单的事。女真建国之初，皇储由勃极烈制度选出，任谙班勃极烈者就是下一任皇帝的候选人，随着金朝统治的稳固和受到中原汉文化的影响，从熙宗开始，皇位候选人的选立逐渐采用嫡长子皇位继承制度，到世宗时金朝的皇太子制度最终确立下来。但是嫡长子继承制度还是受到女真旧俗的影响，一是因为世宗担心女真人被完全汉化而丧失民族性，因此在对待允恭时患得患失，甚至萌生废太子之心，他还强调女真人在学习汉制典章的同时要大力推广女真文化，保持女真旧俗。二是因为以世宗的庶长子永中为代表的旧有派系是皇位的有力争夺

金朝覆灭：北宋悲剧的重演

者，在皇位继承问题上，世宗的太平盛世下暗流涌动，体现的就是汉文化和女真旧俗的较量。皇权政治与贵族政治的博弈，这也为章宗即位后残害骨肉至亲埋下了伏笔。

有学者从隐匿在史书中的蛛丝马迹来探索金世宗朝储位之争引发的诸多政治矛盾，认为金世宗之所以想把皇位传给允恭，在允恭去世之后又立完颜璟为皇太孙，是因为他要坚持中原王朝嫡长子继承制度，并设立太子继承制度。然而女真早期的兄终弟及制和谙班勃极烈制的余威依然影响着金朝后来的皇位继承，赵王完颜永中，是世宗的庶长子，母亲为元妃张氏，具备继承皇位的实力，是完颜允恭和完颜璟皇位继承路上的重要障碍，因此也成为史家津津乐道的重要人物，特别是《金史》中为皇后改葬那段记载，学者们尤为关注。金大定十九年（1179）十一月初六，早年去世的世宗明德皇后（乌林答氏）改葬坤厚陵（今北京市房山区西南大房山），同样已经故去的完颜永中的母亲作为妃子也要迁葬。迁葬当天，灵柩队伍要从磐宁宫（由洪恩寺改建的专供金朝皇帝祭祀皇陵的行宫，又是临时停灵的地方）出发。而完颜永中却让母亲元妃的灵柩先行，并且违规让人打着黄伞作为前导，皇后的灵柩则跟在其后面，皇太子完颜允恭光着脚步行，紧跟其后。少府监张仅言见状赶忙对前面的打伞人大喊，试图加以阻

第一章　盛世而衰：从章宗谈起

止，却无济于事。事后张仅言要把这件事上奏给金世宗，却被完颜允恭拦了下来。面对完颜永中傲慢无礼的挑衅与羞辱，完颜允恭表现出惊人的隐忍与宽容，没有追究完颜永中的僭越行为。针对这件僭越事情的记载，使后来史家对一些史书记载的事情抱有怀疑态度也不足为怪了，完颜永中能够做出如此僭越之事，那么太子允恭的病逝便有可能事出蹊跷。大定二十四年（1184），世宗巡幸上京，命太子监国，可允恭偏偏在世宗不在的情况下病逝，让人不得不联想到之前永中的僭越之举，为了皇位，一些野心勃勃的皇子是否会做出谋害太子的行为？这些我们已经无法知晓，可是历史无法改变的是，嫡长子继承皇位制度和太子继承皇位制度已经在女真皇位继承过程中慢慢扎根，即使失去了嫡长子，世宗仍要将嫡长孙扶上皇帝的宝座。大定二十六年（1186）四月赐麻达葛名璟，十一月立为皇太孙，次年三月授皇太孙册，之后授摄政之印，可以任免五品以下官员，大定二十九年（1189）正月，世宗去世，完颜璟即皇帝位，时年22岁，从此，金朝开启了金章宗统治时期。

金朝覆灭：北宋悲剧的重演

二、文人天子，明昌之治

　　金章宗是金朝汉文化程度最高的皇帝，对儒家文化融会贯通，文化底蕴十分深厚。章宗是完颜允恭的嫡子，母亲孝懿皇后出自与皇家世代联姻的贵姓徒单氏。章宗从小接受贵族教育，通晓女真文，曾用女真语歌唱他老师完颜匡的《睿宗功德歌》。章宗学习儒家经典，他的汉文诗词独具风格，"五云金碧拱朝霞，楼阁峥嵘帝子家。三十六宫帘尽卷，东风无处不扬花"。这首清新脱俗、王气十足的《宫中绝句》就是出自章宗的手笔。生活在金末元初的文人刘祁曾在他的《归潜志》一书中夸赞此诗为"帝王之诗"，称赞章宗天资聪悟，尤其可称道的就是他的诗词。章宗所作的词清雅闲婉，其代表作《蝶恋花·聚骨扇》和《生查子·软金杯》，彰显了章宗清丽淡雅的审美和纯熟的语言表达，完全看不出是出自女真人的手笔，与汉人文士别无二致。在唐代仕女画画家张萱《虢国夫人游春图》上面，有章宗皇帝用瘦金体所书"天水摹张萱虢国夫人游春图"的题签，其字体运笔灵动、遒劲，不失为瘦金书的代表。章宗的画也可圈可点，明朝大臣何乔新在他的《椒邱文集》中提到章宗文采，在《题金章宗画马

第一章　盛世而衰：从章宗谈起

图》中有这样一句话："明昌天子世宗孙，善书善画兼善文。"只可惜题这句诗的画作已经失传。

章宗不但擅长诗词歌赋和书画创作，还喜好收藏。他设立书画院，搜集散佚的书籍和书画名品，当然他的祖上在靖康之役中也掠夺了北宋大量宝贝。金天会五年（北宋靖康二年，1127），金军攻破北宋首都开封（今河南省开封市），抢夺大量金银财宝、文籍舆图、宝器法物，并掳宋徽宗、宋钦宗和后妃、皇子、宗室、贵卿、教坊乐工、技艺工匠等万余人北上，东京城中公私积蓄被扫荡一空。后来这批文玩字画被金章宗收藏。目前可知的经章宗鉴题的书画如王羲之的《快雪时晴帖》《古千字文》，怀素的《自叙帖》，顾恺之的《女史箴图》《洛神赋图》，张萱的《虢国夫人游春图》等达35件之多。章宗还通晓音律，后人将他与唐玄宗、南唐后主、宋徽宗等帝王的才华相提并论。章宗对汉文化的追求与痴迷宛然一汉家天子，甚至有过之而无不及。

章宗的才华，还体现在他的治国理念当中。其实施的很多文化政策都能看到重视文化的影子，最值得称道的就是他对科举制度的改革。首先是增加科举录取人数，有人做过研究统计，章宗朝20年，取策论进士400多人，词赋进士约1100人，经义进士200人左右，总计1700余人。与其祖父世宗朝取进士总计700余

金朝覆灭：北宋悲剧的重演

人相比，录取人数增加幅度非常大。其次就是恢复海陵王时期被废除的经童科，专门选拔天资超常的神童，元好问的好友赵元、麻九畴都是经童出身。还有就是增设宏词科，宏词科实际上是在进士和官员队伍中进行的二次考核，用以选拔擅长撰写诏令之类的人才，所以士人纷纷以中选为荣，萧贡、李献能、元好问等人都获此荣耀。这些举措为金朝选拔了大批优秀人才，金末文坛主力除了年长一些的赵秉文之外，杨云翼、王若虚、李纯甫、元好问、李献能、李献甫、冯延登等人都得益于章宗的科举改革，章宗的科举改革为金末文坛形成文人鼎盛的局面奠定了雄厚的文化基础。

作为守成之君，章宗也体现出英明果敢的政治魄力。在他统治前期，基本上继承了祖父世宗的施政方针，并针对当时社会出现的新问题进行整顿和改革，使金朝统治达到了鼎盛，史称"明昌之治"。

大定二十九年（1189）正月，金世宗驾崩，十一月，刚刚即位的章宗就着手解决"二税户"问题。所谓"二税户"，源于辽代契丹贵族所建的头下军州所属的人户，这些人户由战俘和奴隶组成，因为头下军州为契丹贵族私人领地，所以他们成为头下州主的私产。因其既要向头下主交税，又要向辽朝官府缴纳田租，

第一章 盛世而衰：从章宗谈起

因此被称为"二税户"。后来笃信佛教的契丹贵族又经常把大量民户或所属人户施舍给寺院，这些被赐送给寺院的民户则既要向寺院纳税，又要向官府纳税，这部分人口称为寺院二税户。辽亡以后，作为头下军州的二税户渐渐消失，而寺院二税户仍为金朝所继承。金朝寺院二税户由契丹良民组成，但他们逐渐成为寺院的奴隶，地位极其低下，政府和寺院之间、寺院僧人与二税户之间的矛盾逐渐加深，二税户所带来的社会问题也逐渐增多。金世宗时期曾放免一些二税户为平民，但这些措施没有从根本上解决问题。直到章宗即位，遣使分括北路（治今山西省太原市，今山西和陕西部分地区）及中都路（今北京市）二税户，二税户中的契丹奴隶才获得了解放。仅章宗明昌元年（1190）六月，就放免二税户1700余户，共计1.39万余人，加上世宗时放免的600余人，共放免1.45万余人为良民。从此，寺院二税户奴隶任人宰割的状况得到了极大的改善，这也在很大程度上消除了社会隐患。

　　农业关系国计民生，章宗对农业的重视主要表现为推广区田法和水田。区田法自西汉开始在关中地区推行，是在旱地上耕种农业的一种方法，它的特点是耕作面积小，产量高，但需要耗费大量人力进行精耕细作，费时费工，因此历代统治者很少推行此法。明昌三年（1192）三月，章宗和宰执们商讨区田法的可行性，并给予了肯定，但由于分歧较大，区田法一直没有颁行。次年，章宗继续和大臣们讨论此法。参知政事胥持国说："大定年间，人口众多，所费也很多。如果采用区田法，我觉得利应该大于弊。"并认为区田法之所以无法施行，大概是百姓没有尝到种区田的好处。而且已经令城南百姓试种，并委派官员监督，等到秋收，百姓收到了效益，效仿此种方法种地的人自然就多了。参知政事夹谷衡则认为："如果有利可图，古代早就施行此法了，何必等到现在都没人种呢？采用区种之法，费工费时，偌大田地只种那么少量，恐怕得不偿失。"虽然有大臣反对，章宗权衡再三，还是决定试行区田法。区田法试行期间，章宗不断询问试种情况，还特意派人员去视察。明昌五年（1194）正月，章宗颁布诏谕，命农民用区田法种地，并相继规定了农户耕种区田的具体要求和细则，章宗还亲自到中都近郊视察区田耕种情况。由于自然灾害、税收过高等原因，区田法颁行得并不顺利，但是章宗依然对区田法存有信心，直到章宗泰和四年（1204）依然还在讨论区田法的实施情况。区田法虽然没有给金朝带来预期的效益，但是可以看出章宗发展农业的决心。章宗发展农业的第二个举措就是推行水田。由于水田能够大幅度提高粮食的产量，所以章宗也十分重视和鼓励耕种水田。明昌五年（1194），章宗下诏，命域

第一章 盛世而衰：从章宗谈起

内有河流的州县开凿沟渠、引水灌溉农田。在中都路安肃、定兴两县引河灌溉农田4000余亩，并奖励各地官员发展水田和兴修水利设施。水田的推广与农田水利设施的兴修都促进了农业的发展。

章宗在官员任用和升迁方面实行减资考，以便缩短官员升迁晋级的年限。官员循资制度开始于唐代，是一种按照工作年限升迁的官员任命制度。按照章宗以前的规定，假如一位进士开始先从州郡的丞或主簿的佐官做起，第五任县令才能升正七品，两任正七品升六品，三任六品升从五品，两任从五品升正五品，两任正五品才能升刺史。倘若一个人从丞或主簿的佐官入仕，做到刺史的位置，顺利的话也要40余年的时间，从翩翩少年到白发苍苍，对于人的短暂一生来说这种升迁制度简直太过于漫长。鉴于这种过度讲究资历的官员提拔制度，章宗命令有关部门如果遇到可用之人，对国家社会有用之才，根据实际情况可以打破原有资格考察制度而破格提拔任用，这样就大大缩短了官员提拔的周期，不至于熬到鬓角发白才能加官晋爵。章宗也注意举荐贤能。按照以前的制度规定，宰相不得私自接见求仕之官，违者将受到相应的惩处；大臣不得引荐自己的亲友出仕做官，哪怕他有济世之才，也要规避。章宗针对以上官员选拔的弊端，一改以往旧制,他对负责官员强调,选贤与能不避亲与仇,并列举"祁奚举仇"、狄仁杰举荐自己的儿子、崔祐甫推荐亲故800人做官的典故,命内外五品以上官员每年都要举荐一定数量的贤能之人,否则将以"蔽贤"不荐之名治罪。同时为了防止有人徇私舞弊,规定如果推荐的是贤良有才能之人就会得到奖赏,反之,如果举荐的是不合格的庸碌之辈,举荐之人则会被依法治罪。

此外,章宗还废除了不必要的服役,省却没有缘由的赏赐,裁撤冗官,加快积压已久的诉讼案件处理速度。诸如此类政策和措施,都表明章宗早期是一位有所作为的开明君主。

总之,在章宗统治前期,致力于完善各种制度,正礼乐、修刑法、定官制,加强中央集权,通过各项政策的制定与完善,政权得以进一步巩固。因其在位时政令修举、文治烂然、府库充盈,生产力有了明显的提高,经济得到了充分的发展,人口也有了较大幅度的增长,这是金朝最为繁荣兴盛的时期,被史家评为"宇内小康"。

三、叔侄反目,子嗣凋零

章宗是一位守成之君,但也是一位陵夷之君。乾隆皇帝曾评

第一章 盛世而衰：从章宗谈起

价章宗，说他的祖先能说"国语"，但是沾染到汉人风气，变得软柔，所以导致"金源"逐渐衰败，他感慨大定建立的优势局面到章宗手里全面失去了。这是对章宗统治时期尤其是后期政治腐败、社会整体精神面貌颓废的生动描述，也是对章宗本人性格的深刻剖析以及对章宗猜忌宗室、摒弃女真传统、崇文弱武等种种所为的深刻批判。

金朝皇帝仿佛没有一位是稳稳当当过太平日子的，太祖、太宗为金朝的建立戎马一生，可后来的继承者们在宗室内斗、同室操戈的残酷斗争中不断内耗，要么像海陵王完颜亮、世宗完颜雍那样谋夺皇位，要么像熙宗完颜亶、章宗完颜璟那样猜忌和大肆屠杀宗族子弟，当然熙宗和海陵王也命丧于祸起萧墙。生长在帝王之家，自己祖辈的那些经验教训历历在目，父亲去世前后诸叔伯培植党羽并对皇位虎视眈眈，章宗习惯了用尔虞我诈的方式审视和处理问题，加之历朝历代皇位争夺的残酷也时刻提醒章宗，必须对他的叔伯辈有所提防。据《金史》记载，章宗即位之初，就对世宗诸子加以控制。但他内心其实是不自信的，章宗以世宗嫡孙身份继承皇位，对皇帝宝座是否能坐住完全没有信心，对能够控制诸王权力也没有完全的把握，因此他选择用极端的方式来解决女真早期贵族政治对皇权的威胁。他的祖父世宗有皇子共10

金朝覆灭：北宋悲剧的重演

人，除了章宗的父亲即显宗完颜允恭外，赵王完颜孰辇和越王完颜斜鲁也是世宗与乌林答氏所生，但不幸都夭折了。此外，还有镐王完颜允中、越王完颜允功、郑王完颜允蹈、卫绍王完颜允济、潞王完颜允德、豫王完颜允成、隋王完颜允升，因显宗允恭之故，众皇子名字中的"允"字皆改称为"永"。

事情还要从明昌二年（1191）正月孝懿皇后去世说起。孝懿皇后是章宗的生母徒单氏，她的父亲徒单贞娶辽王完颜宗干的女儿、海陵王的妹妹平阳公主为妻，为驸马都尉。徒单氏于金皇统七年（1147）出生在辽阳，长大以后，性格沉稳庄重，少言寡语，但徒单氏巾帼不让须眉，替父母总理家务，事无巨细，所有事情都能打理得井井有条。那么，徒单氏的父亲是海陵王一派的重臣，怎么会把自己的女儿嫁给政敌的儿子呢？徒单贞在金皇统九年（1149）十二月初九与唐括辩、大兴国等人参加了海陵王弑杀熙宗的叛变活动，拥立海陵王即皇帝位。可海陵王独断专行、弑杀无度、穷兵黩武。金正隆六年（1161），海陵王率兵亲征，攻打南宋，在瓜洲（位于今江苏省扬州市）渡江战役时众叛亲离，被身边的人杀死。完颜雍则在辽阳称帝，徒单贞见大势已去，便转身投靠了世宗，世宗为了稳定局面，拉拢旧臣，便不计前嫌，宽慰他说："之前你虽然效忠于你的主子，但并没有助纣

第一章　盛世而衰：从章宗谈起

为虐。"因此仍然重用他，并让自己的嫡子完颜允恭娶了徒单贞的女儿徒单氏，封为皇太子妃。徒单氏嫁给允恭之后，深受世宗夸赞，尤其章宗出生以后，世宗更是认可这个儿媳妇。徒单氏还勤学《诗》《书》，尤其喜读"老庄之学"，为章宗树立了良好的学习榜样。章宗即位以后，尊母亲徒单氏为皇太后。章宗皇帝侍奉徒单氏极其恭谨，每年送给母亲1000两金、5000两银、500端重币、2000匹绢、2万两绵、500匹布、5万贯钱，不仅如此，章宗明白母亲的不易，经常到母亲所住的隆庆宫问安起居，耐心听从母亲的教诲。

章宗明昌二年（1191）正月，徒单氏因病去世，年仅45岁。作为儿子，时隔父亲去世仅仅6年，母亲就离他而去，仿佛还未尽到帝王心目中对母亲的孝心；作为皇帝，章宗刚刚即位第二年，皇位还未稳固，觊觎皇位的人大有人在，也需要母亲给他强大的精神支柱。因此，章宗内心悲伤、无助和愤懑的程度是可想而知的。可偏偏就在举国哀悼孝懿皇后之际，几位叔叔却不给章宗这个面子。判真定府事吴王完颜永成和判定武军节度使隋王完颜永升奔丧来迟，完颜永中则因得了寒疾之病压根儿就没过来。这种轻慢的态度和行为让章宗大为恼火，罚完颜永成和完颜永升一个月工资，并杖责负责该项事务的长史50大板。几位叔伯王

金朝覆灭：北宋悲剧的重演

爷的轻慢表现使得章宗对他们的猜忌之心越来越重，增设王傅府尉官，名义上是官署，实则是为了监视诸王的一举一动。章宗对诸王的钳制引起了他们的强烈不满，然而永成和永升，论实力并不能直接对章宗带来某种威胁，这是因为永成的母亲昭仪梁氏出身一般，又因为早卒，永成很早就过继给元妃李氏抚养；而永升的母亲、才人出身的石抹氏更加普通，以至于《金史》对其着墨仅一二处。但永蹈和永中就没那么幸运了。

郑王永蹈，本名银术可，初名又叫石狗儿，章宗即位以后，任其为彰武军节度使，进封卫王，后又改封郑王，改判定武军节度使。永蹈的母亲是元妃李氏，李氏的姑母是世宗的母亲贞懿皇后，李氏的父亲李石因有定策之功而深得世宗信任，被授以尚书令，进封平原郡王，位在左、右丞相之上。作为世宗的表妹，世宗对李氏宠幸有加，二人先后生郑王永蹈、卫绍王永济、潞王永德、韩国公主和泽国公主完颜长乐。世宗的妻子明德皇后乌林答氏为其守节而死之后，世宗为了纪念结发之妻并没有立后，世宗晚年虽然有立李氏为后的想法，但是考虑到李氏的三个儿子可能会因为子凭母贵、动摇太子之位，便打消了再次立后的想法。元妃李氏虽没有皇后之名，却位在其他妃嫔之上。

凭借母家的地位和声望，永蹈自信心爆棚。永蹈的家奴毕庆

第一章 盛世而衰：从章宗谈起

寿有三个朋友，他们是崔温、郭谏、马太初。最初，永蹈并不认识郭谏，因为郭谏会相面，毕庆寿就把郭谏推荐给永蹈。四人经常私下非议时政，鼓捣一些吉凶祸福、治乱兴衰等算命占卜的把戏。郭谏给永蹈全家相面时阿谀奉承说："大王相貌堂堂，非同凡人，王妃和两位公子将来也都是贵人啊！况且大王您可是元妃长子，您与其他皇子不一样！"永蹈听了这一番话，蠢蠢欲动，赶忙叫崔温和马太初察观天象，给他算命占卜。崔温则说："丑年有兵灾，属兔的人来年春当收兵得位！"郭谏进一步煽风点火："昨夜子时我看见天空一道霞光冲犯紫微，且有一道白光贯穿圆月，这预示着不久国家要有一场大乱，王爷要抓住机会啊！"永蹈对这些玄之又玄的话深信不疑，因为他就属兔，于是便开始紧锣密鼓地实施谋权计划。

首先，永蹈秘密买通章宗身边的侍者郑雨儿，让他偷偷窥探章宗的起居，然后以崔温、郭谏、马太初、妹妹泽国公主长乐、驸马都尉蒲剌睹等人负责谋策。可是事情并未按照他们所想象的那样进行，左丞相仆散忠义之子、河南（黄河以南）统军使仆散揆也是永蹈的妹夫，娶的是韩国公主。永蹈想谋取仆散揆统领的河南军的支持，遂与妹妹泽国公主长乐谋划，让驸马都尉蒲剌睹写一封书信给仆散揆，先打算通过与仆散揆联姻，以观其意。但

金朝覆灭：北宋悲剧的重演

仆散揆拒绝了联姻，送信使者便不敢再言后面的事情了。在永蹈秘密勾结相关人员要造反时，永蹈的家奴董寿好心规劝他不要玩火自焚，可永蹈置若罔闻。董寿很无奈，一次不小心说走了嘴，另一个家奴千家奴听到后向章宗告密。章宗马上采取行动，命平章政事完颜守贞、参知政事胥持国、户部尚书杨伯通、知大兴府事尼庞古鉴把人在京师的永蹈拘捕起来进行审问。因为受牵连的人太多，办案时间过于漫长，久久不能得出一个结果，章宗很生气，召完颜守贞等人询问情况。善于察言观色的右丞相夹谷清臣揣测到圣意，于是上奏说："事贵速决，以安人心。"于是，章宗赐永蹈、王妃卞玉、二子按春和阿辛、长乐公主自尽，驸马蒲剌睹、崔温、郭谏、马太初等人按罪诛杀，受牵连者众多。

受中国古代君权神授思想的影响，像永蹈利用谶纬之说谋取皇位的现象在中国古代司空见惯，况且他本人也对此深信不疑。"谶"，作为一种神秘的预言，假托神仙圣人预言吉凶，它是儒家方士制造出来的某种当今看似荒诞的诡异的隐语和图录，而"纬书"是相对于儒家的"经书"而言，是汉代儒生方士依托今文经义宣扬符瑞、占卜之书。谶纬之学在汉代非常流行，谶纬神化刘姓皇权，奉孔子为教主，将儒学发展为儒教，具有完整的宗教神学体系，后来成为中国古代封建帝王统御万民、宣扬君权神授的

第一章 盛世而衰：从章宗谈起

政治手段，更是封建社会普遍存在的一种社会心理，社会上一旦出现某种祥瑞、灾难等现象，便预示着某种征兆。王莽借助谶纬思想窃取汉室帝位，武则天称帝前也是各种祥瑞不断，凡此种种，所以历史上并非永蹈的行为是我们所认为的可笑之举，这是中国古代民众的一种普遍心理，更是社会整体心态的反映。

永蹈事件平息之后，章宗对诸王的监视和限制更加严厉。增设诸王司马以检查出入宫门的人员，不论是打球、狩猎还是游玩、宴会，诸王的所有行为都受到了限制，其家人出入也要遭到检查询问，甚至出现了告密的现象。在这种高压的政治氛围中，宗室子弟们会明哲保身、委曲求全吗？

完颜永中，是世宗庶长子，女真名叫实鲁剌，又名万僧，母亲为元妃张氏，舅舅张汝弼先后任世宗朝的吏部尚书和左丞相，拜参知政事。章宗即皇帝位后，叔伯们都加官晋爵，每人都被赏赐500两黄金、5000两白银、2000贯钱、300端重币、2000匹绢。尤其永中，判西京留守，晋封为汉王，赏赐永中300万钱用来修缮官署，他的儿子完颜石古乃（完颜瑜）和完颜阿离合懑（完颜璪）都被加封。明昌二年（1191）正月十二日，孝懿皇后去世，永中因为生病没能去奔丧吊唁，引起章宗极大的不满，待禫祭（除丧服之祭）时，完颜永中才赶来，参加了之后的烧饭（指死

金朝覆灭：北宋悲剧的重演

者死后，每当朔、望、节辰、忌日等焚烧酒食的祭祀仪式，此俗在契丹、女真、蒙古诸族之中流传）之礼，待丧礼办完之后，永中和诸王向章宗道别，出于礼节，章宗把母亲遗物赏赐给完颜永中及诸王，而嫌疑忌恨之心从此产生，为永中家族的覆灭埋下了祸根。

接下来的形势越发对完颜永中不利。在章宗明昌三年（1192）的时候，永中判平阳府（今山西省临汾市）事，进封镐王。这时章宗已经对诸王开始施行监视，置王传、府尉官，表面上只是官属，实则是专门为监视诸王而设。永中感到形势不妙，于是以年纪大、行动迟缓、思维迟钝等为理由，上表请求退休，章宗不但不允许，反倒开始处置与永中有联系的人。《金史》中记载，有个叫把里海的女真人，任河东提刑判官，因为私下拜谒永中，不但丢了乌纱帽，还挨了100个板子。还有个叫裴满可孙的女真人，曾任近侍局副使，因为之前接受过永中的嘱托，为永中的儿子石古乃求官，结果被改任同知西京留守。此时的章宗仿佛掘地三尺也要找到永中不忠的证据。张汝弼的妻子即永中的舅妈高陀斡，早在世宗大定年间就收藏永中母亲元妃张氏的画像，此时让人以旁门左道为永中祈福。据《金史》记载，高陀斡怀有非分之想，在明昌五年（1194）因为犯有诅咒之罪而被杀。"诅咒"的罪名，可能是她故意而为的巫蛊之类的行为，也可能是由于有人蓄意栽赃而为之，虽然没有确凿证据，但最后的结果就是连带永中也成为被怀疑的对象，这让永中的处境更加艰难。

所有的迹象表明，章宗举起的屠刀正渐渐指向了永中一族。福无双至，祸不单行，先是永中的同僚和亲戚，现在又轮到了永中的几个儿子。永蹈被杀以后，章宗对诸王的监视更加严厉，增置诸王司马一员，检查门户出入，外出打猎、游玩、宴饮都要受到盘问限制，家人出入皆有禁防。这种被长期监视的生活使得永中一家喘不过气来，好歹也是宗室贵胄，怎能受此侮辱？永中老谋深算、忍辱负重，知道此中利害，时常告诫家人，言行一定要小心谨慎。可四子阿离合懑年轻气盛，受不了这窝囊气，因为受到章宗的严密监视而私下里说了很多难听埋怨的话，结果被永中的傅尉告了密，章宗立即命人审讯。接着又有人告密，说永中的二儿子神徒门（完颜璋）所写的词曲中有对皇帝不敬之语。欲加之罪何患无辞，永中再隐忍也没能幸免，被家奴德哥举报，说永中曾经对侍妾瑞雪许诺说："有朝一日，我夺得天下，将封我的儿子们为王，封你为妃！"听说永中说出了这样大不敬的话，章宗立即命人调查此事，朝中一些大臣替镐王说情，毕竟举报只是一面之词，又没有确凿的证据，永中肯定不会承认自己说了那些话。右谏议大夫贾守谦上疏，旁敲侧击，借讲当时政治形势，劝说金章宗对镐王网开一面。右拾遗路铎也上书，言辞恳切地请求章宗以宽大为怀，赦免完颜永中的罪过。可这样更加引起章宗的不快和猜疑。负责审理此案的平章政事完颜守贞很同情永中，因为审不出什么大罪，久不能决。章宗就怀疑完颜守贞等人与永中是一党，故意包庇完颜永中，于是下诏贬降完颜守贞为知济南府事，立即辞朝出京就任，过去曾推举完颜守贞入朝为官的时任吏部尚书董师中与右拾遗路铎等人也被贬降出京师外任。章宗又命礼部尚书张暐、兵部侍郎乌古论庆裔重新审理此事。章宗故作姿态，非但没有对永中采取措施，反而命人不要声张，还为永中开脱，对宰臣说："镐王只不过是在语言上有怠慢之语，与永蹈的罪可不一样。"章宗欲盖弥彰，但群臣早就猜透了他的想法，于是参知政事马琪说："永中与永蹈罪状虽然不同，但性质是一样的。"左丞相夹谷清臣添油加醋道："这说明完颜永中早有不轨之心。"章宗又让百官进行讨论，官员异口同声："请您按律治罪！"结果，章宗借用百官的手赐死永中，永中的儿子神徒门和阿离合懑等人暴尸于市。

总观章宗铲除永蹈和永中两族势力的行为，我们似乎可以说点什么。永蹈家族确实有谋权的行动，而永中一族委实看不出有

第一章 盛世而衰：从章宗谈起

什么威胁皇位的行动，都是被人告密的言辞而已，或者说还没有暴露出他们的野心，况且章宗心里应该清楚永中是冤枉的，命令以国公礼收葬永中，一切丧葬费用都是国家出钱，后来又恢复永中王爵，以礼改葬，岁时祭奠。之所以能构成他们的罪名，是因为这本身就是"先下手为强，后下手遭殃"的历史逻辑的演变。章宗对诸王的镇压行为，本质还是金朝皇权政治与贵族政治之间的矛盾和斗争，或者说是章宗为了加强皇权、削弱女真贵族政治的表现。政治斗争本身就是残酷的，以永蹈为中心的母家渤海李氏集团和以永中为中心的母家渤海张氏集团被打压，但客观上也给女真宗室贵族带来了很大的打击。章宗晚年无子，皇嗣问题成了最头疼的事情，可回头想一想，他诛杀永蹈全家，赐死永中并杀害其子，宗室之人被禁锢20余年，永中的后人甚至被禁锢40余年，男子成年不让婚娶，女子长大不能出嫁，如果按照古人因果报应的理念，这种泯灭人性、人伦尽失的作为怎么会让他枝繁叶茂、子嗣绵延呢？正所谓"祸福无门，惟人自召；善恶之报，如影随形"，即便如此，在他弥留之际仍心存侥幸，诸叔兄弟多在，精心挑选一位优秀的皇位继承人未尝没有可能，但他唯独选了一个懦弱无能、容易驾驭的卫绍王完颜永济，自以为有朝一日这个无能的卫绍王会把皇位传给他未出生的孩子，真是滑天下之大稽。

四、经童作相，监婢为妃

金章宗在位20年，前期统治可圈可点，后期却暴露了专制统治所共有的一些特征，繁华背后隐含众多无法解决的矛盾，被内部矛盾和外部危机重重包围的国家大厦逐渐走向了衰落。章宗为了加强皇权，排斥异己、打击宗室，还宠信后宫、任人唯亲，这些行为严重削弱了统治集团的凝聚力。

如果皇帝的后妃恃宠而骄，凭借"一人得道"而升天的外戚便飞扬跋扈，与朝中大臣拉帮结派，得势的趋之若鹜，失势的门可罗雀，搞得朝堂之上乌烟瘴气，忠奸不明的皇帝糊里糊涂地守着祖上打下来的江山，过着醉生梦死的生活，这是中国古代帝王专制统治下导致统治集团内部政治混乱、社会矛盾激化、逐渐走向衰落的主要原因之一。为防止外戚干政，从汉武帝杀太子刘弗陵生母钩弋夫人，到北魏时的"子贵母死"，皇帝们仿佛一直在努力地让皇权不外落。可是正如黑格尔说的那样："人类从历史中学到的唯一教训就是人类无法从历史中学到任何教训！"章宗统治后期腐化堕落、政风败坏，就与他宠爱元妃李师儿和任用经

第一章 盛世而衰：从章宗谈起

童出身的胥持国有很大的关系。

李师儿，出生于渥城（今河北省保定市）。论出身，李师儿的身份都算不上普通，而是低下，只因为她的父亲李湘和母亲王盼儿都是监户（平民犯罪被没入官府称为宫籍监户，地位高于奴隶而低于平民）出身，这种身份在以等级论高低的社会是不被看好的。如果她不是被送进宫，不做章宗的妃子，可能她就是一个普通人家的女子，或以监户身份嫁为人妇，作为历史中的一粒尘埃不被历史所记载。可往往历史就是这样，一个偶然的机会，历史给他们创造了一个契机，让帝王和红颜知己相遇，从此"君王不早朝"，把一个偌大国家灭亡的原因简单地归结为红颜祸水而不去追究导致祸水的根源，即帝王本身以及以帝王为代表的专制制度和官僚体制。大定末年，李师儿以监户女子身份入宫，成为一名宫女，学习宫中的规矩。李师儿虽然长相一般，但悟性极高，刚开始并不知书，后来见到章宗喜好文学，便开始努力学习，一教就会，还能举一反三，渐渐地开始识文断字，在众多的宫女当中脱颖而出，她凭借聪明和才智，利用一切可利用的条件和机会，一步步地成为章宗的宠妃。一次，章宗与李师儿游览妆台（琼华岛），一时来了兴致，二人便吟诗作对。章宗先出了上句"二人土上坐"，这一联既有写实的成分，又是拆字联，有一定的难度，而李师儿却轻松地给出了下联"一月日边明"，不仅符合拆字规则，还将章宗比喻为日，自己比喻为月，日月相伴为明，两句合起来相得益彰、恰到好处，且寓意美好，让章宗大为欢喜。李妃由一个不知书的普通妃子一跃为懂得写作、著有《梳妆台乐府》的宠妃，二人能够琴瑟和鸣，说明确实有共同的爱好。明昌四年（1193），李师儿被封为昭容，第二年又晋封为淑妃。

　　章宗宠爱李师儿的表现不仅仅是给她锦衣玉食，与她吟诗作对，还要给她金朝女性最高的封号——皇后，但这一想法遭到了大臣们的反对。这又是为什么呢？章宗早在大定二十三年（1183）娶妻蒲察氏，但蒲察氏还没来得及当上皇后便在大定末年去世了。章宗即位以后，后位一直空着，淑妃李师儿的出现却让他有了立后的想法。但是按照金朝皇帝的选后传统，皇后必须出自女真贵族，这一传统关乎金朝政权的稳固与否，其在金政权建立之前就已经形成，由女真贵族统治集团共同遵守，仿佛约定俗成一般，心照不宣，庶族出身的女子尚且不能成为皇后，更别说是奴婢身份的李师儿了。那么在女真贵族之中，都有哪些家族拥有皇后的荣誉呢？他们是徒单氏、唐括氏、蒲察氏、拏懒氏、仆散氏、纥石烈氏、乌林答氏、乌古论氏、裴满氏诸部部长。阿

第一章 盛世而衰：从章宗谈起

骨打父亲完颜劾里钵娶的是拏懒氏，金熙宗追上谥号为翼简皇后；太祖完颜阿骨打的后妃均出自纥石烈氏、唐括氏、裴满氏、仆散氏；太宗吴乞买皇后为唐括氏；熙宗完颜亶悼平皇后出自裴满氏；海陵王完颜亮皇后为徒单氏，是太师徒单斜也的女儿；世宗完颜雍的明德皇后为乌林答氏。章宗皇后则是蒲察氏，是金世宗亲自为章宗挑选的媳妇，蒲察氏娴静温婉、知书达理，嫁给章宗以后，集万千宠爱于一身，可惜红颜薄命，因为2岁的儿子夭折而受到巨大的打击，不久就去世了，"钦怀皇后"是章宗即位后为她追封的名号。

李师儿虽无皇后之名，却有皇后之实，章宗皇帝给了她皇后应有的最尊贵的地位和无上荣光。古话说得好："一人得道，鸡犬升天。"她的父亲李湘被追赠为金紫光禄大夫、上柱国、陇西郡公，还有她的祖父与曾祖父都得到追赠。李师儿有一个哥哥和一个弟弟，哥哥李喜儿，曾经为盗，名声不太好，因为李师儿的关系也当上了大官，任提点太医兼近侍局使（从五品，负责侍从、承敕令、转进奏帖）、左宣徽使（三品，负责朝会、宴享、殿廷礼仪及监知御膳等事务）和安国军节度使，被赐名仁惠。李师儿的弟弟铁哥，官至近侍局、少府监（掌管百工营造之事，统管尚方、织染、文思、裁造、文绣等部门），被赐名仁愿。李氏

金朝覆灭：北宋悲剧的重演

兄弟因为在章宗身边服务，拥有很多别人可望而不可即的权力，显赫四方，很多人为了攀附权贵争相对李氏兄弟阿谀奉承，趋炎附势的人想方设法与李家攀上关系。南京（今河北省卢龙县）人李炳、中山（今河北省定州市）人李著因为同样姓李就与李家攀亲道故。还有些豪强地主因为土地问题与人产生纠纷，向李仁惠重金行贿。李家的家奴在大街上欺压别人，围观者因为惧怕李家的权势而不敢上前解围。

史书上说，台谏官员向章宗告状，因李氏兄弟干预朝政，要章宗亲贤人远小人，也有很多现代史家认为，因李师儿形成了外戚集团。关于李氏兄弟干预朝政的事情，史书记载是少之又少，实在看不出以李师儿为主的小群体是外戚集团。首先，李师儿的娘家人只有李仁惠和李仁愿，他们确实因为李师儿的缘故能够接近皇帝，有机会接触到权力的最高层，发展的平台是真的高，他们的机遇对于大多数普通官员来说是望尘莫及的。但似乎因为低微的出身，李氏兄弟的个人素质也不会太高，历史没给他们太多的专政擅权的机会，与历史上霍光、卫青、王莽等外戚不可同日而语。至于想尽办法巴结他们的人以及他们的手下狗仗人势的种种行为，在以等级论高低的专制社会，应该算是比较普遍的，专横跋扈、仗势欺人之类的词语就是此类现象最形象的描述。其

第一章 盛世而衰：从章宗谈起

次，所谓外戚集团，是前朝后宫通过内外勾结、利益交换、权力构建以及错综复杂的政治联姻而形成的政治利益共同体，盘根错节，一荣俱荣、一损俱损，具有很大的政治影响力，甚至影响皇权的稳固，更严重者能够废立皇帝。而李氏兄弟无非是凭借李师儿的宠妃地位为非作歹，对章宗的统治和皇权根本构不上本质上的威胁。最后，根据史书记载，除了上面的关于李仁惠的劣迹之外，仿佛也没有看到其他太多的关于他们的"不法"之事，承安元年（1196）十二月任太医院提点兼近侍局使时，李仁惠秉承皇帝的旨意，慰劳在北疆与蒙古军作战的将士，授官者达到1.1万人，得到封赏的人接近2万，所用银两20万两，绢5万匹，钱32万贯。泰和七年（1207），左副元帅仆散揆在前线作战身患重病，李仁惠又以宣徽使的身份带着太医去诊视探望。这些都是他分内之事。而李仁愿，史书中更是着墨不多。

虽然二人招致朝中大臣们的反对，众多台谏官员勇敢地站出来弹劾李家兄弟，如大臣姬（宗）端修上书章宗，要亲贤人、远离李仁惠等小人，但是章宗毫不在意，最多也就是提醒一下李氏兄弟，看在李师儿的分儿上从来没有为难他们。章宗对待李家兄妹宠爱的态度，周围人都心知肚明。一次，章宗在宫中设宴，一位优人上前表演歌舞时，有人问："国家有什么符瑞吗？"优人

金朝覆灭：北宋悲剧的重演

故意反问道："你听说过凤凰怎么飞吗？"那个人答道："倒是听闻过一些，但知道的不是很详细。"优人便说："其飞有四，但所代表的意义却不一样，如果凤凰向上飞则代表风调雨顺，向下飞就表示五谷丰登，向外飞即是四国来朝，那向里飞（李妃）则加官晋禄！"章宗听了，也不生气，一笑了之。

之所以有的史家认为李师儿等人的行为堪比外戚专权，是与胥持国这个人有关。胥持国，字秉钧，代州繁畤（今山西省繁畤县）人。胥持国很小就显示出他的天赋，他是经童出身。经童的选拔来自金朝政府科举取士制度中设置的经童科，经童科规定，凡是不满13岁的儿童如果能够背诵二大经（《诗》《书》）、三小经（《易》《礼》《春秋左氏传》），又能背诵《论语》、诸子之书达到5000字以上的，就可以参加政府组织的府试；府试一共15道题目，能通过13道题就可以进入会试；会试一共3场，每场设15道题，三场下来如果能通过41道题，就可以被选为经童。金朝早在金熙宗朝就设立了经童科，但海陵王时期将经童科废除，由于章宗对神童格外感兴趣，所以重新设立了经童科。

胥持国能从博野县丞做到参知政事、尚书右丞，说明他确实有一定的能力，当然这也少不了李师儿的帮助。世宗时，胥持国为博野县丞，后入宫为太子司仓，掌管饮令，兼司仓。因为胥持

第一章 盛世而衰：从章宗谈起

国做事谨慎，很会讨得主子欢心，深受太子完颜允恭的欣赏，被升为祗应司令。允恭病逝以后，胥持国继续留在太子宫中。胥持国为人柔佞有智术，知道李师儿深受皇太孙完颜璟的喜爱，就暗中帮助李师儿讨好完颜璟。李师儿出身低微，也想借助胥持国巩固自己的地位，在章宗面前经常称赞胥持国，因此胥持国也深得章宗信任。章宗即位之后，胥持国平步青云，从此飞黄腾达。先是任宫籍副监，赐宫籍库钱50万、住宅1所。不久改同签宣徽院事、工部侍郎并领宫籍监。仅仅过了3个月，又迁工部尚书。明昌四年（1193），拜参知政事，第二年进尚书右丞。就这样，这位出身经童的官吏登上了相位，从此胥持国和李师儿二人互为表里，专擅朝政，不可一世，朝野上下私下流行一句话，即"经童作相，监婢为妃"。

胥持国培植自己的党羽，扰乱朝纲。在元妃李师儿的庇护下，胥持国专横擅权，不可一世，趋炎附势者多投靠他的门下，右司谏张复亨、右拾遗张嘉贞、同知安丰军节度使事赵枢、同知定海军节度使事张光庭、户部主事高元甫、刑部员外郎张岩叟、尚书省令史傅汝梅、张翰、裴元、郭郛，皆追随胥持国，被人戏称"胥门十哲"。平章政事完颜守贞刚直明亮，每朝议政事，都直言不讳，守正不移，与胥持国多有龃龉，遭到胥持国的忌惮，被排挤到外地任知东平府事。谏官路铎上书为完颜守贞申辩,于是胥持国与其同党奏路铎以梁冀比右丞相夹谷清臣,所言狂妄,不称谏职。虽然完颜守贞再被召回任平章政事,但时刻被胥持国等人监视,后来发生镐王完颜永中事件,再次被胥持国等人诬陷,完颜守贞又被外放到济南府任职,与完颜守贞有关的忠臣谏官都被排挤出朝廷,吏部尚书董师中出任为陕西西路转运使,路铎出任为南京留守判官,户部侍中李敬义刚刚出使高丽还朝,即出任为安化军节度使。赵秉文由外官入翰林,向章宗上书言:"愿陛下进君子退小人。"章宗问君子和小人都是谁。赵秉文说:"君子就是故相完颜守贞,而小人就是现在的参知政事胥持国。"这只是章宗后期统治腐败的一个方面,官僚体制导致腐败现象滋生,整个官僚体系内的官员尸位素餐,作奸犯科者多而忠善清廉者少,官员只求功名利禄,不思进取,各级高官更是徇私枉法,贪污腐化。

五、盛世之下,"内忧"加剧

章宗时期土地政策失误,括民田给军户,致使矛盾加剧。"历览前贤国与家,成由勤俭败由奢",唐代诗人李商隐的两句话

第一章　盛世而衰：从章宗谈起

道出了历史上王朝兴衰的经验教训，古代君主治理国家之所以成功，主要是由于勤俭务实；而腐化堕落、奢侈无度则会招致败亡。皇统元年（1141），金与南宋签订《绍兴和议》，从此"淮水—大散关"以北的广大疆域都属于金朝所有。随着疆土的扩大、生产的发展、财赋的增加、战争的减少和中原地区优越物质条件的刺激，女真贵族开始追逐奢靡之风。女真主要的猛安谋克户大部分开始定居在中原，他们不再担忧温饱，日渐安逸，将土地出租给汉人，自己却坐享其成。早在世宗时期，女真人接受汉人儒家思想的濡染，生活就日益奢靡，尚武之风大减，在大定七年（1167）的一次宋使射弓宴上，宋朝使者射中50箭，而金朝护卫中最厉害的才中7箭。金世宗对此深感担忧，因而告诫女真人不要忘记旧俗，要努力学习女真文字，坚持习武，保持骑射技能和尚武精神。但民族的交流最后只能是彼此的融合，这样的情形到章宗统治的时候一发不可收拾。金章宗崇尚儒学，正礼乐、修律法、定官制、推行文治，固然对女真社会的进步有积极的作用，但也丢掉了女真人勇敢、彪悍、耐劳的传统和质朴的民风。女真贵族不愿从事艰苦的农业生产劳动，却争相追逐浮华，战斗力逐渐下降。章宗为了女真人能够保持旧俗和尚武传统，费了好多的脑筋，用了好多的办法。比如，为了保持女真人不丢掉骑马

金朝覆灭：北宋悲剧的重演

射箭的本领，禁止女真人用网和雕捕猎；选拔女真进士时，会骑射的优先录取，还命令女真人不能将自己的姓氏改成汉姓，不能用汉字翻译女真名，不能仿效宋人的着装，等等。但是居住在中原的女真人日益追逐名利、生活腐化，丢失了女真人早期的尚武精神，军队战斗力下降，已经没有了女真昔日的雄风。

章宗时期未形成固定的货币和交钞发行制度，货币改革的失败也是加速金朝由盛转衰的重要原因。有金一代，经济上一直绕不开"钱荒"和通货膨胀这两个难题。章宗以前的金朝统治者为解决"钱荒"的财政难题，政府在货币印造、发行、流通、支付等环节出台了很多货币政策，进行了严格的调控，一定程度上缓解了金朝"钱荒"问题，保证了社会经济朝良性方向发展，其中交钞的发行就是一项重要举措。金朝初年使用辽钱和宋钱，海陵王贞元元年（1153），完颜亮将金朝的都城从金上京（今黑龙江省哈尔滨市阿城区）迁到燕京（今北京市）以后，由于国内铜储量少，为加强对经济的控制，投降金朝的宋人蔡松年仿照北宋的交子提出了复钞引法，印制交钞与钱并用，在燕京设置交钞库，专门负责交钞的印制、兑换和管理。金朝交钞有大钞和小钞两种：大钞有1贯、2贯、3贯、5贯、10贯5种面额，小钞有100文、200文、300文、500文、700文5种面额，并以7年为限，期满

第一章 盛世而衰：从章宗谈起

换发新钞。旧钞换新钞时，规定每贯要收取工墨费15文，但后期由于战争等多种原因，旧钞换新钞次数越来越多，这成为金朝掠夺百姓财富的手段。目前关于金朝发行交钞的原因有多种说法，一种说法认为，由于金朝境内缺少铸钱原料，不得不用"以钞代钱"的方法以解决钱荒的问题。第二种说法认为，北宋发行交子，为金朝发行交钞提供了有益经验和借鉴。还有一种说法认为，金代比较先进的造纸技术及印刷技术为印行纸币提供了技术保障。无论哪一种原因，其发行纸币早于铸造铜钱，金代交钞的印行创造了中国货币史上的特例。总之，从长远来看，纸币的发行是社会的一大进步，但就金朝来说交钞的发行可是一把双刃剑。如果说交钞的发行，最初有助于金朝的经济稳定和发展，但到了金朝后期，为应付巨额军费和财政费用，交钞则成为金朝政府愚弄百姓以达到掠夺财富、应对危机的敛财手段。随着金朝内外政治、军事和经济形势的变化，交钞的体系也不断变化，后期出现了贞祐宝券、贞祐通宝、兴定宝泉、元光重宝、元光珍货、天兴宝会等不同名称的纸币，金代纸币不断易名的过程，就是金朝财政日益崩溃的过程。

而金章宗时期制定的民族政策也使女真与契丹、汉人的关系日益紧张。为了能够保证金朝有充足的军事力量，章宗时期采取

金朝覆灭：北宋悲剧的重演

括地的形式来避免女真猛安谋克户逐渐走向贫穷，可宝贵的土地资源是有限的，厚此薄彼的结果就是造成严重的民族问题和社会冲突。那么，猛安谋克又是什么呢？为什么会引起民族矛盾呢？猛安谋克是金代女真社会的最基本组织，也是军政合一的制度，它产生于女真原始社会的末期，由最初的围猎编制进而发展为军事组织，最后演变为地方的行政组织，具有行政、生产与军事合一的特点，平时生产，战时要为国家出兵打仗，是金朝军队的重要来源。"猛安"和"谋克"都是女真语，前者是千夫长，后者为百夫长，都为女真各部的军事长官。金初以300户为1谋克，每10谋克为1猛安，将女真户编入这一军政组织，便于保证女真军队的战斗力，也便于组织生产劳作。早在金熙宗和海陵王时期，女真猛安谋克户大批迁往中原进行屯垦，这给金朝统治带来了很多问题。迁往中原的猛安谋克户被称为屯田军或军户，实际上是以女真人充任的世袭职业军户。他们筑寨于村落之间，不受州县管辖，按人口多少授以官田。原有的汉人则成为民户，军户为解决生计问题，占用了民户很多田地。比如，为了更好地确保军户的实际利益，世宗时期就进行了大范围的括地行为，表面上是将无主之地扩给军户，实际上扩的土地大多是汉族民户赖以生存的土地，这就造成了军民之间的矛盾。而军户内部也存在土地分配不均的问题，贵族官僚凭借权势占有大量肥沃土地，自己种不完，或者自己不愿意耕种，便将土地租给他人耕种以获取利益；而一般军户得到的却是贫瘠的土地，甚至无地可种，日益贫困。由此，军户和民户之间，军户内部一般军户和贵族之间矛盾加剧，这些都激化了各种矛盾。章宗虽然针对一些问题进行了整改，可是奢侈腐化的风气积重难返，危机重重。更重要的是女真统治者错误地认为，女真民族利益的得失才是王朝是否可以稳定的根本，因此，在土地问题的处理上使用了不符合时代发展趋势的方式，由此产生的矛盾不可避免。

六、大金余晖，"外患"初现

章宗晚期，北部边疆不但有北方蒙古各部虎视眈眈，南边的宋朝也在蠢蠢欲动。我们都知道北宋时期有一位名扬天下的政治家韩琦，他辅佐宋仁宗、英宗和神宗三朝，为相十载，在北宋的历史上是一位具有重要影响的人物。韩琦家族在宋朝地位也十分显赫，名人辈出，其中就有一个人，他叫韩侂胄，是韩琦的曾孙。南宋绍熙五年（金明昌五年，1194），韩侂胄与宗室赵汝愚等人拥立宋宁宗赵扩登上皇帝宝座，因为有定策之功，韩侂胄成

金朝覆灭：北宋悲剧的重演

为宁宗朝的权臣。他权倾朝野，一手遮天，大搞"庆元党禁"，党同伐异，排挤并迫害皇室宗亲赵汝愚。南宋开禧元年（金泰和五年，1205），南宋方面主战派势力抬头，宋宁宗不满自己在金朝面前的屈辱地位，韩侂胄也想借此为自己捞取政治资本。宋朝君臣之所以有此野心，是因为韩侂胄早期曾多次出使金朝，对于金朝虚实略知一二，经过多年的侦察了解到，金朝长期被蒙古所困，国内又灾祸连连，兵疲民困，如今韩侂胄大权在握，便与朝中大臣苏师旦一唱一和倡议北伐，以报北宋末年遭遇的"靖康之耻"。韩侂胄的主张又得到辛弃疾、陆游等主战派人士的声援和支持，一时间朝野上下纷纷力主北伐。韩侂胄亲自制订战略计划，秣马厉兵，准备北伐。而忌于金朝的强大，韩侂胄刚开始不敢公开宣战，常常在金宋边界不断制造事端，以探金朝的虚实。开禧元年（1205）年初，宋兵越过两国边界州县抢夺确山地区百姓马匹，三月宋军又火烧平氏镇（今河南省南阳市桐柏县境内），剽掠金地百姓财物，掠夺金朝邓州白亭巡检官家财，抢走官印。

金朝从捕获的宋方间谍处得知，南宋因为看到金朝常年于西北用兵，国力大不如前，想趁此机会攻打金朝，已经在边界江州、鄂州和岳州等地派驻大军、贮甲仗、修战舰，准备五月发兵，但是章宗对宋朝的挑衅行为还是抱有怀疑态度。首先，章宗

第一章 盛世而衰：从章宗谈起

皇帝也不是完全不相信，只是不愿相信，因为双方和好40多年，承平日久，不想破坏这难得的和平局面，不到万不得已不想打这个仗。完颜阿鲁带出使宋朝回来，向章宗禀报："宋权臣韩侂胄，如今大权在握，正招兵买马，加紧训练，看此情景，臣以为其必有北侵之意，皇上应该早做准备。"章宗听后大怒，责备完颜阿鲁带无中生有，痛打他50大板。

韩侂胄那边积极备战，金朝章宗这边还在与大臣们就宋方是否出兵讨论得热火朝天。平章政事完颜匡也说："宋方设置忠义保捷军，取先世开宝、天禧之意做年号，这就表明其一直渴望统一中国呀！"大理卿蒲察思忠（畏也）认为："宋兵攻围城邑，动则就数千人，不能视作边盗寇扰，应当派良将守之，便宜行事，临时制变。"而有的大臣不这样认为，太常卿赵之杰、知大兴府完颜承晖、中丞孟铸都说："宋方兵败以后，自顾不暇，恐怕不会败盟。"左丞相宗浩也说："宋国乃久败之国，他肯定不敢轻举妄动。"章宗又问参知政事完颜独吉思忠，独吉思忠极力诉说宋人极有可能毁约败盟："宋虽偏安江表，但没有一天忘记恢复中原，只是力不从心。如今来看，种种迹象表明，宋方用兵是早晚的事。"章宗听后，深以为然，于是下诏，命平章政事仆散揆为河南宣抚使，特意嘱托仆散揆："朕并非好大喜功，只求内

金朝覆灭：北宋悲剧的重演

外太平无事。如果宋人屈服，不再有逾矩行为，就此作罢，如若执迷不悟，为非作歹，你可整兵渡淮，扫荡江左。"仆散揆到任以后，马上征诸道兵马，在边界的临洮、德顺、秦、巩各州置弓箭手4000人，以备宋军来侵。同时还奉章宗之命写信给宋方，责问其为什么要发兵侵略边界。宋朝狡辩称是盗贼所为，都是边关管理不严，一定严惩不贷。虽然双方小的摩擦不断，但正常的交聘活动还在开展。河南统军使纥石烈子仁出使宋朝回来，章宗向其询问宋朝的详细动向。纥石烈子仁向章宗报告说，宋皇帝以礼相待，并无异志。之后章宗君臣对待宋朝的态度一直争论不休，犹豫不决，最后撤销河南宣抚司，仆散揆还朝。由此可见金朝君臣对待打仗这件事一直持消极的态度。

果不其然，第二年二月，宋军沿淮河一线突然出兵，攻打金朝的宿州（今安徽省宿州市）、寿州（今安徽省淮南市寿县）、蔡州（今河南省驻马店市汝南县）、唐州（今河南省南阳市唐河县）、邓州（今河南省邓州市）等地，金军这边开始猝不及防，连丢数座城池。金章宗重新调兵遣将，仆散揆任左副元帅率军反击，连克临淮（今江苏省淮安市盱眙县西北）、蕲县（今安徽省宿州市南），解符离（今安徽省宿州市北）之围，将宋军驱逐出境。宋军的进攻没有占到任何便宜，都以失败告终。在挫败宋军

第一章 盛世而衰：从章宗谈起

多方的进攻之后，章宗皇帝命仆散揆率九路大军攻打宋朝，仆散揆自率3万人马出颍州，至淮水，与宋军对垒于淮水两岸。仆散揆避实就虚，表面派兵攻打下蔡（今安徽省淮南市凤台县），声言渡河，宋军将领何汝砺、姚公佐率大军严阵以待，准备随时与渡淮的金军决一死战。可是那只是仆散揆的虚张声势、转移宋军的注意力，而暗自派遣右翼都统完颜赛不、先锋都统纳兰邦烈率精锐抢渡八叠滩（今安徽省凤台县西南淮水旁），占领南岸，连克安丰军（今安徽省寿县）、庐州（今安徽省合肥市）、滁州（今安徽省滁州市）、和州（今安徽省马鞍山市和县）、真州（今江苏省仪征市）。同时，纥石烈子仁、完颜匡、纥石烈执中等其他几路大军也纷纷告捷。在金军强大的攻势下，宋军节节败退，南宋的真州、扬州相继被金军占领，宋方军事重镇和尚原与蜀川的门户大散关也被金军攻破，金军又攻取皂郊（今甘肃省天水市皂郊镇），杀死宋军5万人。面对败局，韩侂胄悔不当初，于是开始为自己开脱，谋划如何与金军妥协。当仆散揆大获全胜时，章宗皇帝就派人告诉仆散揆："淮南既为我有，以长江为界，理所当然。如果能使赵扩奏表称臣，增加岁币，缚送北伐的罪魁祸首，归还所俘掠北伐金人，那我们就罢兵。"这意思明摆着，停战可以，但宋国要答应5个条件：割两淮、增岁币、称藩、返还被俘

金朝覆灭：北宋悲剧的重演

金人、交出韩侂胄这个罪魁祸首。章宗以胜利者的姿态漫天要价，以绝对的气势和优势压倒对方，掌握谈判的主动权，为自己争取更多的筹码。果然，在金朝咄咄逼人的气势下，宋方派能言善辩的方信儒前来谈判。方信儒冒着生命危险往返三次，受尽屈辱，尽最大努力把对宋朝的损失降到最低，但是宋方主宰谈判的韩侂胄怎么可能把自己的头颅送给金朝呢？最坏的结果就是鱼死网破，再度开战，毕竟宋朝的江山可不是他韩家的。这时，宋宁宗开始犹豫了，宋宁宗皇后杨氏与杨次山、史弥远等人趁机合谋杀死了韩侂胄。金朝得知首犯已经被诛，于是与南宋签订了"泰和和议"（又称嘉定和议）。和议的内容为：第一，双方国界一如从前，金方以所侵之地归还于宋；第二，依照靖康故事，双方为伯侄关系，金为伯，宋为侄；第三，宋给金的岁币增至30万两，绢30万匹；第四，宋另外还要支付给金犒军银300万贯。金章宗虽然在南方取得了胜利，抵御了南宋的进攻，但杀敌一千，自损八百，金朝也付出了沉重的代价，军费开支庞大，经济遭受重创，民族矛盾激化。就像金右司郎中王维翰为章宗分析当时金、蒙、宋三方情势时所说的那样："宋朝皇帝怠于政事，军事力量弱，经此一战，两淮地区经济萧条，由于韩侂胄和苏师旦的前车之鉴，估计他们也不敢再有什么逾矩之处，不足为虑。而北方蒙古日益强大，弄不好就会成为我们最大的威胁，这将来可能要成为国家的祸患。"

俗话说，"屋漏偏逢连夜雨，船迟又遇打头风"，金朝末期不断发生的自然灾害也成为金朝逐渐由盛转衰的间接因素。金朝控制江淮以北，受战争的影响，黄河多次改道，泛滥成灾，滔天的洪水淹没中原大地，给金朝百姓的生活带来了莫大的痛苦，也给金朝财政造成沉重的负担。为了治理黄河决口，章宗曾动用大量的人力物力，除了动用埽兵军夫外，还有430余万民夫被派去治理黄河水患。总之，到了金章宗晚期，除了皇权和宗室贵族斗争削弱其统治之外，国家面临的阶级矛盾、民族矛盾，面临的财政日益窘困等问题，加之自然灾害和北边蒙古的侵扰带来的社会动荡，都在慢慢侵蚀着这个曾经强大的国家，内忧外患中的金王朝该何去何从？

第二章

地缘宿敌：铁木真眼中的卫绍王

中国东北，从内蒙古自治区呼伦贝尔市莫力达瓦达斡尔族自治旗，沿大兴安岭东南麓西南方向，穿过锡林郭勒草原，到达武川县上庙沟阴山北麓，有一条绵延千里的"长城"，它就是专为抵御来自北方草原的蒙古而修筑、被称为金代长城的金界壕。所谓界壕，是由界壕和边堡关隘两部分组成，史学大师王国维对金界壕加以阐释说："界壕者，掘地为沟堑以限戎马之足；边堡者于要害处筑城堡以居戍人。"墙和壕并列，地上和地下二者相结合，在冷兵器时代可有效地防御蒙古骑兵，是金王朝在北部边境

第二章 地缘宿敌：铁木真眼中的卫绍王

修筑的防御工程。界壕的修筑原理其实很简单，就是先按计划挖掘出一条漫长的壕沟，壕沟底部宽约4.5米，以阻碍北方游牧民族骑兵的前进；同时，将挖掘堑壕时掘出的土石方堆积在壕沟的内侧，形成漫长的墙堤，有的经过夯筑，有的不经过夯筑，一般高为3米到4米，最高处可达5米。界壕的修筑简单，但是工程浩大，劳民伤财，据说从金太宗时期就已经开始着手修建，直到章宗时期仍在修筑。可见，金朝对蒙古的防备和镇压由来已久，彼此之间的恩怨并非一朝一夕所形成。章宗统治晚期，金朝对蒙古的震慑已经力不从心，而南宋在开禧二年（1206）对金发动"开禧北伐"，造成金朝军费开销巨大，军民疲惫，直接导致金朝对北方诸部的高压政策有所放松，北方蒙古诸部之中的阻卜、弘吉剌、山只昆等部借机发展壮大，最终成为金朝的北部边患。金章宗被迫不得不再次修筑防御工事。

一、"外患"的由来

对于金朝来讲，主要的外患是指它北边的蒙古。蒙古属于东胡族系，室韦的一支。室韦主要生活于额尔古纳河流域和大兴安岭两侧的广大地区，最早出现在北魏的史书之中。到了唐代，室

金朝覆灭：北宋悲剧的重演

韦分成了诸多大部，大部下面又分成若干的小部落，其中在大兴安岭以北、额尔古纳河以南的一个叫蒙兀室韦的部落，就是蒙古人的先民。在与唐、突厥、回鹘的交往过程中，蒙古先民不断向西迁移和南下，到了辽朝建立时，大漠南北几乎都成了蒙古先民的游牧范围。在一部专门记载契丹历史的书《契丹国志》中，这样形容蒙古：在辽朝的正北方，地域辽阔，草场丰茂，蒙古里国（诸部）在这里繁衍生息，他们没有统一的政权，没有统一的君长，只有零散的部落，部落之间互不统属，他们分散在草原之上，以游牧狩猎为生，居无定所，一年四季逐水草而居。草原上的食物以肉和奶酪为主，各部落经常用牛、羊、驼、马和皮毛等物品与契丹交易。

在辽代，分布于辽朝北边的蒙古各部落主要有呼伦贝尔地区的乌古部、克鲁伦河流域的敌烈部和西北的阻卜各部。从10世纪初期开始，契丹部落势力强大，辽太祖耶律阿保机征讨四方，所向披靡。在辽朝的强大攻势下，北方蒙古各部陆续臣服，要么成为辽朝的属国属部，要么直接被纳入辽朝的版图之下。但由于蒙古各部时叛时附，也给辽朝北部边疆造成了很大的威胁和隐患，辽朝先后设立乌古敌烈统军司、西北路招讨司以及很多边防城等军事机构以统御诸部，故有辽一代，蒙古各部几乎都处于辽

第二章 地缘宿敌：铁木真眼中的卫绍王

朝的有效统治之下。辽朝灭亡以后，蒙古高原各部势力纷纷投靠依附于契丹贵族耶律大石，在耶律大石的领导下，不断袭扰金朝北部边疆，给金朝北疆造成莫大的威胁。金太宗时期，金军发动了大规模的北征，占领了漠北广大地区。除蒙古部外，在当时大漠南北游牧的大部落集团还有塔塔尔、蔑儿乞、克烈、乃蛮、汪古等部，其中，大漠以南最大的是汪古部，驻牧于阴山地区。元人撰写的《金史》中笼统地称这些部落为阻卜或北阻卜，而铁木真所属的蒙古部则被称为北部、北鄙、邻国、邻部等。12世纪初，蒙古部建立早期的蒙古国，宋朝称之为"蒙古"，金朝称之为"朦骨国"，创始人为成吉思汗的三世祖合不勒汗。后来的蒙古民族共同体，就是以这些蒙古部落为主体形成的。

蒙古部与金朝的宿怨由来已久，蒙古部牧地位于斡难河、克鲁伦河、土拉河及其源头不儿罕合勒敦山。金天会十三年（1135），草原上的蒙古孛儿只斤部落酋长合不勒趁机发展壮大，又被各部推举为蒙古各部的汗。金太宗完颜晟对蒙古的崛起感到不安，多次征召合不勒汗觐见，试图加强对其的控制，然而结果不遂金太宗所愿，双方关系走向恶化，最终导致双方长期敌对。金熙宗完颜亶时期，合不勒汗入朝，熙宗设酒宴款待，酒席上，合不勒汗喝得酩酊大醉，去捋熙宗的胡子戏弄熙宗，合不勒汗酒

金朝覆灭：北宋悲剧的重演

醒之后，吓出一身冷汗，赶忙向熙宗请罪，趁熙宗没治他的罪，赶紧返回蒙古。走到半路，后悔放虎归山的熙宗就派人来召他回京，合不勒汗哪还能听命，熙宗追悔莫及。后来熙宗又试图召合不勒汗进京，可合不勒汗一怒之下竟杀了金朝使臣。此后金朝多次对蒙古用兵也没有取胜，被迫封合不勒汗为蒙古国王。金朝还被迫将克鲁伦河以北的27个团寨割让给蒙古，并每年给蒙古一些牛、羊和粮食，这样双方才罢兵言和。但是这项和议并没有约束蒙古人，他们在北边为患，日甚一日。金朝则利用草原各部之间的矛盾，挑拨离间，令其相互厮杀。居住在阔连海子（今呼伦湖）、捕鱼儿海子（今贝尔湖）一带的塔塔尔部人户众多，势力强大，是一个由6个部落组成的部落联盟，辽亡以后，臣服于金，借助金朝的力量欲称霸呼伦贝尔草原，依靠金的势力多次杀害蒙古部落的酋长。蒙古合不勒汗时期，蒙古部同塔塔尔部因为一个巫医引发的事件发生冲突。到了合不勒汗的继任者俺巴孩汗时，为了平息冲突，俺巴孩汗主动与塔塔尔部结亲，却遭人陷害，被塔塔尔人抓住，送与金熙宗，被钉死在木驴上。此后蒙古部和塔塔尔部战争不断，俺巴孩汗的儿子忽图剌汗为报父仇，与塔塔尔部不断相攻，铁木真的父亲也速该也遭到塔塔尔人的毒害。明昌七年（1196），塔塔尔部叛金，金朝联合克烈部王罕和蒙古部铁

第二章 地缘宿敌：铁木真眼中的卫绍王

木真打败塔塔尔部，蒙古部趁机占领大兴安岭东西的整个呼伦贝尔地区。

在金世宗时期，蒙古部势力逐渐强大，对金朝北部边疆构成了严重威胁。当时燕京和契丹地区流行着一首歌谣："鞑靼来，鞑靼去，赶得官家没处去。"为了消除蒙古各部势力的威胁，金世宗一面修筑界壕，一面对蒙古各部施行减丁战。"减丁"，又称"灭丁"，具体做法是每三年出兵一次，剿杀蒙古各部成年男子，并在金军退兵之时，抓捕众多的男童带回金朝，贱卖给中原富有人家为奴仆。除了采取"减丁"等高压手段打压蒙古各部，金世宗还灵活运用多种策略笼络蒙古各部，在其软硬兼施之下，蒙古各部相继接受金朝的册封、成为金朝的属部、履行着属部的义务。但金朝仍不放心，在蒙古各部与金朝的边界分别设置了东北、西北、西南三路招讨司管辖北方属部，镇守边境。同时，为了抵御和减少蒙古诸部的侵扰和威胁，金朝在西北边疆地区设置边堡，屯戍士兵，开掘界壕，并派契丹诸部为其戍边，达到既防备蒙古又消耗契丹的双重目的，一箭双雕。

金朝覆灭：北宋悲剧的重演

二、蒙古的反击

金章宗晚年，兵伐南宋，创造了他人生中的最后辉煌，可辉煌背后酝酿着各种危机。其中最大的危机就是北方蒙古的威胁。壮大的蒙古各部形成了许多强大的部落联盟，蒙古部落中的山只昆、合底忻、广吉剌等部不断扰边。北部边疆的危机促使章宗皇帝不得不采取措施积极防御，首先是修缮界壕。其实为抵御蒙古的侵扰，早在世宗时期就已经开始修筑界壕，但是由于草原上恶劣的自然环境，早年修建的防御工事早已湮没在漫漫黄沙之下。如今，蒙古日益强大，其对金朝的威胁越来越大，经过慎重考虑，章宗决定重启修筑界壕之事。从明昌到承安期间，先后派完颜襄、完颜安国、独吉思忠、仆散揆等人，动用大量人力物力修筑了从临潢至北京、西北、西南等路绵延数千里的规模浩大的界壕防御体系，在冷兵器时代，如长城般的界壕堪称一流的防御手段。

之后章宗发动了三次北伐蒙古的战争。第一次发生在明昌六年（1195），塔塔尔人南下侵边，兵围庆州，章宗皇帝任命左丞相夹谷清臣行尚书省事于临潢府，准备攻打塔塔尔部。夹谷清臣

第二章 地缘宿敌：铁木真眼中的卫绍王

是金朝的开国功臣，先后多次参加过攻伐辽和北宋的战争，功勋卓著、战功赫赫，其女儿为章宗皇帝的妃子。这次夹谷清臣以完颜充和完颜安国为左右先锋，移剌敏为都统，率领8000多人为先锋，自己率领1万人的大部队随后跟进。前锋部队打得非常顺利，在呼伦湖一带大破塔塔尔部的14个营寨。但由于战线拉得太长，夹谷清臣所率的部队迟迟不到，等他赶到时，前锋部队夺下的大批牛羊等物资被金朝的属部北阻卜夺走了。夹谷清臣对半路杀出来的"程咬金"特别生气，在与北阻卜索要损失时，由于处理不当，激起北阻卜叛变，给金朝带来了不小的损失。为了平息属部的怒火，章宗只好罢免夹谷清臣，让完颜襄替代夹谷清臣继续北伐。第二次就是完颜襄的北伐。完颜襄也是久经沙场的战将，完颜襄接替夹谷清臣以后，很快就平定了北阻卜，内部局势得以稳定。第二年，完颜襄北伐，这次北伐的目标是弘吉剌部，完颜襄派遣仆散揆和完颜安国攻打弘吉剌部，战争持续了一年时间，异常艰苦，伤亡惨重。前锋移剌睹等人中了弘吉剌部的埋伏战死，付出了巨大的代价，最后终于在大盐泺打败弘吉剌部，取得了北伐的胜利。大盐泺之战之后，完颜襄掉转马头，继续去收拾东北边境地区的塔塔尔部。这次完颜襄还拉过来一个助手，那就是与塔塔尔部有不共戴天之仇的蒙古部的铁木真。铁木真的祖

金朝覆灭：北宋悲剧的重演

先俺巴孩汗就是由于塔塔尔部的出卖而被金熙宗钉死在木驴上，他的父亲也速该也是被塔塔尔人下药毒死的。虽然金朝也是铁木真的仇人，但"敌人的敌人是朋友"，更何况，此时的铁木真论实力根本不是金朝的对手，只能暂时与金朝合作，先除掉塔塔尔部。于是铁木真欣然率军参战，还联合了克烈部王罕的军队组成联军配合金军作战，在浯勒札河上游打败塔塔尔部。完颜襄接到铁木真的捷报，也大喜过望，代表金国封铁木真为"札兀惕忽里"，即众汗之汗。完颜襄临行前对铁木真和王罕说："你们立了大功，我要奏报皇帝，给你们封官晋爵。"可是完颜襄怎么也没有想到，这个跟自己有一面之缘的年轻人会在日后成为金王朝的掘墓人。承安三年（1198），边境的塔塔尔部基本被平定。可不久后，以弘吉剌部为首的蒙古各部再次侵犯边境，金章宗派遣宗室子弟完颜宗浩出兵进行第三次北伐。这一次，完颜宗浩采取了各个击破的战术，先攻打弘吉剌部，再败山只昆、合底忻等部，战争异常残酷，被金军斩杀、溺死的达4500余人，获牛、马、驼、羊等不可胜数，北部边疆从此得以安宁。

金章宗的三次北伐，收到了一定的效果，蠢蠢欲动的北方草原各部遭到了镇压。但是以章宗皇帝为首的女真统治者忽略了一点，完颜宗浩第三次北伐之前，完颜襄就曾建议完颜宗浩等人，

第二章 地缘宿敌：铁木真眼中的卫绍王

不要对北方草原各部赶尽杀绝，不要过多干涉，而是要采取离间之法，让塔塔尔部和弘吉剌部彼此争斗、相互牵制。完颜宗浩却不肯，说："我堂堂大国，如果连一个小小的部落都收拾不了，成何体统！"就这样，弘吉剌部和塔塔尔部相继被金朝镇压，但是他们的灭亡为蒙古部崛起扫清了障碍。铁木真统一蒙古各部以后，于金泰和六年（1206）在斡难河源（今黑龙江上源鄂嫩河）继承汗位，建立大蒙古国，诸王和群臣为铁木真上尊号为"成吉思汗"，之后，成吉思汗带领蒙古骑兵，拉开了灭金战争的序幕。

泰和八年（1208），金章宗去世，因为章宗无子，所以立叔叔完颜永济为继承人，是为卫绍王。完颜永济当了皇帝，按礼制规定，要诏谕蒙古各部，各部要向新帝称贺。当新帝登基的消息传到成吉思汗这里后，他轻蔑地说："我以为中原的皇帝是天上人做，没承想此等庸懦之辈也能成为皇帝？"承载上天的旨意来统御万民的皇帝，怎么能被成吉思汗如此地蔑视？原来，早在卫绍王做皇帝之前，曾被派往边界收取蒙古各部向金朝纳贡的岁币，与成吉思汗打过交道。那时，完颜永济懦弱无比，成吉思汗打心眼里瞧不起他。《蒙古秘史》中记录了完颜永济与成吉思汗见面的场景。按照以前的规矩，成吉思汗见到金朝派来的大臣，要行跪拜之礼，可成吉思汗直接坐到了自己的位置上，还语气生

金朝覆灭：北宋悲剧的重演

硬地问完颜永济："我本是给你们进贡的，为何在这荒无人烟的地方见我？世易时移，你们的规矩也该改改了！"完颜永济对成吉思汗傲慢无礼的言行无可奈何，甚至被成吉思汗强大的气势吓得差点儿从椅子上掉下来。成吉思汗见完颜永济如此软弱，更不把他放在眼里，他当着完颜永济的面，把本来准备送给金朝的皮毛、珠宝等贡品统统运了回去，只留下几车次等的皮毛。跟随完颜永济一同前来的其他将领实在看不下去，个个义愤填膺，就想当场抓住成吉思汗问罪。可完颜永济看到成吉思汗带来的蒙古骑兵黑压压的一片，竟吓得一声不吭，灰溜溜地走了。

卫绍王对成吉思汗的蒙古骑兵无可奈何，但在巩固地位、加强皇权这件事上机关算尽。卫绍王完颜永济是金世宗完颜雍的第七子，母亲为元妃李氏。完颜永济长得很好看，又崇尚节俭。世宗时期先后被封为薛王、滕王，加开府仪同三司，由秘书监转刑部尚书，又改殿前都点检。章宗当上皇帝后，完颜永济又先后被封为潞王、韩王和卫王。章宗猜忌诸王，先后杀郑王完颜永蹈、赵王完颜永中，完颜永济就处处小心，明哲保身，加之其本身懦弱胆小、平庸无能让章宗很是放心。章宗病逝后，因无子嗣，遗诏选立完颜永济为皇位继承人，李师儿、完颜匡等遵遗诏册立卫绍王于灵柩前即皇帝位，改年号为"大安"。在选立皇位继承人

第二章 地缘宿敌：铁木真眼中的卫绍王

的问题上，章宗撇开众多优秀的宗室子弟，让平庸懦弱的卫绍王接替自己，是有他自己的如意算盘的。在他的遗诏里面说："皇叔卫王，是我爷爷世宗和元妃的后代，继承皇帝位是众望所归，天命所在。按规定，皇帝位有嫡立嫡，无嫡就立庶，如今我的两个内人贾氏和范氏都已有身孕，将来如果生了男孩儿，就立为储嗣，如果两个都是男孩儿，就择其优者传之。"他自以为生来懦弱的卫绍王会容易受控制，以便给自己未出生的孩子留有继承皇位的希望。

章宗"聪明反被聪明误"，遗诏里的两句话，竟白白断送了几个人的性命，甚至让自己连个子嗣也没有留下来。章宗去世时，宫女贾氏和范氏都已怀有身孕，按照章宗遗诏，若二人生了男孩儿，皇位还是要还给章宗后代的。若按照章宗的逻辑，卫绍王就是章宗雇来的高级保姆，暂时替人家看家护院。可对卫绍王来说，已经到了嘴里的肥肉，怎能再吐出去呢？于是卫绍王与朝中大臣暗箱操作，体面地铲除了威胁自己帝位的隐患。在大安元年（1209）二月，卫绍王下诏书，声明自即位之后，章宗托付他的事情都精心照办，从不懈怠。同时在诏书中强调，他对章宗怀有身孕的两位宫女贾氏和范氏虽然悉心照料，可平章政事仆散端、左丞孙即康上奏说，贾氏于去年十一月就应该分娩，如今

金朝覆灭：北宋悲剧的重演

已超过预产期3个月，不知结果如何。而范氏应在本月生产，但太医副使仪师颜说范氏因为去年十一月章宗去世，伤心过度，虽然身体无恙，却动了胎气导致流产，范氏愿意削发为尼。现在唯一的希望就寄托在贾氏身上，卫绍王还假惺惺地希望章宗在天之灵能够保佑贾氏顺利生下子嗣。并特意说明，要把事情跟百官和众子民解释清楚，免得产生不必要的误会。这种解释无疑是欲盖弥彰，非但不能消除众人的猜疑，反而暴露了其"司马昭之心"。距离上一道诏书刚刚过去2个月，卫绍王又下了一道诏书，诏书中说，有人举报章宗元妃李师儿在章宗病重期间，伙同她的母亲王盼儿以及宦官李新喜，让贾氏假装怀孕，等到贾氏生产时，从李家找一个婴儿冒充，到时如果李家没有新生儿，就再另外找一个代替。诏书还说，李氏因嫉妒章宗临幸其他妃嫔，而命女巫李定奴作纸木人、鸳鸯符等巫蛊之术，致使章宗无嗣。于是，经过一番所谓的提审、认罪、复审等司法程序之后，将李氏一族明正典刑，赐李师儿自尽，王盼儿、李新喜斩首，李氏兄弟复入监籍，赐贾氏自尽。这些事情的主谋是卫绍王无疑，但具体施行者应该是李师儿等人的政敌以及那些见风使舵的投机者。比如平章政事完颜匡，当初章宗弥留之际，因其是显宗侍读、前朝旧臣，最值得章宗信赖，于是完颜匡和李师儿共受遗诏，立卫绍王

第二章 地缘宿敌：铁木真眼中的卫绍王

为帝。卫绍王即位之后，完颜匡想独占定策功，就构陷元妃李师儿，事后完颜匡拜尚书令，封申王。由此可见，完颜匡在诬陷李氏、陷害贾氏的过程中应该是共谋之一。

卫绍王巩固了皇位，但对来自外部的蒙古的威胁盲目自信、误判局势，导致了军事和外交上的重大失利，这给金朝带来的不仅仅是眼前的灾难，而是后患无穷。金大安元年（1209）三月，蒙古成吉思汗铁木真率大军进攻西夏，很快抵达翁金河和固日班赛罕山，又迅速穿过河西，抵达兀剌海城（今内蒙古自治区乌拉特中旗西南狼山隘口，一说在今甘肃省山丹县北龙首山）。西夏国主襄宗李安全命令世子李承祯和大都督府令公高逸指挥5万大军阻挡蒙古军，双方在兀剌海城外展开激战，结果夏军惨败，李承祯逃走，高逸战败被俘，不屈而死。蒙军顺利占领兀剌海城，直奔军事要塞克夷门（今内蒙古自治区乌海市西南）。如果克夷门被攻下，西夏首都中兴府（今宁夏回族自治区银川市）就危在旦夕了。危急时刻，李安全一边组织抵抗蒙古军队的进攻，一边急速派遣使者向自己的宗主国金朝求援。金朝大臣都劝说卫绍王赶紧发兵救援，因为西夏若亡，蒙古一定会攻打金朝，如果现在与西夏首尾夹攻，不仅能避免唇亡齿寒的危险，还能以进为退。但卫绍王愚蠢地认为，不管是西夏还是蒙古都是金朝的敌人，

金朝覆灭：北宋悲剧的重演

"敌人相攻，中国之福，何来忧患？"卫绍王这种坐收渔翁之利的态度，破坏了金夏早年"天会和议、金夏联盟"的协定，也将金朝推向毁灭的深渊。西夏这边，襄宗李安全看到外援无望，被迫向蒙古献女求和，答应成吉思汗的所有条件，一是向蒙古支付大量战争赔款，二是接受蒙古附蒙伐金的"建议"。成吉思汗通过伐夏达到了孤立金朝的目的，从此金、夏两国关系破裂，开始了长达10年的消耗战争。这都是卫绍王刚愎自用、自以为是造成的后果，与西夏断交，造成了金朝的孤立，为成吉思汗进攻金朝大开方便之门。

而蒙古的南侵意图，金朝边将也早有察觉，镇守北疆的纳合买住发觉蒙古将要发兵南下攻金，急忙奔告卫绍王，卫绍王却问："北方怎敢无端挑衅，你凭什么判断对方要来攻我？"纳合买住答："我虽然没有直接证据表明蒙古要发兵，但近来看到蒙古各部不断地聚集，西夏又献女求和，更重要的是对方在不停地打造兵器，造箭制盾，忙个不停。凡行营则令男子乘车而不骑马，大概是储蓄战马，积蓄力量，这些信号都表明对方有对我用兵之意！"卫绍王却以其擅生边隙，将纳合买住囚禁起来。

第二章　地缘宿敌：铁木真眼中的卫绍王

三、哭泣的君臣

大安三年（1211）二月，成吉思汗在克鲁伦河畔集结军队，举行誓师大会，准备伐金，浩浩荡荡的蒙古大军开始南下，拉开了蒙古灭金战争的序幕。成吉思汗将蒙古军队兵分两路，一路大军由成吉思汗亲自率领，沿抚州（今河北省张家口市张北县）、宣德（今河北省张家口市宣化区）、居庸关、中都（今北京市）方向推进，另一路军队由成吉思汗的三个儿子术赤、察合台、窝阔台率领，向西京（今山西省大同市）进发。

三月，成吉思汗率领的大军主力到达金朝北境的汪古部。早年成吉思汗为了能顺利接近金抚州西北重要卫所乌沙堡和乌月营等地，已经招降了为金守卫界壕的汪古部。此次以汪古部为向导，蒙古大军得以顺利到达金西北部界壕，准备突破金边防线，夺取抚州。金朝的抚州地理位置十分重要，它北控界壕，南倚野狐岭，是抵御蒙古入侵的防御系统的中心环节，蒙古军要南下攻中都和西京，必须先突破金界壕，夺取抚州城，最后越过野狐岭。而且抚州水源丰富，有昂吉泺（鸳鸯泊）、盖里泊、水泊等众多湖泊，是牧草繁茂、牛羊多蕃息、土地肥沃的好地方，谁占

金朝覆灭：北宋悲剧的重演

有了抚州，谁就得到了天然大粮仓。因而，抚州的得失是金、蒙战争成败的关键。

四月，卫绍王得到蒙古南攻的消息后，立即派西北路招讨使粘合合打前去求和，以行缓兵之计，但遭到断然拒绝。此时，金朝的大水泊（今内蒙古自治区乌兰察布市商都县南）及其附近地区已经被成吉思汗大军占领。金朝乞和不成，立即部署御敌之策，派平章政事独吉思忠和参知政事完颜承裕领兵进驻抚州，分别负责指挥西北和西南军，抵挡蒙古军南下，同时命西京留守纥石烈执中（胡沙虎）注意加强西京防御。独吉思忠率领的主力部队抵达抚州之后，他组织军兵、调集民夫，加紧修固界壕、筑牢边塞，仓促完成了以抚州为中心的防御体系，打算借助界壕来抵御蒙古军队。可是这种消极防御的措施除了劳民伤财之外，对抵御蒙古大军丝毫不起作用。

七月，蒙古大军到达了边界，成吉思汗派大将哲别绕开独吉思忠修筑的300公里界壕，发挥蒙古骑兵机动作战的优势，集中兵力重点攻打金朝界壕的重要边堡乌沙堡（今河北省张北县西北旧兴和西）。而独吉思忠过分依赖界壕，对抚州地区的防御没有做整体部署，面对蒙古军队的强大攻势，金军不堪一击，纷纷溃逃。紧接着，蒙古军乘胜再取另一处边堡乌月营（今山西省大同

第二章 地缘宿敌：铁木真眼中的卫绍王

市东北、内蒙古自治区兴和县附近）。乌沙堡和乌月营被蒙古军轻松攻占，蒙古军越过西北路界壕防线，逼近抚州，独吉思忠苦心修筑的300公里界壕就这样毁于一旦。金军退出抚州，驻军于宣平（今河北省张家口市西南）。

消息传到中都，卫绍王龙颜大怒，罢免了独吉思忠主帅之职，命完颜承裕为金军主帅。抚州城内土豪义愤填膺，请完颜承裕率军队为前锋，土豪以行省兵在后面声援，可完颜承裕畏怯不敢用，主动放弃抚州、昌州（今河北省张家口市沽源县九连城镇）和桓州（内蒙古自治区正蓝旗北四郎城），继续撤军到野狐岭，打算利用山地险峻的地形遏制蒙古骑兵攻势。完颜承裕这一退，不仅将三州之地拱手相让，而且还有未曾撤出金朝牧监之地——桓州的数百万军马。这让成吉思汗不费吹灰之力就获得桓州数百万军马，大大充实了蒙古军实力，解决了进攻路上的后顾之忧，蒙古军队士气大振。当蒙古兵攻入野狐岭时，完颜承裕还是不敢与蒙古大军正面交锋，继续率领金军夺路逃窜，退至会河堡（今河北省怀安县以东）时被蒙古军追上，金军被打得溃不成军，仅完颜承裕脱身，逃到了宣德府。野狐岭之战对于金蒙双方至关重要，因为这场战役决定着战争的走向。野狐岭，又名也乎岭、扼胡岭，位于河北省张家口市万全区与张北县交界的一道东

金朝覆灭：北宋悲剧的重演

西走向的坝上（土边坝）。作为兵家必争之地，野狐岭的地理位置十分重要，野狐岭就是因为金蒙这次大战而一战成名，元代文人周伯琦曾作《野狐岭》一诗："高岭出云表，白昼生虚寒。冰霜四时凛，星斗只尺攀。"民国许闻诗也曾作诗云："野狐胜地古今传，路险山高云汉边。莫怪军家争此地，长驱之捣控幽燕。"

那么野狐岭之战中，金军又是如何迎战的呢？八月，蒙古大军长驱直入，大将哲别、木华黎攻到野狐岭，金朝西京（今山西省大同市）留守、行枢密院兼安抚使纥石烈执中（胡沙虎）率7000精兵抵御蒙古军。蒙古军欲从獾儿嘴通道进击，金军堵住獾儿嘴通道，拦截蒙古军。蒙古军队因山势狭窄，骑兵无法发挥优势，于是全部下马作战，失去了骑兵的优势，金军利用有利的地形挫败蒙古军的一次次进攻。蒙古军自出兵以来，第一次遇到了金军的顽强抵抗，如果再不突破，等到金朝援军到来，蒙古军就没有了退路。在这危急时刻，大将木华黎自告奋勇，率巴鲁营（敢死队）对獾儿嘴通道发起正面突击。木华黎向成吉思汗立誓："敌众我寡，不破金军，誓不生返！"木华黎是铁木真身边的重要战将，战功无数，与博尔术、博尔忽、赤老温并称"四杰"。在木华黎的鼓舞下，蒙军士气高昂，木华黎率领敢死队策马横戈、大声呼喊冲向金军，凭借高昂的斗志和锐气杀败金军。而成

第二章 地缘宿敌：铁木真眼中的卫绍王

吉思汗则指挥所属军队正面进攻，他派出了骑兵，放弃两翼，直捣金方中军，最终冲破金军防线，金军大败而逃，一直逃到怀安城东。一路上，金兵丢盔弃甲，陈尸百里，惨不忍睹。此次战役，金朝指挥官完颜九斤殉国。

野狐岭之战是金蒙之间的锋芒初试，而更让金军一蹶不振的则是会河堡（今河北省张家口市万全区以南）战役。九月，蒙古大军继续前进，一路上势如破竹，正好遇上完颜承裕的军队从宣平撤退，双方在金地要塞会河堡展开了激烈的战斗。金军主帅为纥石烈执中和撤退下来的完颜承裕，数万大军与蒙军展开激战。可是一路在逃的金军惶惶不可终日，哪还有战斗力与蒙古军队打仗？双方激战三天，金兵丧失了最后的抵抗能力。成吉思汗亲率3000精骑突入敌阵，随即数万蒙古军对金兵发起全面进攻。被困的金军在蒙古军强大攻势面前，节节败退，最终伤亡惨重，死尸漫山遍野，堵塞河川，鲜血染红了会河堡，主帅纥石烈执中和完颜承裕只身逃走。经此一战，金军精锐尽失。战败的消息传到中都，卫绍王完颜永济束手无策，君臣之间默默无语、双眼含泪、相对哭泣。就这样蒙古骑兵一路南下，拿下德兴府，冲到延庆境内，居庸关守军弃关逃跑，蒙古军顺利越过居庸关，直抵中都。蒙古军进军如此迅速，尤其顺利越过居庸关，这让金朝君臣始料

金朝覆灭：北宋悲剧的重演

不及，因为居庸关乃是抵挡北方外敌入侵的重要关隘，坐落在北京西北的天然屏障——燕山山脉之上，建于长达 30 多里的关沟之中，距北京 100 余里。这条关沟是从山西大同、河北宣化通往北京的孔道。太行山从山西经河北到居庸关数百里，连绵不断，从山麓至山脊皆陡不可攀，其间有 8 条通道，谓之太行八陉，居庸即是其中的第八陉。居庸关就在第八陉之中，是北京西北的重要门户和屏障，一夫当关、万夫莫开，历来为兵家必争之地。不同时期居庸关名称各异，北魏时称为军都关，北齐改称纳款关，到了唐代则改称居庸关、蓟门关或军都关，辽以后称作居庸关。居庸关修筑长城始自北魏，北齐继续增筑。北齐天保六年（555）征发 180 万人修筑了自居庸关南口到山西大同长达 900 多里的长城，又从居庸关往东继续修筑长城，直到山海关。自此以后，居庸关成为长城的一处重要关口，历朝历代都派重兵把守，金朝也不例外。可如今居庸关居然这么轻易被攻破，将中都暴露在蒙军铁骑之下。很快金中都被蒙古军队重重包围，卫绍王完颜永济企图逃往南京（今河南省开封市），遭到将士一致反对。危急时刻，上京留守徒单镒派同知乌古孙兀屯率兵 2 万增援中都，金朝军士殊死奋战，誓死保卫中都，蒙古军进攻受挫，伤亡很大，于是退兵。

第二章 地缘宿敌：铁木真眼中的卫绍王

与此同时，术赤、察合台、窝阔台率领的蒙古西路大军，从十月开始攻打金朝的西京。云内（今内蒙古自治区呼和浩特市托克托县）、东胜（今内蒙古自治区鄂尔多斯市内）、武州（今山西省大同市左云县）、朔州（今山西省朔州市）、丰州（今内蒙古自治区呼和浩特市以东）、西京（今山西省大同市）等大片领土被蒙军占领。十二月，卫绍王不听徒单镒的建议，没有在东京设置行省备边，继而东京又被蒙古军队攻下。至此，蒙古军已经占领了今山西、河北、北京、辽宁等地的金朝大片领土。在对金朝进行了一番攻略之后，蒙古军队撤退休整。大安三年（1211）的金蒙战争，金军在成吉思汗率领的蒙古大军的攻势下以惨败收场，从此失去了天朝上国的尊贵地位，留给金朝的只有满目疮痍和无尽的恐慌。

卫绍王至宁元年（1213），蒙古大军又卷土重来。八月，蒙古军攻占怀来（今河北省张家口市怀来县），金军在怀来、缙山（今北京市延庆区）与蒙古军队展开激战，金朝守将完颜纲与术虎高琪战败，金军损失惨重，死尸如烂木一般堆着。为保卫中都，金军在居庸关派重兵把守以备蒙古军，可双方一番激烈的战斗之后，金军还是不敌，居庸关失守，以致金朝黄河以北的广大地区遭受成吉思汗三路大军的攻伐。经此之后，金朝统治遭到沉重打击，经济遭受重创、军心动摇、民心思变，统治阶级内部更是分崩离析。

四、弑君的权臣

胡沙虎，就是在大安三年（1211）抵御蒙古军入侵的西京留守纥石烈执中，他是女真贵族，纥石烈部落酋长阿疎裔孙。早在世宗时期就任皇太子护卫、出职太子仆丞，改鹰坊直长，再迁鹰坊使、拱卫直指挥使。章宗时期，多次升官，又因桀骜不驯、目无法度而多次被处罚、降职。明昌四年（1193），因为殴打监酒官移剌保被处罚，又因对皇帝封的官不满意而不奉诏，降肇州防御使。但可能是因为女真贵族有世袭的权利，抑或是胡沙虎本身具有超强的能力，一路官运亨通，历任兴平军节度使、归德军节度使、开远军兼西南路招讨副使、知大名府事、签枢密院事。章宗皇帝命他辅佐丞相完颜襄出征打仗，可他却公然抗旨，拒绝说："我与完颜襄有矛盾，我怕他找借口杀了我。"气得章宗命有司治他的罪，可不久又赦免了他，出为永定军节度使。在任永定军节度使时，又因争夺军马被解职。

章宗晚期，胡沙虎被任命为大兴府事。其间，章宗下诏，大

第二章 地缘宿敌：铁木真眼中的卫绍王

意是对有功的契丹人奖赏要与女真人相同，允许契丹人有自己的马匹，要根据情况授予契丹人一定的官职。可胡沙虎却不奉诏，消息传到章宗那里，章宗责备他说："你本意虽然有让人之心虽好，却不知朝廷自有安排，从今以后你不要无事生非了。"涞水人魏廷实的祖父任儿曾经是靳文昭的家奴，海陵王时期就已经放良，编籍正户，已经过去三代了。可靳文昭的孙子靳勍诋毁魏廷实为奴，胡沙虎判魏廷实给靳勍钱500贯。魏廷实不从，就被胡沙虎关押起来。原本一件小事情，由于胡沙虎处理不当，还要经过御史台重判，惊动了章宗皇帝。章宗诏吏部侍郎李炳、户部侍郎粘割合答推问。御史中丞孟铸弹劾胡沙虎："胡沙虎贪婪残忍、专横跋扈，多次违抗圣谕，置法令于不顾。承蒙圣恩，对其爱护有加，可他释罪之后，累过不悛，恃宠而骄，转生跋扈，愈加为所欲为，如雄州诈认马、平州冒支俸、破魏廷实家、发其冢墓、拜表不赴、祈雨聚妓、打骂同僚、擅令停职，有失官员风范，难当京尹大任呀！"章宗听了说："他只是一介粗人，虽然有点嚣张跋扈，应该没什么大不了。"可孟铸说："英明的天子身边，怎能容忍有此等跋扈之臣？"章宗醒悟，于是改胡沙虎为武卫军都指挥使。虽然胡沙虎专横跋扈，多次抗旨不遵，但章宗一直对他加以优待。泰和六年（1206），南宋对金发动了"开禧北伐"，章

金朝覆灭：北宋悲剧的重演

宗以胡沙虎为山东西路兵马都统使，胡沙虎因率领部队作战勇猛、屡立战功，除西南路招讨使，改西京留守。

卫绍王时期，胡沙虎世袭谋克，再次出任知大兴府事，后来又复为西京留守、行枢密院、兼安抚使。蒙古大兴兵马，攻入金地，作为西京留守的胡沙虎在野狐岭和会河堡两地的战役中，均遭遇惨败，在逃到蔚州（今河北省张家口市蔚县）时，擅取官府财物，抢夺官民马匹，私入紫荆关，杖杀涞水县令。软弱的卫绍王对胡沙虎的违法乱纪行为和战败居然视而不见，任其为所欲为。从卫绍王对待败军之将的态度就可以看到，腐朽的金王朝在危急时刻竟找不到一位可以堪当大任的将领。胡沙虎回到中都，卫绍王不但没有治他败军之罪，反倒任命他为右副元帅，权尚书左丞。胡沙虎有了权力，还要有兵权，他向朝廷要步骑兵2万人屯宣德州，卫绍王非常生气，只给他拨了3000人，令其驻妫川。崇庆元年（1212）正月，胡沙虎又请求移屯他处，给尚书省的文书竟然说："蒙古大军来了必然无法抵挡，我一死不足为惜，但三千军队为之担忧，十二关、建春、万宁宫将无法保住。"面对胡沙虎的傲慢，卫绍王也忍无可忍，定其罪，让其罢官归里。可国难当头，朝中却无武将可用。来年，胡沙虎又被召至中都，预议军事，左谏议大夫张行信、丞相徒单镒等人建议卫绍王不可重

第二章 地缘宿敌：铁木真眼中的卫绍王

用胡沙虎，事情这才暂时得以搁置。胡沙虎被罢官以后，极力结交完颜永济左右的宦官侍者。卫绍王最终还是放下对胡沙虎的警惕之心，不再遏制他，再次起用，委以重任，赐金牌，拜其为右副元帅，权尚书左丞，将武卫军5000人屯中都城北。章宗和卫绍王对胡沙虎屡斥屡召，恩宠不衰，对胡沙虎的宠幸和纵容，最终养虎为患。

至宁元年（1213），蒙古军再次来袭，大军逼近中都，情势迫在眉睫，卫绍王急得像热锅上的蚂蚁。可曾经做过鹰坊直长和鹰坊使的胡沙虎却每天带着人打猎放鹞子（一种小型猛禽），耽于田猎，根本不去做抵御蒙古兵进攻的战斗准备。卫绍王派人到军中责问胡沙虎不务军事，当时胡沙虎正在喂鹞子，漫不经心地听着来人传达皇帝的指责，突然胡沙虎从笼中抓起一只鹞子，当着来人的面，重重地将鹞子摔在地上，狠狠地说："我胡沙虎做事，不喜欢别人指手画脚，谁想干涉我的行为，这只摔死的鹞子就是下场！"不知道卫绍王听到胡沙虎说的话是什么反应，因为此时的卫绍王还没有到穷途末路的地步，如果对胡沙虎加以限制，可能还有补救的余地，但他竟然未对胡沙虎采取任何防范措施。八月，胡沙虎与其党羽经历官文绣局直长完颜丑奴、提控宿直将军蒲察六斤、武卫军钤辖乌古论夺剌谋等人积极谋划作乱。

金朝覆灭：北宋悲剧的重演

他谎称大兴府守将徒单南平及其儿子刑部侍郎、驸马都尉没烈谋反，奉卫绍王命要兵发大兴府勤王。八月二十五日晚，胡沙虎兵分两路，秘密开往中都城，一路军队进攻章义门，胡沙虎亲率一路人马进攻通玄门。他假称蒙古大军已经攻打过来了，他的军队正在与蒙古军开战，骗取徒单南平的信任，打开城门，胡沙虎等人进入城门，趁其不备袭击并杀死徒单南平及其子没烈。徒单南平手下符宝祗候鄩阳、护卫十人长完颜石古乃听闻有乱，迅速召集500名汉军前来抵抗，怎奈事发突然，敌众我寡，抵挡不住，全军覆没。胡沙虎径直攻到东华门，守门亲军首领冬儿与蒲察六斤（与胡沙虎党羽蒲察六斤并非一人）情知有变，不肯开门。胡沙虎立即命人搬来木柴，堆在门楼下，点上火，霎时浓烟滚滚、火光冲天，东华门瞬间被包围在一片火海之中。胡沙虎又命人搬来云梯，士兵登上云梯，翻过宫墙进入城中，砸开大锁，打开东华门。胡沙虎率军一拥而入，守城将士纷纷逃跑。胡沙虎占领东华门之后，解散禁卫军，全部换成自己的亲兵，自称监国都元帅，居大兴府，陈兵自卫。次日，放逐卫绍王到卫王府关押，不久指使宦官李思忠杀死卫绍王。又派人骗回驻守在缙山的尚书左丞完颜纲并将其杀害。当时尚书右丞相徒单镒正在家中养病，胡沙虎到徒单镒家中，以探病为由，侧面咨询下一步他应该怎

第二章 地缘宿敌：铁木真眼中的卫绍王

做。徒单镒已经猜到胡沙虎有自立之心，便好言相劝："翼王是章宗的兄弟，显宗长子，众望所归，如果元帅立他为帝，可建不朽之功。如果他人有所图谋，恐怕会引起内乱，局势不好控制。"胡沙虎听后，沉默不语，仔细思考一番后，觉得徒单镒说得有道理，于是胡沙虎迎立世宗长孙完颜珣称帝，是为宣宗。胡沙虎为太师、尚书令兼都元帅。

蒙古伐金，曾经不可一世的金朝铁骑不堪一击，纵然有所谓的历史规律存在，但事实上我们不能否认，金朝遭遇惨败，卫绍王有不可推卸的责任。他所统治的五年是导致金朝走向灭亡的关键时期，整体看来，卫绍王为人懦弱无能，根本不具备一国之君应有的基本素质，在国家面临外敌入侵、国难当头之际，不能任人唯贤、赏罚分明，更没有力挽狂澜的魄力，而是刚愎自用，在错误的道路上越走越远。首先，外交上不能团结一切可以团结的力量，尤其是西夏遭遇蒙古入侵时表现出来的事不关己的态度，将昔日的盟友推到成吉思汗身边，导致西夏掉转枪头攻打自己，将敌人的敌人仍然视为敌人，这是多么的愚蠢。其次，用人不当、战略失误是导致战争失败的重要原因。蒙古军一路南下，金军将帅不堪其用，与其能征惯战的祖先相比，不可同日而语。以卫绍王为首的最高统治集团不能运筹帷幄，没有形成有效的防御

金朝覆灭：北宋悲剧的重演

机制，更没有抓住战机反攻，一败涂地，造成这种局面，作为一国之主，卫绍王难辞其咎。独吉思忠、完颜承裕在抵御蒙古军队时，同样的错误犯了两次，一味地逃跑，不能形成有效的抵御和反击。胡沙虎战败后一路抢掠、杀害地方政府官员，不被治罪反倒被加以重用。当金军败走乌月营和乌沙堡，丞相徒单镒建议卫绍王，将昌、桓、抚三州人口迁徙内地，以充实军队和国家的财力，避免为蒙军所得，却遭到卫绍王的责备。徒单镒还建议卫绍王，辽东乃是国家的根本，应该在辽东设行省，万一中都遭到蒙军攻打，可以迅速调集辽东之兵救援中都，又遭到卫绍王的拒绝，不久东京就为蒙古军所有。东京的失守，又是卫绍王不能很好处理民族矛盾所导致的严重后果。抵御蒙古军的惨败导致国内民族矛盾激化，使金朝政府忧心忡忡，更加担心居住在辽东地区的原辽朝移民心怀二心。为了防范和监视契丹人，金政府下令一户契丹人要以两户女真人夹居，这种不合时宜的极端的民族政策不仅没有凝聚各民族的力量共同抗蒙，反而促使各民族之间离心离德，激化了民族矛盾，最终导致辽东地区契丹等民族的叛乱。公元1212年，时任北边千户的契丹人耶律留哥在隆安府（今吉林省长春市农安县）和韩州（今吉林省四平市梨树县），纠集10万人马，树起反金大旗。金军派遣完颜承裕率领60万大军前去

第二章 地缘宿敌：铁木真眼中的卫绍王

镇压，面对强敌，耶律留哥毅然投靠了成吉思汗，在蒙古军的帮助下，大败金军于迪吉脑儿（今辽宁省铁岭市昌图县），遂自称辽王，占据辽东。耶律留哥声势浩大的反叛以及其依附蒙古的政策，给以卫绍王为首的金朝统治集团以沉重的打击，其建立的东辽政权切断了辽东地区与中都之间的联系，导致金朝丧失了对其发祥地——辽东地区的控制权，这一失利与卫绍王的不当统治措施有很大的关系。在君主集权制的体制内，帝王的执政能力对国家的兴衰、人民的福祉是何等的重要。金朝走向衰亡还有一个更重要的原因，那就是民心向背。据《建炎以来朝野杂记》记载，胡沙虎带领叛军包围皇宫，进攻东华门，时大门紧闭，卫绍王命人将诏书投于门下，号召众人，谁能杀死胡沙虎，除授大兴尹、世系千户，可军民之中没有一人响应。胡沙虎火烧东华门，守门的军将一起打开大门，胡沙虎带兵入宫，侍卫们纷纷逃走，勤王者寥寥无几。得民心者得天下，百姓心中都有一杆秤，强权能压制的只是人的肉体，而人的思想和灵魂是控制不住的。

金朝覆灭的过程正如耶律楚材的《用张道亨韵》中所言：

> 大安之季君政乖，屯爻用事符云雷。边军骄懦望风溃，燕南赵北飞兵埃。

金朝覆灭：北宋悲剧的重演

民材已竭转输困，元元思治如望梅。太白经天守帝座，长星勾芒坼中台。

玄台密表告天道，灾妖变异无不该。奸臣构祸谋不轨，鱼鳞鳞首侵宸阶。

蹀血京师万人死，君臣自此相嫌猜。居庸失守紫荆破，天兵掣电腾八垓。

潜议迁都避凶祸，衔枚半夜宫门开。河表偷生聊自固，京城留后除行台。

力穷食尽计安出，元戎守节甘自裁。虬龙奋迅脱大难，微波沉滞独黄能。

第三章

缘木求鱼：宣宗的举措

1213年八月二十五日，胡沙虎发动宫廷政变，囚禁并杀死金朝第七代君主完颜永济，立完颜珣为帝，是为宣宗，改元"贞祐"。完颜珣生于大定二十六年（1186），女真名叫吾睹补，是显宗（太子允恭）的庶长子、章宗皇帝同父异母的哥哥，母亲昭华刘氏，应该是汉人。完颜珣虽然是庶出，作为允恭的庶长子，爷爷世宗同样将他养育在宫中，接受严格的皇家教育。15岁被封为温国公，加特进。8年后赐名珣，又过了3年封为丰王，加开府仪同三司，历任兵部、吏部、永定军和彰德军等职。章宗即位

金朝覆灭：北宋悲剧的重演

以后，又进封翼王、邢王、升王。按礼法，宣宗自打出生之日起就已经注定与皇位无缘，如果不是卫绍王被杀，完颜珣万不可能当上皇帝。就像刘祁所说："宣宗立于贼手。"那么面对"德不配位"的处境，宣宗是如何确立帝位合法性的呢？面对蒙古大军的侵袭，宣宗皇帝为摇摇欲坠的金朝政权又做了哪些补救措施呢？

一、螳螂捕蝉：权力的诱惑

在这个多事之秋，摆在宣宗面前的是胡沙虎弑杀卫绍王以后留下的一堆烂摊子。内政乱作一团、灾害频发、各地起义不断，蒙古军队又在金朝北方大地引起战火，对宣宗而言，当务之急就是恢复统治秩序，安抚朝中大臣，最主要的是给胡沙虎吃一颗定心丸。虽然胡沙虎飞扬跋扈，弑杀君王，罪恶昭彰，但对于宣宗来讲，胡沙虎有援立之功，更何况，面对胡沙虎的嚣张气焰，宣宗除了加官晋爵似乎已别无他法。宣宗下诏以胡沙虎为太师、尚书令兼都元帅，监修国史，封泽王，授中都路和鲁忽土世袭猛安。尚书右丞相徒单镒进左丞相，封广平郡王。胡沙虎党羽数人也都身居要职，胡沙虎之弟特末也由原来的同知河南府升为都点检兼侍卫亲军都指挥使，胡沙虎的儿子猪粪除濮王傅、兵部侍

第三章　缘木求鱼：宣宗的举措

郎，徒单渭河为御史中丞，乌古论夺刺遥授知真定府事，徒单金寿遥授知东平府事，蒲察六斤遥授知平阳府事，完颜丑奴同知河中府事、权宿直将军。

如何对完颜永济进行盖棺论定，宣宗显得非常慎重，这关系到宣宗帝位的合法性问题。宣宗到卫绍王王府祭奠卫绍王，按照金朝礼仪制度，应该给宣宗设一个座位，皇帝要以坐哭的形式表达对死者的哀思，宣宗却去掉座位，趴在地上号啕痛哭，还嘱咐相关部门一定要按照礼制处理好卫绍王的身后事，办好丧礼，不容许有些许差池，左右为之动容。宣宗按照已故君王的礼节对待卫绍王，这个滑稽的表演，与后面发生的事情显得格格不入。宣宗因卫绍王被杀而当上皇帝，又是杀害前朝皇帝的凶手所立，朝野上下因忌惮胡沙虎被逼就范，内心对宣宗态度如何是不言而喻的，宣宗除了拿出一定的诚意之外，若想让大家从内心真正接受还得需要一个过程或者一些措施。在卫绍王问题上，就能看出众人的不同目的。胡沙虎为了抹去自己"弑君"的罪名，要求宣宗废卫绍王为庶人，宣宗本意与胡沙虎意见是一致的，只有否定前朝，才能证明自己登上皇位是众望所归，顺理成章，这在宣宗即位之初就已经显露端倪。他诏谕尚书省，不要受突发事情的影响，各部门一切要依照世宗朝的规章制度各司其职。其意再明了

金朝覆灭：北宋悲剧的重演

不过，他的统治是秉承世宗继承大统，这样一来，不但卫绍王，就连章宗统治地位的合法性都受到了质疑甚至被加以否定。但是对卫绍王如何定位，这关系到金朝国祚和他的帝位，一步走错可能满盘皆输，于是宣宗并没有马上同意胡沙虎的建议，而是说："等我仔细考虑考虑，然后再答复你们。"过了几日，胡沙虎又奏请废卫绍王为庶人，朝堂之上，只有侍读学士兼兵部侍郎蒲察思忠和太子少傅奥屯忠孝附议。蒲察思忠说："偷别人的财物，都算是盗窃，更何况卫绍王窃取皇位呢？"其他官员都面面相觑，噤若寒蝉，这时文学田廷芳奋然地说："先朝（指卫绍王）在时，并没有什么失德行为，按礼尊号不应当削！"在田廷芳的带动下，礼部张敬甫，谏议张信甫，户部武文伯、庞才卿、石抹晋卿等24人相继站出来为卫绍王发声。宣宗一看，只有2个人赞同胡沙虎，就不敢贸然听从胡沙虎的意见了，便说："就像问路一样，100人说朝东行，有10个人又说应该向西走，问路的人向东还是向西，怎么能按照人数多少来定呢？"言外之意，不能以人数多少来作为判定是非的标准。从这件事可以看出朝中百官对胡沙虎的行为是敢怒不敢言。而冒死发声的大臣们争的不仅仅是为卫绍王正名的问题，而是国家帝位继承是否顺天应人的伦理纲常问题，卫绍王是章宗皇帝钦点的皇位继承人，合理合法，符合人

第三章 缘木求鱼：宣宗的举措

伦纲常，即使有再多的施政错误，也符合礼法。而胡沙虎弑君，属于乱臣贼子、大逆不道。这就使宣宗的即位很难堪，立于贼手的皇帝，怎么说与礼法都不符合，但他必须树立自己继位的合法性。于是数日之后，宣宗用了一个折中的方式，下诏降卫绍王完颜永济为东海郡侯。但宣宗对卫绍王的家眷则严加防范，卫绍王皇后徒单氏被削夺皇后称号，迁都于南京时，将卫绍王家属和章宗时期镐王完颜永中的家眷都迁到郑州，长期禁锢，不得出入，不允许卫绍王子孙结婚生子，长达19年，而完颜永中的家眷则被禁锢长达40年，直到金朝即将灭亡才被解除禁锢。

就在宣宗为收拾身边这些烂摊子、为如何取得他的即位合法性而忙得焦头烂额的时候，蒙古大军正在逐渐向中都逼近，已经杀到了京西重地紫荆关，距离中都只有200余里。紫荆关，坐落在河北省保定市易县西北45公里的紫荆岭上，处于游牧民族与农耕民族的交界地带，又称上谷关、五阮关、金坡关，元代以后称紫荆关，与居庸关、倒马关合称为"内三关"。紫荆关自古以来便是东出太行的交通要冲，位于"太行八陉"之第七陉"蒲阴陉"，是兵家必争之地。公元45年，乌桓举兵南下，直抵五阮关（紫荆关），东汉名将马援正是在此伏击了乌桓大军，迫使其北遁。蒙古军为什么攻打紫荆关？原来蒙古军兵临居庸关北口，然

金朝覆灭：北宋悲剧的重演

而居庸关乃军事重地，金兵凭借天险派重兵据守、殊死抵抗，蒙古军久攻不下。于是成吉思汗兵分两路，一路部队继续攻打居庸关北口，成吉思汗则率另一路大军直奔紫荆关，攻下紫荆口，由里向外反攻居庸关南口，这样蒙古大军里应外合，居庸关天险被攻破，金军溃败，蒙军攻取了易、涿二州。此时，金朝这边，胡沙虎本想集中兵力与蒙古军大战于易、涿二州，但胡沙虎正好患有足疾，蒙古军到来之际，胡沙虎乘车督战，大败蒙古军。可次日，由于足疾严重，胡沙虎不能出征，只好派元帅右监军术虎高琪率领乣军和汉军抵御，可是屡战不胜，胡沙虎告诫术虎高琪："你接连失败，今日出兵如果再败，当以军法从事！"可天不遂人愿，术虎高琪出战，打了一整天，又大败而回。术虎高琪自知胡沙虎不会放过他，于是一不做，二不休，返回中都，率军包围了胡沙虎的官邸，闯入卧室将胡沙虎杀死。胡沙虎一死，正好解决了宣宗的一块心病。胡沙虎因手握重兵，根本不把宣宗放在眼里，朝中宰臣有什么事情都要先向他禀报，提点近侍局庆山奴、副使惟弼、奉御惟康等人曾多次秘密建议宣宗除掉胡沙虎，怎奈胡沙虎手握重兵，宣宗只能选择隐忍，这次术虎高琪替他做了自己不敢做却一直想做的事。于是，宣宗非但没有治罪于术虎高琪，还对他委以重任，授其为左副元帅，不久拜为平章政事。胡

第三章 缘木求鱼：宣宗的举措

沙虎已死，朝中大臣才敢站出来进谏，左谏议大夫张行信说："胡沙虎作为国贼，为世人所不耻，他虽然死了，但之前他所犯下的诸多罪行还没有被定罪，应该把他犯下的罪行统统公之于众，昭告天下，除名削爵，才大快人心啊！"于是宣宗下诏，公布胡沙虎的罪恶，削其官爵。应了那句话，人生如戏，戏如人生，黑亦是白，白亦是黑，短短数月，从天堂到地狱，胡沙虎的一生像是坐了过山车，大起大落，最后被他的贪欲葬送了性命。对于胡沙虎来说，可谓螳螂捕蝉，黄雀在后。胜利的成果还没来得及享用，就被术虎高琪这只黄雀吞掉了。

可对于宣宗来讲，除掉了一只虎，又引来了一匹狼。术虎高琪弑杀胡沙虎之后，同样手握重权，不亚于第二个"胡沙虎"，宣宗同样忌惮他，胡沙虎死后，还特意还术虎高琪清白，下诏说："胡沙虎蓄谋叛乱，罪恶昭彰，罄竹难书。武卫副使提点近侍局庆山奴、近侍局使斜烈、直长撒合辇曾多次陈奏，正打算加以除去。斜烈将这个意图泄露给按察判官胡鲁，胡鲁告诉了翰林待制讹出，讹出告诉了术虎高琪，就这样，术虎高琪及时采取行动，于本月十五日将胡沙虎杀了。因为这件事怕臣民恐惧猜疑，故特广下书札，不隐匿内情。"昏了头的宣宗，君臣密谋要除掉权臣这等重要的国家机密也能昭告天下？更何况又是凭空编造。

术虎高琪自从当了宰相以后，胸无大志，只顾巩固权势，作威作福，排斥异己，在蒙古大军进逼中都的紧要时刻，不能抵御蒙古军，反倒力劝宣宗攻打南边的宋朝。宣宗曾说："坏我天下的，术虎高琪就是其中一个。"此等君臣的作为，亡国只是时间问题。

二、故园北望：南迁的都城

宣宗即位之后，一直着手于巩固自身帝位，没有积极防御蒙古大军以解决中都危机。贞祐元年（1213）十月，术虎高琪与蒙古军战于城北，大败而回。蒙古大军兵临城下，中都被围，此时此刻，"千群铁骑绕燕都，玉辇仓皇下殿走"，君臣在朝堂之上急得团团转，一筹莫展。都元帅完颜承晖上奏说："现如今，按照天地气运，上天要亡我大金，要防止大位更替、改朝换代，就要想一个周全的办法。蒙古人来势凶猛，我大金勇猛的契丹、女真、纠军主力都不能敌，居庸关天险也落入蒙古军手里。如果我们再整军出战，万一再被蒙古军打败，各地的军队必将跟着溃败，到那时将军心涣散，不听号令；如果军队不听朝廷调遣，与我们为敌，后果将不堪设想。不如我们现在与蒙古人议和，多送美女、金银绸缎给他们，让他们退兵，等他们退走后再另作打

第三章 缘木求鱼：宣宗的举措

算。听说蒙古军中，由于水土不服，很多人得了疫病，现在正是我们议和的最佳时机，皇上要早做打算。"于是，宣宗采纳了完颜承晖的建议，决定向蒙古军求和。此时，蒙古大军已经兵分三路向南推进，占领了金朝黄河以北90多座州城，仅有包括中都在内的11座城池未被攻下。次年三月，成吉思汗到达中都北郊，发起了一轮轮攻城之战，遭到金朝守城将士的顽强抵抗，在围攻中都久攻不克的情况下，成吉思汗便遣使通报宣宗："你的山东、河北郡县都已归我所有，现在你有的仅仅是燕京而已，今我大军迫你于险境，这是天意，上天不会责备我。但如果我现在撤军还师，给你一条生路，你该不该犒劳犒劳我的大军，平息我将士们的怒气呀？"宣宗一看，机会来了，马上派人面见成吉思汗，表达求和的诚意。贞祐二年（1214）春，双方开始议和，成吉思汗提出的条件是：要金廷送1位公主及护驾将军10人、细军百人，跟从公主的童男童女各500人，彩绣衣3000件，御马3000匹，还有金银珠玉等，同时要以左丞相完颜承晖为人质。宣宗不敢反驳，一一答应。成吉思汗于是派人前来选公主，当时见到的7位公主中，卫绍王之女岐国公主最漂亮，于是被使者选定，宣宗就将岐国公主及之前答应的犒军金帛进献给成吉思汗。使者还让宣宗向蒙古方向遥拜，宣宗不敢拒绝，乖乖就范。成吉思汗率领蒙

金朝覆灭：北宋悲剧的重演

古大军带着掠夺的大量战利品，在金朝丞相完颜承晖的护送下出了居庸关，一直到獾儿嘴，扬长北去。

蒙古撤军了，宣宗终于松了一口气，暗自庆幸祖宗江山没有葬送在他的手里。金廷有了喘息的机会，接下来，要做些什么呢？战争过后，满目疮痍，中都周围的河北、山东等地，城镇大多被蒙古军队攻毁，民众被大批杀戮，财物被洗劫一空。金朝廷派仆散安贞等大臣分别任诸路宣抚使，前往被蒙军铁骑破坏的州县调查走访，安抚百姓。和议以后，大赦天下，通知各地相关部门统计阵亡将士情况，抚恤其家属。人无远虑，必有近忧，此时，金统治者也开始考量中都的安全性问题。中都地区虽然看似形胜之地，但由于蒙古铁骑将金朝边境上的边关、寨、城堡等防御设施攻毁，其北还时又尽毁长城沿线的城邑官寨，金朝北方的防御体系尽被摧毁。如果成吉思汗哪天不高兴了，蒙古铁骑可以随时置中都于险境，时人惊呼"巍巍帝都邻为敌境，兵戈朝起夕已到京"。因此面对中都随时会被蒙古攻打的危险局面，金朝君臣不得不认真考虑应对策略。要是蒙古人再来可怎么办呢？驻守在真定（今河北省石家庄市正定县）的元帅左都监完颜弼向宣宗上书说："现在虽然与蒙古议和了，但万一他们再来，我们的国土和百姓岂不是又要遭殃？希望陛下尽早拿出防御的办法和措施

第三章　缘木求鱼：宣宗的举措

啊！"于是是否迁都的问题被提上了日程。

迁都乃国之大事，大臣们针对迁都展开了激烈的争论，有赞成的，也有反对的。赞成迁都的以元帅左都监完颜弼为代表，还有很多汉族士大夫和女真贵族，如河南按察转运使王质、翰林直学士赵秉文、尚书省令史张公理、河南路统军仆散端（仆敬七斤）、完颜讹可（哀宗时任陕西行省及陕州总帅）、参知政事耿端义等人。但是大家对迁都的地点产生了严重的分歧。完颜弼认为应该把都城迁到南京（今河南省开封市），凭借黄淮和潼关天险以自守。翰林待制、居庸关守将李英也主张居中土（指河南）以镇四方，委派亲贤之人以守中都。左丞相、广平郡王徒单镒首先是反对迁都的，但他认为，如果朝廷非要迁都，也不能选择河南，南京地处平原，南面又紧邻南宋，容易四面受敌，太危险。建议宣宗迁到辽东（东京辽阳府），辽东是国之根本，依山负海，其战略位置优越，可御一方，以为后图。尚书省令史张公理和完颜讹可认为，都城应该迁往关中（今陕西）或河中（今山西）地区，因为关中地区有金城、天府之险，秦朝旧地，进可攻，而退可守；假若不能迁往关中，则又可以驻跸于河朔，定都于河中，因为河中之地是华夏腹心之地，河中背负关陕五路，兵强马壮，南有大河天险阻隔，前有绛阳、平阳、太原三大镇，敌兵不

金朝覆灭：北宋悲剧的重演

敢轻易进攻，地理上的天然优势，足可以抵抗外敌。翰林直学士赵秉文则认为都城应迁到山东，他说："上京、中都是国家的根本。有人说把都城迁到河南或者陕西，不过是想凭借潼关、黄河之天险。但那里西边有夏，南面又有宋，万一趁我们不备，一起夹攻我方，即使有潼关和黄河之险又有什么用呢？……而山东则不然，那里兵壮民富，富甲天下，自古就有'王不得不王，霸不得不霸'之说，而且有地利之便，海道可以通辽东，兵运直接上京，由沧、景而入海，则河南、山东为一大天险，凭借潼关和黄河之险，护卫上京、中都之本，而辅之以建侯之势，岂不是一举三得吗？"朝堂之上，众臣各抒己见，争论不休。

在反对迁都这一方，也在据理力争。首先站出来反对的就是霍王完颜从彝，他说："祖宗山陵、宗庙社稷，还有百司庶府都在燕京，怎么能弃之不管，说走就走？"左丞相徒单镒也认为固守京师才是上策："皇帝如果南迁，北路大片领土可就都保不住了。今已讲和，我们应该趁机抓紧时间招兵买马，聚草屯粮，拱卫京师！"监察御史纳坦谋嘉也反对迁都，他说："皇上万万不可迁都啊，河南地狭土薄，如果有一天宋朝和西夏两边同时攻击我方，那北方江山就不是我们的了，当务之急是选派诸王分别镇守辽东、河南，千万不能离开中都。"此外，太学生赵昉等400

第三章 缘木求鱼：宣宗的举措

人都极力反对迁都。迁还是不迁？其实宣宗内心是赞成迁都的，一是因为可以避蒙古兵锋，二是他要巩固自己的地位，削弱权臣术虎高琪的权力。只是不知道将都城迁到哪里合适，最终，这场迁都论战以宣宗迁都南京而结束。

对宣宗迁都的行为，后来史家众说纷纭，多数持批评态度，认为宣宗迁都动摇了军心民心，军民对金朝统治丧失了信心，激化了积压已久的阶级矛盾和民族矛盾，导致河北和山东等地相继爆发起义，割据势力也相继建立政权，金朝最终陷入到严重的政治和经济危机之中，直接导致了金朝灭亡。但是，也有人认为宣宗南迁是正确的。金朝将统治中心迁到南京以后，积极建立潼关、黄河一线防御体系的同时，也加强了黄河以北河中、孟州、卫州等地的防御力量，使金在与蒙古后期的战争中延续了20年，从而证明宣宗南迁是延续金朝统治的正确决策。

至于为什么宣宗把都城迁到南京而没有迁到其他地区，史学家有着更深层次的分析。首先，在地理上，南京地处黄河冲击大平原的西部边缘，处于华北平原和黄淮平原的交界处，气候宜人、沃野千里、灌溉发达，适于农耕，是天然的大粮仓。同时在军事防御上，又可以凭借黄河天险和扼守潼关作为阻挡外敌入侵的天然屏障。其次，南京作为历代古都，有建立都城的基础设

金朝覆灭：北宋悲剧的重演

施，尤其海陵王时期曾迁都南京，对南京城内原北宋宫殿进行了大规模的修建，也有完备的官署，如都元帅府、行台尚书省、战时军事指挥中心，还有很多常设机构。再次，宣宗决定南迁的另一重要原因是削弱术虎高琪的势力，摆脱术虎高琪的控制。术虎高琪跟随南迁以后，其统领的乣军大部分并未随之南下，而是留守中都一带，这样就割断了术虎高琪与其统领的乣军势力的关系。最后，决定让宣宗南迁的还有一个关键人物，他就是南京留守仆散端。仆散端曾经任职于世宗、章宗、卫绍王三朝，是三朝元老，德高望重，深得金朝君臣信任，他在卫绍王时期曾任河南、陕西安抚使、提控军马，在南京地区长期驻守，且手握重兵，对当地的地形地貌以及兵事十分熟悉。贞祐二年（1214）五月，仆散端与河南统军使长寿、按察转运使王质三次上表，请宣宗南迁。而至于百官建议的其他去处，辽东本是女真人的发祥地，是军事重地，可海陵王将都城迁到中都以后，上京宫殿尽毁、变为耕地，世宗时虽有修复，但此地地处边缘，无法控制金朝国内的大局；而辽阳因耶律留哥叛乱造成辽东地区动荡不安，加之又有蒙古的介入，此非迁都首选。而河北和山东，前者曾遭战火的破坏，蒙古铁骑离之又近，蒙古军曾几次扫荡而归，河北又没有宫殿和衙署等设置；后者有农民起义，地理位置也不是十

第三章 缘木求鱼：宣宗的举措

分理想。素有天府之称的关中地区，虽然土地肥沃，但自然灾害频发，百姓贫困，更何况西夏与金断交后投靠蒙古，金随时有被夹击的危险。总之，对于金宣宗而言，要巩固自己的统治，除掉权臣，又要借此机会得以喘息，休养生息，养精蓄锐，恢复国力再图进取，最佳选择就是迁都南京。虽然历史无法假设，毕竟宣宗南迁后造成的严重后果无法挽回，但对比南宋建炎南渡：时任康王的赵构置北方军民于战火而不顾，选择南下"巡幸"，说得难听一点儿就是逃跑，而且为了达到自己的目的，竟然破坏宋太祖遗留下来的"不杀士大夫与上书言事人"的祖训，杀害上书言事的陈东与欧阳澈。同时，为了自己当上皇帝，阻止北伐、与金议和、杀害忠良。即便这样，历史给出的评价却是：他的南下延续了宋朝的国祚，为宋朝与金朝的对峙起到了一定的作用。金宣宗与之相比，当然也有很多不思进取的行为，唯一不同的就是结果，倘若他的南迁也延续了金朝国祚，恐怕历史应当改写的同时，宣宗在世人眼中的形象也许会有所好转。

贞祐二年（1214）五月，金宣宗以都元帅完颜承晖、副元帅抹撚尽忠辅佐太子完颜守忠留守中都，自己则率宗室和百官以及百官家属、亲王宗属迁往南京。经过2个多月的长途跋涉，七月份的时候，宣宗一行到达了南京。一切安顿下来后，宣宗开始调

金朝覆灭：北宋悲剧的重演

遣大批军队以加强南京地区的军事力量，保卫南京安全。先是将河朔地区的30万军队分别由河南行枢密及帅府调遣，以1万步军戍守京城西面，4万步军戍守京城东面，又从陕西方面挑选2000精锐骑兵来京，以增强京畿的警卫。这还不算，又在南京附近的黄陵冈（今河南省开封市兰考县东北黄陵岗）屯兵20万以备不测。南渡以后，宣宗以50余万大军护佑南京，中都及河北广大地区实际上已经成了宣宗的弃子，北方广大地区陷入一片混乱。

宣宗将大批军队征调到南方以拱卫新的国都，陕西、山西、河北等地的军人相继进入河南，北方的广大军户追随宣宗也陆续踏上了南迁之路，这就造成了一系列的问题和灾难。女真军户是金朝赖以生存、抵御蒙古的有生力量。宣宗为牢牢把握金朝的生力军，在南迁后的第二年，就将女真军户也陆续撤离北方。针对这一举措，高汝砺曾建议宣宗要谨慎，他说："即使迁军户于南，也是挑强壮之家，贫户不能南迁，况且安土重迁，人之常情。如果把军户都迁到南方，这么多人一旦离开田园，扶携老幼，长途跋涉，流离失所，会造成很多社会问题。所经之地，百姓见军户都迁走了，会产生恐慌，动摇民心。更严重的是，保卫河北的军人知道自己家人已经安全到了南方，按人之常情分析，他们还怎

第三章 缘木求鱼：宣宗的举措

么会为保卫别人而卖命呢？事关国家大事，应该先令诸道元帅府、宣抚司、总管府进行讨论，然后施行。"针对这个问题，高汝砺的建议提得十分合理，如果宣宗南迁，以太子留守坐镇中都还可以掩饰一下，但军户撤退明明就是要弃河北于不顾了，这就造成了严重的社会问题。不但河北地区军心动摇，丧失了抗击蒙古的信心，更为严重的是，这么多的军户迁到南方，也给当地造成了严重的社会问题。

据历史文献记载，南迁的军户大致被安置在今天的南京、商丘、许昌、新乡以及江苏徐州和安徽亳州等地。据学者研究，除去原驻河南的军户以及汉军军户，南迁女真军户大约有40万人。为了解决军户的生计，以金宣宗为首的金朝廷千方百计压榨中原人民，此时的金朝只控制河南数州土地，政府一共有24万顷租地，每年所收的田租总计156万，无法满足庞大的军户需求。金政府只能增益田租，民户现在交的税租是从前的3倍。即使这样，也满足不了那些只知道游惰、群饮、赌博、不知耕稼的女真人的用度开销。除了军户，民户还要供养军队。金朝在河南驻守的军队至少百万，而且家中一人当兵，全家老幼皆由政府供养。当时朝中大臣就曾对宣宗反映："政府各部门的支出用度，军队的所有调发，一切费用都要由南方汉户承担，简直就是一人种粮百人吃。"京南、京东、京西三路屯军40万，一年吃掉的粮食达140余万石。百万军队得需要多少粮食可想而知，加之供给军户，民户的负担非常沉重。除了加倍征收田租外，政府还施行括田，就是把一些农民世代耕种的荒田、牧马草地等让给军户，而实在拿不出粮食来供养军户的农民，政府则没收他们的土地以给军户。本来世宗时期就存在南方军户与农民争地的矛盾，现在如此庞大数量的军户又来抢夺中原农户的饭碗，增加了中原百姓的负担，土地问题更加尖锐，社会矛盾进一步激化。

军户南迁的同时，北方各地官吏为了逃到南方躲避战乱，也八仙过海，各显神通。有的州县官员看到河北地区的州县已经沦陷，军户也迁走了，便开始恐慌起来，于是都私自逃奔河南。有的州县官吏则通过各种途径向政府申请，到河南任职以避灾难。河北广大地区民心动摇，百姓被迫放弃了世代赖以生存的土地和家园，携家带口向南方逃难。百姓一窝蜂似的涌向口岸，导致大量南渡之人滞留在河阳三城，数以百万计的难民铺天盖地绵延千里。逃难的路上，缺衣少穿，忍饥挨饿，又发生瘟疫，还没到达目的地，死者已经过半，那情景惨不忍睹。更有甚者，途中还要遭受不法官吏的敲诈勒索，有的官员向逃难的民众索要过河钱，不给就不让坐船，为了躲避官吏的勒索，有的被活活饿死，有的

第三章 缘木求鱼：宣宗的举措

被溺死，即便侥幸逃到南方的百姓，也不会好过。据学者研究，金末迁到南方的北方人口多达200余万。

由宣宗迁都所引发的大批女真军民南渡，引发了一系列社会矛盾。40多万南迁军户的口粮问题成了政府的难题，现在又涌入这么多难民，他们也要吃饭，导致不稳定的因素越来越多。胥鼎曾担忧地说："河北来的军民、流亡百姓以及山西、河东流亡的老弱妇孺，一下子都涌入到了河南地区，他们分散各处，又没个谋生的出路，这很容易造成社会的不稳定啊！"军民南渡也加速了河北地区的陷落。宣宗到达南京之后的一个月，就命令太子撤离中都，然后将女真主要精锐部队几乎全部调往南京，致使河北防守空虚，其真实目的就是退守黄河一线，以求偏安。宣宗的这波操作极大地动摇了北方军心民心，也导致驻守中都的将领、兵士丧失坚守中都的决心与信心。不久，屯守中都附近的乣军发生叛乱，而留守中都的金军也陷入混乱。在乣军和契丹人的配合下，蒙古骑兵再次袭来。驻守中都的将领逃的逃、死的死、降的降，金统治者苦心经营60余年的中都城陷落。正如反对迁都的左丞相徒单镒所言，"皇帝您銮辂出发之日，就是北方各地陷落之时"。中都失守，金朝失去了对河北地区的控制权，河南等地失去了河北的屏障，那么失守只是时间早晚的问题了。河北地区陷入蒙古之手，相当于切断了金朝与东北地区的陆路联系，这就为蒲鲜万奴割据东北创造了条件。自此，金朝国势日衰，加速了灭亡的步伐。

三、中都沦陷：混乱的北方

宣宗南迁，军心动摇、民心思变，积压已久的社会问题犹如井喷，一下子爆发出来，乣军哗变就是一个典型例子。

关于乣军，可谓众说纷纭。一个"乣"字便有多种说法，乣军的问题之所以复杂，就是因为"乣"字无论从字形、读音，还是释义，在历史当中都没有确定的解释和可靠的依据，这就造成了后人对它的阐释莫衷一是。乣军在辽朝时就已经存在，可能是由契丹各部贵族的属民组成的军队，与契丹另一支部族军郎君军（由贵族子弟组成）同为契丹诸部族所属的军事力量。金朝灭辽以后继续对乣军加以利用，将东北路、西北路、西南路的少数民族军队编入该组织，使之为金朝戍边。在金朝的统治下，乣军从一开始就已经埋下了仇恨的种子，终金一代，契丹人起义如野草一般，"野火烧不尽，春风吹又生"。作为金朝边境防御体系中的一部分，乣军不但没有起到维护一方稳定的作用，反而诸多乣军

第三章 缘木求鱼：宣宗的举措

与外族相互勾结，扰乱边境稳定，甚至动摇金朝统治。

金朝统治者将乣军作为边防军集中在边境地区，分属东北路招讨司、西北路招讨司和西南路招讨司，主要为金朝北边戍边和抵御外族入侵。乣军的军事长官称"详稳"和"么忽"，由朝廷直接任命，以便加强女真统治者对乣军的有效控制。乣军主要由金朝征服的各民族组成，契丹人、萌骨（蒙古）人、奚人、党项人等都是乣军的重要来源，数量最多的当数契丹人。金灭辽后，大量契丹人聚集在北京路地区，金统治者不堪蒙古各部对其北部边境的袭扰，便布置大量契丹乣军镇守边疆，一来可以利用乣军防止蒙古侵扰，巩固边防；二来还可以将组成乣军的少数民族迁离故地，防止他们聚众叛乱。还有一个最重要的目的，就是通过他们彼此之间的对峙、互相残杀，起到减少彼此人口、互相牵制的作用，进而对其进行有效的控制。因此，金代乣军从设置之初便与金朝统治者离心离德，双方有着很深的矛盾，导致乣军叛乱时发，反倒成为扰乱边疆的不稳定因素，对金朝边疆治理和地方统治产生了负面影响。海陵王时期，耶律撒八和移剌窝斡起义就有乣军参与。章宗朝，无论是北上抵御蒙古还是南下对抗南宋，金朝均以乣军为主力，甚至以乣军打前锋。但乣军叛乱不断，金章宗为了加强对契丹乣军的管制，将乣军迁移到中京附近居住，

金朝覆灭：北宋悲剧的重演

表示朝廷对乣军的重视和安抚，更重要的是便于金朝对乣军的控制。章宗统治后期，蒙古势力的兴起给金朝北疆带来了极大的威胁，金朝派遣乣军镇守北疆，可是乣军往往趁机叛乱，归降蒙古，这使金朝北疆地区的防御体系遭到破坏。而章宗政府已经无法对蒙古政权的袭扰进行有效回击，这为卫绍王时期乣军的动乱埋下了极大的隐患。

宣宗时期，命术虎高琪掌管乣军，镇守在中都通玄门外、中都西北缙山县和中都城南，成为保卫中都的重要军事力量。贞祐元年（1213），术虎高琪率乣军杀死胡沙虎，发动乣军叛乱，宣宗被迫对术虎高琪及其统领的乣军加以安抚。宣宗南迁以后，本打算将乣军迁往平州以削弱术虎高琪的势力，但术虎高琪心知肚明：自己一旦失去军权就像一只没有牙齿的老虎，因此遭到他的极力反对，于是朝廷不得已决定将乣军一并南迁。贞祐二年（1214）五月，乣军走到良乡和涿州时，金统治者惧怕乣军生变，便收回原本要拨给乣军的马匹、铠甲等战斗物资，这一举动激起乣军的极大愤怒，在斫答等人的带领下杀回中都。完颜承晖闻乣军兵变，急忙部署金军于卢沟桥阻截乣军，但被愤怒的乣军击败。金宣宗得知乣军哗变，赶忙命人前去安抚，同时赶紧让术虎高琪派人前去招抚，可为时已晚。斫答见中都城坚固，一时很难

第三章 缘木求鱼：宣宗的举措

攻克，时间拖延久了会对其不利，于是派人求见成吉思汗，相邀攻打中都。成吉思汗接见来人，获知宣宗南迁，中都大乱，大喜过望。面对天赐良机，成吉思汗借口金宣宗迁都，无诚意议和，再次向金宣战。七月，命撒木合率领蒙古部队、石抹明安率领契丹军队，与斫答一起攻打金中都。

糺军的叛变严重削弱了中都的防御力量，他们对中都的军事布防情况十分清楚，无形当中成为蒙古攻陷中都的先锋。更何况宣宗南迁、太子出走、军心涣散，中都实际上已经不堪一击。成吉思汗采取围城打援的战法，首先派大将木华黎攻打辽东，以切断中都与辽东的联系，然后派石抹明安率军进入古北口（今北京市密云区东北），连续攻克景州（今河北省遵化市）、蓟州（今天津市蓟州区）、檀州（今北京市密云区）等地，进围中都。两路大军按既定计划顺利推进。仅仅用了3个月的时间，木华黎就连续攻克高州（今内蒙古自治区赤峰市东北）、成州（今辽宁省阜新市西北）、锦州（今辽宁省锦州市）、懿州（今辽宁省彰武县西北）、北京（今内蒙古自治区宁城县西南）。石抹明安这边，又打败金右副元帅蒲察七斤，占领通州（今北京市通州区），率军进驻中都南面建春宫。金中都被围日久，留守中都的右丞相兼都元帅完颜承晖向南京告急。三月，金宣宗派遣御史中丞李英率河间

金朝覆灭：北宋悲剧的重演

清、沧的数万人，元帅左都监乌古论庆寿、元帅左监军永锡将2.9万人押运粮草支援中都。永锡在涿州（今河北省涿州市）将蒙古军击退；可李英行进到霸州（今河北省霸州市）时遭遇蒙古军的袭击，因军纪松弛，轻松被蒙古军歼灭，所运军粮尽失；乌古论庆寿听到李英败亡以后，无心打仗，赶紧撤退。被蒙古军包围的中都，里无粮草，外无救兵，军民极度失望，每日生活在饥饿与恐惧之中，甚至出现人吃人的惨象。完颜承晖可惜空有儒家礼教的思想却不懂用兵，把中都军事大权交给中都副留守抹撚尽忠。在中都城破前夕，抹撚尽忠撇下众人，携家眷、心腹仓皇逃走，完颜承晖愤然服毒，自杀殉国。蒙古军在乣军的带领下攻陷金中都，令金朝统治雪上加霜。

金朝北方广大领土自从遭遇蒙古兵乱，大部分地区惨遭浩劫，茫茫千里不见人烟。蒙古大军入境，铁骑所到之处，百姓被杀戮殆尽，千百户中只有一户能侥幸存活下来。而宣宗弃河北广大领土于不顾，迁都南京，继续过着骄奢淫逸的生活，庙堂之上，朽木为官，军事无能，经济剥削日益严重，社会矛盾加剧。被抛弃的北方各地人民不堪统治者的压迫和盘剥，长期积压在人民头上的愤怒终于爆发，在河北和山东，人民纷纷聚众反抗，他们身着红袄，称为红袄军，其中杨安儿、刘二祖、李全等领导的

第三章　缘木求鱼：宣宗的举措

队伍声势浩大，队伍人数多达十几万，有的甚至南结宋朝，北交蒙古，给摇摇欲坠的金朝统治以猛烈的冲击。杨安儿，山东益都（今山东省青州市）人，原来以贩卖鞍材为业，后来做过金政府的刺史、防御使。卫绍王大安三年（1211），蒙古大军南下攻金，金征兵千人，命都统唐括合打和副都统杨安儿戍边。一路上，杨安儿想到金朝官府腐败、官吏横行、乱象丛生，遂起反心。当一路人走到鸡鸣山时，屯兵不进，他趁机逃回山东，联合张汝楫等人聚众造反，攻劫州县、杀掠官吏，山东大震。金朝政府此时外有蒙古大军，内有权臣弑君擅权，无暇顾及杨安儿的起义。等到宣宗即位，与蒙古议和，外敌撤退之后，贞祐二年（1214），宣宗派仆散安贞出任山东安抚使，全力镇压反抗军，迫使杨安儿转战莱州。与此同时，李全也起兵造反于潍州（今山东省潍坊市），准备攻打益都，密州（今山东省诸城市）方郭三也自称元帅攻打沂州和海州（今江苏省连云港市西）。仆散安贞分兵攻讨各路反抗军，自己则率军镇压杨安儿的莱州反抗军，双方激战之后，杨安儿惨败逃走，在逃跑坐船的时候被舟人暗算落水而死。

在杨安儿起兵的同时，潍州北海农家子李全也站出来积极响应。蒙古兵至山东，李全的母亲和大哥死于战乱。李全和二哥李福聚众数千，响应杨安儿，攻打临朐，进取益都。李全因骑马射箭,身手不凡,手里使一把铁枪,人称"李铁枪"。杨安儿被害后,其众由妹妹杨妙真率领,后来,杨妙真率部与李全会合,二人结为夫妇,继续抗金。在杨安儿起兵的同时,刘二祖率队伍活动于山东淄州、沂州。金军攻下莱州以后,向刘二祖等招降,刘二祖拒不投降,率领红袄军继续抵抗金军。贞祐三年(1215)二月,仆散安贞派纥石烈牙吾塔讨伐刘二祖,杀其众4000余人,投降者8000余人。金军攻其根据地大沫堌,刘二祖受伤被俘,后被斩杀。这些反抗军活动于北方,分散了金朝的兵力,不利于金朝全力抵御蒙古大军。

四、金源不复:失去的祖地

金朝遭受蒙古攻伐以来,所辖的辽东地区开始出现了分裂迹象。从耶律留哥叛变投降蒙古,到宣宗贞祐三年(1215)蒲鲜万奴据东京自立,金朝基本上失去了辽东,这不能不说是金朝从卫绍王、宣宗两朝开始政策失误导致的又一重大事件。

说到耶律留哥叛降蒙古的深刻原因,还要从金统治下的契丹遗民说起。辽朝灭亡以后,一部分契丹人坚定地追随耶律大石,一路西行,穿越茫茫戈壁,在中亚建立西辽政权,以图抗金

第三章 缘木求鱼：宣宗的举措

复国。一部分契丹人进入宋朝，而大多数契丹人则成为金朝的臣民。金初统治者最初将契丹人编为猛安谋克，并以降附的契丹贵族担任猛安长、谋克长，利用契丹人为其戍守北部边疆。后来为了防范契丹人，又将大部分契丹人迁徙到女真金源内地，以充实金源故地。经过迁徙的契丹人主要分布在云中（今山西省大同地区）、河东（今山西省全境）、河北（泛指今黄河以北地区）、燕京（今北京地区）、山金司（阴山）一带。契丹原本属于东胡族系，与女真非同宗同源，很难做到对女真统治的政治认同，事实上，女真人也时刻猜忌防备着契丹人。早年投降女真的元帅右都监耶律余睹，交通远在中亚的耶律大石，趁机举事。金太宗天会十年（1132），耶律余睹密约燕京统军萧高六、蔚州节度使萧特谋葛等人共同反金，欲杀尽燕地女真人，但计划泄露，遭到女真统治者的残酷镇压，金统治者大肆屠戮契丹遗民，尽诛耶律余睹残党，甚至女真宗室完颜宗翰的契丹族嫔妃萧氏也不放过。这场屠杀持续了一个月才渐渐平息，致使大批契丹人被迫西投西夏或北奔蒙古草原。

熙宗皇统五年（1145），完颜亶命一部分契丹人作为屯田军随金军南下，迁至中州（中原、黄河以北地区）地区屯田，散处于中原各州县与百姓杂居，这是继金初太宗时期契丹遗民的第二

金朝覆灭：北宋悲剧的重演

次大规模迁徙。海陵王完颜亮弑杀熙宗，当上皇帝后，横征暴敛、穷兵黩武、民不聊生，激起北方人民的反抗，在北方人民反抗斗争中规模最大、持续时间最长的是契丹人耶律撒八和移剌窝斡起义。而这次起义的导火索与海陵王南伐有着不可忽视的关系。正隆五年（1160），海陵王向全国征调各路兵马，为南下伐宋做着积极的准备，为其戍边的西路契丹农牧民未能幸免，也在征调范围之内。金政府规定，凡年在20岁以上、50岁以下的男子全部要从军，而这里的契丹农牧民世代居住此地，为金廷饲养战马，防御蒙古，守卫北部边疆。金政府派来的官员燥合一到，任金朝西北路招讨司译司的耶律撒八就向他说明此事，如果男丁一律从征，若北边蒙古来侵，剩下的老弱妇孺必定遭殃。可燥合根本不听耶律撒八的申诉，耶律撒八一怒之下杀了西北路招讨使和金朝负责征兵的官员，率众起义，山后四群牧、山前诸群牧和契丹五院部人等纷纷响应，先后占领韩州（今吉林省梨树县北偏脸城）和咸平（今辽宁省开原老城）。起义队伍声势浩大，消息传到中都，上下震动，海陵王派枢密使仆散忽土和西京留守萧怀忠等将领率大军镇压，都以失败告终。但由于耶律撒八打算西行投靠耶律大石，一些部众安土重迁，不愿意远离故土，与耶律撒八产生严重分歧。在反对西走的将士中，六院节度使移剌窝斡是

第三章　缘木求鱼：宣宗的举措

反应最强烈的一个，他杀死耶律撒八，成为反抗军的新领导人，带领队伍继续坚持抗金。完颜雍在辽阳称帝即位以后，海陵王在南征中被哗变的将士杀死，世宗完颜雍进入中都，恩威并施，一面下诏招安，一面派重兵围剿。大定二年（1162），契丹军在陷泉（今内蒙古自治区巴林左旗境内）遭到金军围剿，双方展开生死决战，结果反抗军大败，九月，移剌窝斡被杀，这场轰轰烈烈的反金军事对抗活动才被镇压下去。

世宗时期，金统治下的契丹遗民不再被信任。耶律撒八和移剌窝斡起义被镇压以后，以金世宗为首的女真贵族统治者对契丹人的警惕和控制愈加严厉，考虑到让其戍守西北边境会带来更大的危险，尤其是契丹人会与西辽联系，说不定什么时候还会再生事端。为防止契丹遗民联系西辽再次啸聚反抗，世宗下令解散参与叛乱的契丹猛安谋克，将其分置在女真猛安谋克之中，以便监视和控制。另外，将西北路契丹人迁往乌古里石垒部（嫩江中游以西雅鲁、绰尔河流域）和上京（今黑龙江省哈尔滨市阿城区）、济（今吉林省农安县）、利（今辽宁省喀左县）等地。但金朝统治者对契丹的压制统治，导致契丹不断起来反抗。金章宗时，屯戍临潢、泰州的契丹人又发动反金斗争，此后更大规模的反金斗争在东北爆发。承安元年（1196）十一月，群牧契丹德寿、陁锁

金朝覆灭：北宋悲剧的重演

等据信州（今吉林省四平市公主岭境内）发动叛乱，追随者达数十万，震惊朝野，金朝费了很大的力气才平定叛乱。综上所述，自辽亡以后，金朝统治下的契丹人由于多种原因，很难对女真贵族统治达到认同，不断起义反抗，这是一个值得深思的问题。

蒙古在北方崛起之后，金朝统治者更加不自安。一直对契丹存有戒心的金统治者意识到，北方大量的辽代契丹遗民就像是一颗定时炸弹，给北部边疆带来了严重的隐患。卫绍王时期，金廷为了控制契丹人，将其置于女真人之中分而置之，两户女真户中间夹着一户契丹户，这种愚蠢的防范措施是对契丹人的莫大侮辱，引起了契丹人的强烈不满。任北边千户的耶律留哥早就对金朝统治者心怀怨恨，他运筹帷幄，暗自寻找时机，终于等来了机会。卫绍王崇庆元年（1212），蒙古大举南下攻打金朝，他趁机逃到隆安（今吉林省农安县）和韩州（今吉林省梨树县北偏脸城）一带，联络并发动当地的契丹人一同反抗金朝的统治。他们聚集民众、攻打城池，击退金军，短短数月，竟拉起一支10余万人的队伍，营帐百里，威震辽东。金朝派完颜承裕（胡沙）率60万大军前去镇压，并发布悬赏公告，谁要能得耶律留哥1两肉，赏银1两，要能得到耶律留哥1两骨头，赏金1两并世袭千户。面对来势汹汹的强敌，耶律留哥惧怕自己抵挡不住金朝庞大

第三章 缘木求鱼：宣宗的举措

的军队，便向成吉思汗请求救兵，投靠了蒙古。成吉思汗立即派1000骑兵前来助战，耶律留哥与蒙古援兵并肩作战，大败金军于迪吉脑儿（今辽宁省铁岭市昌图县附近）。之后，耶律留哥称王，国号"辽"，改元天统，都广宁（今辽宁省北镇市）。眼看自己的老家被人割据占领，金朝政府想方设法夺回辽东，先派知广宁府温迪罕青狗前去劝降，以高官厚禄诱降留哥，可温迪罕青狗到了耶律留哥的大营，看到耶律留哥军势强盛、纪律严明，当即倒戈投靠了耶律留哥。金朝偷鸡不成蚀把米，贞祐二年（1214），又派屯兵沈州（今辽宁省沈阳市）和广宁的辽东宣抚使蒲鲜万奴领军40万浩浩荡荡再次讨伐耶律留哥，结果被耶律留哥和蒙古军大败于归仁县（今辽宁省昌图县四面城北），辽东州郡尽被留哥所有。打败蒲鲜万奴以后，留哥在咸平（今辽宁省铁岭市开原老城）建都，是为中京。眼看耶律留哥的队伍越来越庞大，已无法控制，金朝誓不罢休，再派左副元帅移剌都率10万大军来攻，又被耶律留哥击败。耶律留哥乘胜攻破东京（今辽宁省辽阳市），手下部将劝他称帝，被他拒绝，率其子毅然投靠蒙古，成吉思汗为表彰他的忠勇，仍封他为辽王。耶律留哥反金降蒙，给金朝以沉重的打击，同时为蒙古统一东北增添了有生力量。

而被耶律留哥打败的蒲鲜万奴，收集余众退到东京，加快了

金朝覆灭：北宋悲剧的重演

自立的步伐。其时，蒲鲜万奴早有割据自立的想法，在与耶律留哥战于归仁之前，他就想率军到曷懒路，以便自立。被耶律留哥打败以后，北京留守奥屯襄与上京宣差蒲察五斤向金宣宗弹劾蒲鲜万奴，并揭发他怀有异志。但自从金宣宗南迁以后，国家重要兵力都调往南方保卫南京去了，金廷对辽东的控制力已经大大减弱，如果此时降罪于蒲鲜万奴显然是不明智的，宣宗便赦免蒲鲜万奴兵败之罪，并诏谕三人要齐心协力守住上京和辽东。贞祐三年（1215）十月，宣宗南迁，包括宗室贵族、官员和军户在内的北方人口纷纷南下，北方陷入混乱，兵连祸结，各地起义不断；金朝财政危机加重，为支付战争所耗，搜刮民财，百姓苦不堪言。另一边，蒙古铁骑南下，在河北大地就像驰骋于自家的草场，大军所到之处，人物为之一空。面对金朝混乱的局面，蒲鲜万奴见时机已经成熟，据东京自立，称天王，国号"大真"，改元"天泰"。他以东京为根据地，兵分两路，以主力部队北上攻取上京。先后攻取了咸平、沈州和澄州（今辽宁省鞍山市海城市）等地，虽然打了几次胜仗，但在接下来的战斗中就没有那么顺利了，不仅攻打要地接连失利，连东京大本营也被耶律留哥攻破，蒲鲜万奴的妻子李仙娥也成了俘虏。这时候，蒙古大将木华黎进攻金州，攻克苏、复、海三州。面对金朝、蒙古和耶律留哥的三面夹击，蒲鲜万奴为了保存实力，投降了蒙古。有人说，金朝攻打蒲鲜万奴的策略是错误的，等于为渊驱鱼，把蒲鲜万奴推向了蒙古一边。可是我们从最初金宣宗对蒲鲜万奴战败不予处罚的做法来看，金廷对待蒲鲜万奴还是比较审慎的。但由于蒲鲜万奴自立后，急于扩大战果，不断攻打金上京等地，如果金军不采取措施，后果可能会更加严重，毕竟在内忧外患之际，强大的"外患"要抵抗，"内忧"也要清理。总之，金朝就像一间四处漏风的破屋子，哪里漏了就要堵哪里。

五、九公封建：无奈的选择

迫于蒙古强大的军事压力，金宣宗仓皇南逃，中都失守，完颜承晖服毒自尽、以身殉国，黄河以北广大地区陷入混乱。古人言，乱世出枭雄。当两河（金朝河北、河东）地区遭受蒙古侵袭时，当地的土豪或有名望的枭雄纷纷自发地组织武装，结寨自保。因多以抵抗蒙古为号召，被金统治者称为义军。这些义军主要活动在金朝河北、山东、河东地区，河北地区指金朝中都路、河北西路、河北东路、大名府路，山东指山东东路与山东西路，河东包括河东北路与河东南路。这些地区大致相当于今天的北京

金朝覆灭：北宋悲剧的重演

市、河北省河间市、石家庄正定县、邯郸市大名县，山东省青州市和泰安市东平县，山西省太原市和临汾市广大地区。随着金军大批撤退，两河地区烽火连天，兵连祸结，形势异常严峻。金宣宗兴定四年（1220），宣宗被迫分封黄河以北9个义军首领为郡公，以抵御蒙古，缓解金朝的军事压力，史称"九公封建"。此举乃是金朝政府在将帅乏人、无力抵抗蒙古大军的危急关头对北方做出的无奈选择，那么"九公封建"会挽救金朝于水火吗？

"九公封建"前的北方局势非常混乱，中都沦陷以后，各地义军揭竿而起，聚兵自保、各自为政。贞祐二年（1214），锦州人张鲸聚众10万，杀死金朝节度使，自称临海郡王、辽西王，归降蒙古。贞祐三年（1215），土豪石天应与豪酋数十人以兴中府（今辽宁省朝阳市）投靠蒙古。辽西地区的平州、滦州、锦州、义州、利州、瑞州、懿州、广宁府、兴中府等广大地区统统被蒙古军占领，蒙古军大将阿只乃乘得胜之势渡过辽河，又连陷辽南的澄州（今辽宁省海城市）、盖州和复州（今辽宁省大连市瓦房店市）。在辽东地区，早在蒙古攻金之初，就有契丹人耶律留哥在韩州、隆安叛金起兵，后来投靠蒙古。蒲鲜万奴率40万大军讨伐耶律留哥，遭到惨败后建立大真国，掉过头来攻打金朝的上京，占领了原渤海国上京，建东夏国。短短几年，金朝东北

第三章 缘木求鱼：宣宗的举措

的广大领土已经丧失殆尽。

河北、河东和山东广大地区的情形也不容乐观。战争使各行各业的生产陷于瘫痪、人口大幅度减少，貌似强大的金军在蒙古铁骑面前不堪一击，抗蒙士气消极低落，金统治体系几近崩溃。在山东，红袄军刘二祖的势力几乎遍及整个山东。陕西地区也由于战争和自然灾害的原因，导致大量河北流民涌入陕西。河北、河东地区是蒙古进攻的重点，到兴定三年（1219），河北的真定府、大名府以及易州、保州、安州先后陷落，河东的太原府、平阳府及潞、忻、代、泽、汾、朔等州也被蒙古收入囊中，特别是军事重镇太原府的陷落，守将乌古论德升殉国，使金朝几乎完全丧失了黄河以北的统治权和军事控制权。在如此严峻的形势下，金朝政府不得不采取敕封河朔义军首领为郡公的做法，将恢复河北领土的希望寄托在这些地方武装身上。

作为苦命的"留守儿童"，面对上述情景，两河地区的百姓只能自力更生，保卫自己的家园，义军势力如星星之火，逐渐发展起来。其实在宣宗"贞祐南迁"以前，义军就已经蓬勃兴起，势力遍布黄河以北，苗道润就是贞祐初年河北义军的代表。金宣宗"贞祐南迁"以后，苗道润集结河北义军，抗击蒙古，他有勇有谋，受到义军队伍的拥戴，屡受金朝政府褒奖，累官至骠骑上

金朝覆灭：北宋悲剧的重演

将军、中都路经略使，兼知中山府（今河北省定州市）事，前后抚定50余城。兴定元年（1217），在蠡州（今河北省保定市蠡县）保卫战中，苗道润率领义军抵御木华黎率领的蒙古军，击杀蒙古大将石抹也先，威震三军，被金廷授予金中都经略使。可在与蒙古对抗过程中，由于义军队伍起了内讧，苗道润被手下贾瑀杀死，其部将靖安民带领一部分义军继续抗击蒙古。贞祐元年（1213），易州定兴县（今河北省保定市定兴县）人张柔，于贞祐年间组织世家大族一起，在当地选拔壮士组织队伍，保卫西山东流寨，盗贼不敢来犯，在身边聚集了一批勇敢之士。金宣宗南迁之后，张柔聚集乡邻亲族数千家结寨自保，被金廷任命为定兴令，归苗道润统领。兴定二年（1218）六月，苗道润被贾瑀杀害后，张荣纠集部众决定报仇，金廷授予他中都留守，兼大兴府尹、本路经略使，行元帅事。可张柔抵抗已经过了紫荆关的蒙古军队时，战败投降，在蒙古军的配合下，活捉贾瑀，剖其心以祭苗道润。在义军队伍当中，还有一些未南迁的官员，组织义军抵抗蒙古军。章宗朝进士田琢在中都被围时，毛遂自荐前往山西招募义勇，金朝廷授予他宣差兵马提控、同知忠顺军节度使事，派他经略山西。此后田琢不断在各地招兵买马，聚集2万人的义军队伍，势力大增，田琢统率义军抗战在一线，又听从官府的派遣

第三章 缘木求鱼：宣宗的举措

到山东战场镇压红袄军，成为金廷的一支重要军事力量。这些义军不但保卫了两河地区的百姓，也保障了两河地区的农业生产，延缓了蒙古军进攻河南的速度，牵制了蒙古的军事力量。但是义军力量也成了金廷的一个隐患，多数义军都是在蒙古侵略的大背景下，为了自保而组建起来的队伍，没有统一的领导，队伍成员鱼龙混杂，甚至鸡鸣狗盗之徒为了谋生也混入队伍滥竽充数，义军之间或者义军内部经常为了个人利益兵戎相见，自相残杀。在蒙古大军的逼迫下，有的义军就投靠了蒙古，有的义军坚持抵抗，有的义军诈降后南归，完全处于一盘散沙的状态。如何控制义军成为金廷的一项棘手问题。

金宣宗还未决定南迁时，朝中有识之士就建议其分封义军首领，以便控制义军为其服务。比如工部员外郎李英建议宣宗，在北部重要关隘地区进行分封，以防范蒙古进攻中都或进入金朝腹地掳掠。中都被蒙古军包围后，李英曾经组织义军据守居庸关，抗击蒙古，他乘夜与壮士李雄、郭仲元、郭兴祖等490余人出城，沿西山悄悄进入佛岩寺。派李雄等下山招募军民，在招募的万人义军当中，挑选有能力的人作为义军首领，以土豪之名抗击蒙古。中都解围以后，李英上书宣宗：居中土以镇四方，委亲贤以守中都，立藩屏以固关隘，集人力以防不虞，养马力以助军

金朝覆灭：北宋悲剧的重演

威，爱禾稼以结民心，明赏罚以劝百官，选守令以复郡县，并州县以省民力。其中一点就是主张分封义军首领，利用他们的力量防御边境要地。李英作为曾经亲自率领义军抵抗蒙古军的人，对于居庸关附近的军事防备十分熟悉，因此他还详细向术虎高琪说明居庸关对于中都的重要意义，招揽义军的重要性。可李英的建议迟迟未能得到实施。宣宗南迁以后，北方大乱，封建义军之事再次被提上日程。贞祐四年（1216），右司谏术甲直敦上奏疏建议在两河实施封建。可是由于反对的声音太大，认为这些所谓的义军实属乌合之众，不懂规矩，毫无廉耻，纯属盗贼无赖，如果朝廷分封这些人为地方诸侯，必然会造成恶果，后患无穷，因此封建之事作罢。可不久之后，太原被蒙古军攻下，使两河地区的军事形势急转直下，局势对金朝越来越不利。蒙古军队以太原为基地，向南可以进攻河东南路，直抵黄河沿岸；向东对河北重镇真定以及周边地区造成极大的威胁。河南地区时刻面临着蒙古军的威胁。是否施行封建就成了朝廷不得不做出的抉择了。元好问《资善大夫吏部尚书张公神道碑铭》中记载了吏部尚书张公理一生的事迹，其中一项功劳就是建言"封建"，在碑铭中有这样的记载，张公理建言说："如今河东郡县已为敌人所占据，目前我方所能掌握的地方，应该在当地推选郭文振、胡天作、张开之等

第三章 缘木求鱼：宣宗的举措

这些有名望、有影响力的人，按古制进行册封，给他们一定的自主权以抵抗蒙古军，也不失为国家御敌之大计呀！"在右司谏古里甲石伦、吏部尚书张文理等人的建议下，以封建之法来缓解金朝面临的政治和军事危机。

金宣宗兴定四年（1220）二月，金朝正式实施"九公封建"。分别封沧州经略使王福为沧海公，河间路招抚使移剌众家奴（后赐姓完颜）为河间公，真定经略使武仙为恒山公，中都东路经略使张甫（后赐姓完颜）为高阳公，中都西路经略使靖安民为易水公，辽州从宜郭文振为晋阳公，平阳招抚使胡天作为平阳公，昭义军节度使完颜开（本名张开）为上党公，山东安抚副使燕宁为东莒公。九公皆兼宣抚使、阶银青荣禄大夫，赐号"宣力忠臣"，总率本部兵马，置署设官、征敛赋税、赏罚号令，得以便宜行事。在九公当中，只有移剌众家奴为契丹人，其余都是汉人。王福、移剌众家奴、武仙、张甫、靖安民五公的势力范围都在河北地区；郭文振、胡天作、张开三公主要活动在河东地区，燕宁的辖地在山东。九公所控制的公府权力很大，俨然是一个独立的王国，他们拥有自己的兵马，在自己的势力范围内拥有官吏除授和赋税征收的权力，可以赏罚号令，便宜从事。朝廷为了鼓励他们收复失地，还明确规定，如果谁能收复邻近州县，就把这些州县

金朝覆灭：北宋悲剧的重演

划归本公府所有。九公之后，金朝廷后续又加封了很多人，如宣宗封投靠的红袄军将领时青为滕阳公；哀宗时，敕封归顺的红袄军将领国用安为兖王、夏全为金源郡王、张惠为临淄王、王义深为东平郡王、范成进为胶西郡王，史咏为平阳公，又继封张进为易水公（即沧海公）、移剌中哥为河间公、郭栋为晋阳公，等等。"九公"只是金朝廷利用活动在北方广大地区的抗蒙势力的一个代名词。

得到金朝承认以后，河北义军不再"群龙无首"，众多义军队伍在抵抗蒙古军队进攻、收复失地的过程中发挥了一定的作用。

晋阳公郭文振，字拯之，太原人，他是章宗朝进士，是一位知识分子出身的郡公。金宣宗兴定三年（1219），封公之前累官至辽州（今山西省晋中市左权县）刺史，中都失守后遥授金朝中都副留守、权元帅左都监、行河东北路元帅府事。他招徕太原东山200余村的青壮年7000人，迁老幼于山寨，率领河东北部地区的武装力量抵抗蒙古，驻栅防守，保护庄田。后任金朝元帅右都监、行元帅府事，与上党公张开合兵共同镇守河东军事重镇太原府。郭文振对金朝廷忠心耿耿，一直保持与金朝廷的联系，多次上书金宣宗，向其禀报北方局势以及解决问题的办法和建议。

第三章 缘木求鱼：宣宗的举措

因为各地义军拥兵自重以达到自己的目的，对抵抗蒙古军多敷衍塞责，针对上述问题，郭文振建议朝廷在河北重置行省。他还为朝廷举荐人才，共同抵御蒙古军。郭文振的部下赵益纠集当地土豪，聚众结寨，以保地方，屡有战功，郭文振命其为晋阳县令，后升任太原府同知，率本部驻榆次。太原战役中，赵益与蒙古军死战，太原再陷于蒙古军时，赵益焚府库，杀妻子，沉印玺于井，然后自杀殉国，死得十分悲壮。

河间公移剌众家奴是九公当中的一位契丹人，官至金朝河间路招抚使、权元帅右都监，赐姓完颜。他受封河间公后，统辖四州七县，即献州、蠡州、安州、深州，及河间府、肃宁、安平、武强、饶阳、六家庄、郎山寨。金宣宗兴定五年（1221），其统辖之地为蒙古占领，遂移兵至高阳公张甫所辖之地——信安，金朝因此升信安县为镇安府。当年，移剌众家奴与张甫合兵收复河间府及安、蠡、献三州之地。距镇安200里的迎乐堌海口是金朝通往辽东的要津，移剌众家奴与张甫合力守卫镇安，保住了金朝廷与辽东的海上通道，使金廷与辽东的联系得以保持。

易水公靖安民，德兴府永兴县（今河北省张家口市涿鹿县）人，早年历任谋克、千户、总领、万户、都统。卫绍王崇庆二年（1213）初，靖安民加入河北苗道润领导的义军，成为苗道润

金朝覆灭：北宋悲剧的重演

手下的一员得力部将。苗道润死后，义军分别由靖安民和张柔率领，张柔后来投降了蒙古，而靖安民则一直奉命于金廷。金宣宗兴定四年（1220），金朝政府授靖安民知德兴府事、兼任元帅左监军、行中都西路元帅府事，封易水公。靖安民得封郡公以后，其辖地有涿州、易州、保州及各山寨等。十一月，蒙古大军包围靖安民山寨，其妻子与诸将家属所在的山寨被蒙古军队包围，守寨提控马豹以靖安民妻子儿女及老弱病残出降。闻此凶信，全军骇然，很多将士为了保全家人的性命，都临阵倒戈，但靖安民和经历官郝端坚决不降，最后被其他投降的部将杀死。

平阳公胡天作，字景山，管州人，乡兵出身，官至管州刺史。兴定三年（1219），因收复平阳府有功，被提拔为便宜招抚使、权元帅左都监，其管辖范围包括平阳府、晋安府、隰州、吉州等地，位于河东南路。金宣宗元光元年（1222）十月，胡天作所在青龙堡遭到蒙古军攻打，情势十分危急，金政府派遣古里甲石伦率兵与张开、郭文振一起前往救援，可援军刚到弹平寨东30里，就遭到蒙古军的拦截，无法前进。青龙堡被蒙古军围困，救兵久久不到，义军已经无法支撑，知府事术虎忽失来、总领提控王和纷纷率兵缴械投降，胡天作被俘。宣宗听到胡天作被俘的消息，诛杀投降的术虎忽失来在南京的儿子，命胡天作之子胡定哥

第三章 缘木求鱼：宣宗的举措

袭胡天作之职。而此时胡天作已受蒙古官爵，佩虎符，招抚怀、孟之民，胡定哥听说之后，遂自杀殉国。金朝廷命张开和郭文振招诱胡天作，胡天作听说儿子因为自己投靠蒙古而自杀，悲愤交加，于是想回归金朝。他暗自遣人送奏表至南京，可消息走漏，被蒙古发现。蒙古恶其反复，遂将其诛杀。胡天作父子死后，金朝命同知平阳府事史咏接任平阳公，继续抗蒙。蒙古大军迅速围攻平阳城，城陷以后，蒙古军抓到躲到密室中的史咏父亲史祚和母亲萧氏，威逼史祚去说服他的儿子史咏投降，史祚为不连累史咏，自缢而死，史咏的妻子梗氏也自杀而死，只有史咏的母亲萧氏侥幸逃归。史咏继续率部转战河中府。

上党公张开，景州（今河北省唐山市）人，以乡兵首领起家，因收复河间府及沧、献等州失地有功，被金廷任命为观州刺史，赐姓完颜氏。后出任潞州招抚使，率部收复沧、献二州十三县等大片领土，金宣宗兴定四年（1220），张开被金朝廷封为上党公，是"九公"当中实力最强者之一。宣宗南迁，张开率军进入南京协同金军防御京师。正大年间蒙古军攻陷潞州，张开此时身在南京。天兴二年（1233），蒙古军围攻南京，金哀宗出逃，北上进攻卫州，命张开与刘益为西面元帅，领安平都尉纪纲军5000人进攻卫州，结果大军战败于白公庙，金哀宗逃亡归德。张

金朝覆灭：北宋悲剧的重演

开与刘益打算追随哀宗，可受到战争的阻挠，被迫与完颜承裔向西败走，结果在溃逃途中被民家所杀，死于非命。

东莒公燕宁，初为山东莒州提控，以破红袄军有功，遥授同知安化军节度使事、山东安抚副使。后得封郡公，管辖山东的益都府路。金宣宗兴定四年（1220）十一月，蒙古大将木华黎派兵包围东平（今山东省聊城市东阿县），次年二月，燕宁与蒙古纲、王庭玉援助东平，解东平之围，以功迁金紫光禄大夫，回到自己的驻地。可四月，燕宁就战死在抗蒙的战场之上。

以上六公及其部下将士抗击蒙古军，不屈不挠，许多人最后都以身殉国，有的甚至赔上全家性命，可歌可泣。最后虽然没能扭转乾坤，中兴金朝，但他们为此所付出的努力还是应该被记录在《金史》的忠臣簿上，值得后人铭记。金朝所利用的义军，是金朝北方抗蒙的重要军事力量，虽然产生了很多负面的影响，但在当时的情形下，也为金南京的巩固赢得了时间。"九公"领导的义军，其大部分坚决抵抗蒙古军入侵的决心和斗志鼓舞了金朝军民的抗蒙信心，收到了一定的效果。但是，义军队伍是在特殊的历史背景下组成的，队伍参加人员的成分也十分复杂，这种措施不可避免地产生了一些消极影响。

各势力之间为了争夺地盘互相残杀，毫无大局观念。河北义

第三章 缘木求鱼：宣宗的举措

军之间互相攻击的现象早在宣宗"九公封建"之前就开始上演了。苗道润所领导的义军在抗争蒙古军的过程中，与河北东路兵马都总管移剌铁哥产生矛盾，结果遭到移剌铁哥的袭击。又与顺天军节度使李琛发生摩擦，苗道润杀死李琛的哥哥李荣和弟弟李明。结果，苗道润在内讧中命丧于贾全和贾瑀之手。靖安民在苗道润死后带领其众继续抗击蒙古，因与西京路经略使刘铎不和，二人纷纷上章朝廷，互相指责。"九公封建"之后，这些所谓朝廷任命的公府，为了地盘和诸多利益，貌合神离，甚至大打出手，互不相让。上党公张开甚至挖郭文振的"墙脚"，以厚禄诱使郭文振的将士投靠自己。金朝廷命宣差曹政到恒山公武仙统辖的裕州招兵，裕州防御史李天祥不遵命令被曹政斩杀。武仙听到消息后大怒，剥夺了曹政的宣差银牌，还差点杀了曹政，根本不把朝廷放在眼里。各公府内部也经常发生内讧事件，如武仙与部将董祐争功，竟杀董祐以泄私愤。公府各自为政，不听朝廷节制。上党公张开因与晋阳公郭文振不和，朝廷诏分辽、潞之粟以赈太原饥民，张开竟不奉诏，飞扬跋扈、无所畏惧，导致郭文振兵败。

最重要的是，义军队伍十分复杂，有誓死效忠者，也有各怀"鬼胎"者，他们依附于金、蒙之间，有的甚至投靠宋朝，究竟投靠哪一边，完全根据自己的利害得失。中都陷落以后，苗道润

金朝覆灭：北宋悲剧的重演

领导的义军最为强大，后来由于苗道润被义军将领贾瑀杀死，内部分裂，张柔率领的义军就投靠了蒙古。武仙受封恒山公当年就投降蒙古，因与蒙古真定主帅史天倪不合，杀史天倪后又重新归顺金廷。高阳公张甫很早就投降了蒙古，于金宣宗兴定元年（1217）又归顺金廷，因与贾仝不合，双方兵戎相见，贾仝战败，自缢而死。沧海公王福，自以为收复沧州有功，上章金朝廷请选重臣为经略使，实际想自任其职。朝廷优容之，即授以经略使之职。封公之后曾降于益都张林，站到了反对金廷的一边。

对于金朝廷而言，"九公封建"是利大于弊，还是弊大于利，评判起来确实很难。总之，它是金朝廷在蒙古大军再次南下、金朝北方处于危急关头做出的无奈选择。宣宗既要利用"九公"牵制蒙古，又要防止"九公"势力坐大而无法控制，出现"藩镇"割据。所以，宣宗给予"九公"的权力之一，就是谁夺回的地盘就给谁，无论这块地方原来归哪个"公"管辖，这无疑就是金廷为牵制"九公"而设置的一个圈套，表面上是鼓励各方积极抗蒙，看似很公平，可这就使得各公之间为了地盘和利益而产生内斗。在金廷没有能力完全控制这些飞扬跋扈的义军统领时，"封公"只是一个表现，另一个安插在"九公"之间的利器，就是使其争斗，以达到互相牵制的效果。义军队伍良莠不齐，其最初目

第三章　缘木求鱼：宣宗的举措

的就是自保，更没有多高的觉悟听从金廷的安排，在自己权力和利益受到损失或威胁时，他们宁愿投靠蒙古。对于他们而言，只不过换面旗帜，向谁鞠躬称臣不重要，重要的是自己的地盘不能受到任何损失。这也是为什么有些坚决抗蒙的义军首领被手下杀害的原因。如果从这一意义上来讲，"九公封建"起到的积极作用相对于其带来的危害确实很小。假若"九公"在战场上成功抵抗了蒙古军，把蒙古军赶出居庸关，那么接下来的局面一定是互相残杀，如果金廷能够控制义军，在迁都之前或者是迁都之后的几年也就着手解决了，可惜金廷已经没有控制北方这个能力了。最后的局面，就是金廷坐山观虎斗，然后坐收渔翁之利。但是问题又来了，失去民心的金廷真的有消除这些义军的力量吗？付出巨大代价之后的金朝，在蒙古大军的威胁之下，又会怎样呢？想来，真是一个很有趣的问题。不过不必假设，金朝灭亡只是时间的问题，因为打败自己的敌人并非来自外部，而是肘腋，得民心者得天下。

六、末世乱象：窘迫的财政

"峰峦如聚，波涛如怒，山河表里潼关路。望西都，意踟蹰。

伤心秦汉经行处，宫阙万间都做了土。兴，百姓苦；亡，百姓苦。"元代诗人张养浩的一句"兴，百姓苦；亡，百姓苦"，道出了多少人间历史的沧桑。金统治者想借助迁都躲避蒙古兵锋，以寻喘息之机，但金朝国内的险峻局势并没有因为宣宗迁都到南京而有所好转，除了北方守卫疆土、军事上如何用兵的困局之外，金朝官府面临的问题更加复杂和棘手，大量南迁人口的口粮怎么解决，巨额的军费从哪里出，庞大官僚队伍的开销怎么筹措，万般所指皆是金朝的财政。

金朝政府很大一部分财政收入依靠的是官田收缴的租赋。所谓官田，是指金朝政府直接控制的田地，属于金朝的国有资产，海陵王、世宗和章宗时期，通过大规模括田的方式，将荒田、闲田，甚至是民户的田地充为国有。而官田的用途也多种多样，其中，屯田是官田的主要用途之一，通过屯田，猛安谋克军户获得大量肥沃的田地，军户缴纳的牛头税也仅限于猛安谋克内部支出，不用向国家缴纳粮食，同时军户自给自足也减轻了金朝的财政负担。军户屯田分为自种和租佃两种形式，军户可以根据自己的方式进行耕种，也可以用租佃的经营方式把自己的土地出租给其他的猛安谋克户或者贫民，不仅军户可以这么做，政府也可以将部分官田直接出租。猛安谋克户及贫民申请租佃官地，土地多

第三章 缘木求鱼：宣宗的举措

的乡每丁可申请100亩，土地少的乡每丁可申请10亩，中年男丁减半。宣宗南迁以后，大量军户紧随其后也渡过黄河，陆续迁到河南，徙居河南的河北军户高达几百万口，不但大大占用当地百姓的耕地，使河南百姓拥有的耕地大为减少，更严重的是金朝为了解决南迁军户的生计，将官田地租提高一倍，军户给粮一半，另一半折钱支给。这就是说百姓要利用手里减少的耕地交付高于平时3倍的租税，加之金朝政府巧立名目征收的各种杂役，费尽心思地盘剥当地百姓，以供军需和庞大的政府开销，这些措施令百姓苦不堪言。

金政府还通过"纳粟补官"来解决财政问题。纳粟补官制度，早在金熙宗完颜亶时就已经着手施行，为解决土地干旱与饥民的问题，金熙宗下诏允许富裕的平民通过交纳粟米来买取官爵。世宗即位之初，百废待兴，为增加财政收入，也采取了同样的办法，"纳粟补官"遂成为金朝增加财政收入的制度之一，不过随着社会稳定，国家财富的增加，世宗时期停止了这一政策。章宗即位，为解决山东、河北等地粮食歉收的问题，再度实施"纳粟补官"政策。此项财政制度执行与否是随着金朝内部的政策变化而不断变化的，但一直作为金朝的财政收入之一。可到了金朝后期，"纳粟补官"政策的实施越发苛刻。金宣宗贞祐二年

（1214），金朝财政愈加窘迫，就改革了此项制度。一是扩大进纳补官的对象，凡是职官、丁忧者和官监户都可以参与其中；二是降低"门槛"，修改审核标准，以使纳粟者较为容易地获得一定的官职，政府也借此获得急需的粮食；三是制定绩效制度，为了鼓励更多的人参与其中，制度规定，不管是政府官员还是平民百姓，只要能劝说别人愿意"纳粟补官"的，一律按规定赏赐有差，比如，能劝人出150石粮食的迁官一阶，正班任使；能劝人出700石粮食的迁官两阶，除诸司；如果能劝人出千石粮食的迁官三阶，除丞簿。超过1000石的，就奏请朝廷封赏。"纳粟补官"的收入甚至成为某一地区军队储备的唯一来源。到了贞祐三年（1215），安武军节度使兼冀州管内观察使张行信曾上言，山东的军队支出都是"鬻爵"所获，进纳补官所得收入居然能满足一地一路军储专需，其在财政中具有的重要地位和起到的重要作用可见一斑。

　　金朝廷为增加政府财政收入，缓解经济危机，将寺观名额、僧道度牒、紫衣师号和僧道官职也加以鬻卖。寺观名额要由政府颁给寺观，是寺观合法的标志。度牒则是僧人取得合法身份的证明，有了度牒，僧尼可以免除部分徭役。据说度牒早在魏晋时期就已经出现，不过公认的最早的度牒出现在唐朝，称之为"祠部

第三章 缘木求鱼：宣宗的举措

牒"。"安史之乱"爆发后，为增加政府财政收入，唐肃宗采纳右仆射裴冕的建议，实行度牒收费制度，僧尼要取得度牒，获得合法资格，就要缴纳一定的费用。唐末，各藩镇节度使也仿效此种方式敛取钱财。金朝从海陵王时期开始施行，金世宗大定年间，继续施行官卖寺观名额政策，以缓解前朝统治造成的民生凋敝、府库空虚的压力。章宗后期，北有蒙古边患，南有宋朝的攻伐，加之国内水旱灾害频发，政府财政逐渐吃紧，政府不但继续前朝的鬻卖政策，而且还发卖空名度牒和紫衣师号，官卖寺观名额和僧道度牒更加频繁。卫绍王和宣宗时期，无论是范围和数量，官府鬻卖制度较之前朝有过之而无不及。贞祐三年（1215），政府为了战备，卖寺观名1000、紫衣师德号度牒3000；兴定三年（1219），政府再次卖僧道官师德号度牒、寺观院额。

宣宗政府还施行和籴之法，解决财政危机。所谓和籴，就是政府强制收购民间粮食的官买制度。有金一代战争频仍，大半时间处于战争状态，这使得和籴频繁，和籴成为保障军用粮草供给的重要来源。金朝后期，外部有蒙古军队侵袭，内部农民起义不断，造成粮食需求居高不下。卫绍王崇庆元年（1212），南宋使臣程卓在完成出使任务回程的途中，听到百姓怨声载道，一车夫抱怨说："官府征收的税赋很多，除了正常要交的赋税外，还要

金朝覆灭：北宋悲剧的重演

交'和籴'，又叫'初借'。"说明此时的和籴变成了"初借"，成为变相的不给籴本的巧取豪夺。宣宗时的和籴制度更加频繁和苛刻，根据历史上的记载，过去金朝南京用粮食是60万石，而此时所要军需的粮食每年要180万石，是过去的3倍，这些都要通过搜刮百姓才能得来。河北、河南、河东地区粮食短缺，很多邻近州县到南京买粮，以致粮食价格暴涨，为了保证南京有充足的粮食，金廷不顾河北等其他地区人民的死活，严禁粮食出京或运往外地。即使后来金廷迫于形势，允许将粮食运往河北等地，但有关部门又在沿河津渡设立关卡，强令商人将谷物按比例卖给官府，使得真正到达河北、河东、山东的粮食少之又少。

另外，宣宗政府还要征收军须钱，为有金一代杂税中征收规模最大、数额最高的一类。长久的战争是金朝政府征收军须钱的重要原因。金朝后期，军须钱对平民剥削又逐渐加剧。兴定三年（1219），政府出台新规，免单丁民户一月一输军须钱，这说明平民每月都要应付这一负担。

总之，在疆土日蹙、费用增加、百姓重困的情况下，国家通过各种政策榨取民脂民膏来维系金朝政府的财政支出和军费支出。同时，滥发纸币也加重了财政的混乱。章宗一朝虽然不能解决交钞阻滞的弊端，却一直努力回收大量纸钞，以避免交钞贬

第三章　缘木求鱼：宣宗的举措

值。宣宗朝却大量印制交钞以解决财政问题。贞祐二年（1214）印制的交钞面额从20贯到100贯、200贯甚至千贯，导致物价飞涨、通货膨胀，千钱之券只值数钱。为了促使交钞流通，政府还禁止铜钱的使用，迫使商人以铜钱出境与宋贸易，导致大量铜钱外流。政府收敛财富的手段就是印钱，随着纸币不断地贬值，政府就不断地印钱，从贞祐宝券、兴定宝泉到元光珍货，纸钞的信誉度不断下跌，百姓根本不买纸钞的账。金朝政府为了应付持续增长的财政支出，使本已捉襟见肘的金朝财政更加举步维艰，疯狂敛财于民，激化了内部矛盾，致使民怨四起，民乱频生，加速了金朝的灭亡。

　　盛世也好，乱世也罢，中国古代固化的阶级性使得那些以统治者为首的上层豪门权贵们永远是权力和财富的代名词。即使烽烟四起、满目疮痍，即使黄河泛滥、民不聊生，即使苛捐杂税、民生凋敝，可权贵们的生活依然是穷奢极欲、醉生梦死。金宣宗南迁之后，就是这样一幅情景，以完颜珣为首的贵族官僚苟且偷安、得过且过，一如既往地过着锦衣玉食的生活。宣宗为制造鞠杖，竟在耕牛紧缺的情况下，令工部下南京城买白牛取皮，还因为民贡羊不肥而责备南京转运使。上梁不正下梁歪，女真权贵们依然奢侈无度，所用吃穿用度、服食车马极尽奢华之能事。宣宗皇后的姐姐生活极其奢侈，权势熏天，大肆收受奴颜谄媚之人的贿赂，财物宝货堆积如山。宣宗儿子完颜守纯收取官员贿赂，讨好他的就升官，不巴结他的就找理由罢免，还纵使家奴强抢商人的货物，为非作歹。平章政事完颜白撒，倚仗权贵，在京师西面建造府第，豪华如宫殿一般，婢妾多达百人，其所穿华丽程度与宫中之人毫无二致。而京城内女真贵族之外的世界又是什么景象呢？疆土日蹙，将帅乏人，士不选练，冗食尤多，守令贪残，百姓流亡，盗贼滋起，灾变不息。

七、敌人相攻：三国的悲哀

金宣宗兴定元年（1217）十一月的某一天，在瑟瑟寒风中，在通往秦、巩、凤翔三路的大道上，驶来三路金朝的军队。看上去，军队的士气并不像打了胜仗那般雄赳赳气昂昂，也不似打了败仗垂头丧气，士气低落，因为此次南征，前途未卜，只是心存一丝侥幸。领头的是金朝平章政事胥鼎，他奉金宣宗之命率领军队南行去攻打宋朝。

此时大军已经开拔，尽管宣宗不让胥鼎对已经制订好的军事计划提出异议，但临行之际，胥鼎还是不顾众人反对，给宣宗上

第三章 缘木求鱼：宣宗的举措

了一道奏疏，尽陈"伐宋六不可"。一不可，泰和六年（1206），南宋发动"开禧北伐"时，章宗皇帝曾有南伐之意，当时社会太平，百姓富庶，兵强马壮，但章宗皇帝依然以和为贵；自卫绍王开始，蒙古大举攻金，这么多年，国家一直受到兵火的侵扰，军事力量较之章宗时期，不足十分之一，军事设施陈旧，民间差役繁重，劳民伤财，国家疲惫不堪，现在又调兵遣将，对宋大动干戈，内外为之震惊，有百害而无一利。二不可，此时，蒙古和西夏虽然暂时没有攻打金朝的消息，但这不是因为他们害怕不敢来，很有可能是因为蒙古刚刚北还退兵，要么是在休养生息，要么就是和别部相攻，还没顾得上金朝这边，如果听说金朝南征宋朝，定会乘机卷土重来，金朝虽有潼关、黄河作为天险，也不足以抵抗蒙古和西夏两边的进攻，此时又要树立南宋新的敌人，那时金朝会三面受敌，后悔都来不及。三不可，大凡出兵打仗，一定是士马精强，器械犀利，兵马雄于天下，而且是趁其不备，攻其不意而后能取胜。宋自从"开禧北伐"失败之后，虽然和金朝再修旧好，但其背地里卧薪尝胆，练兵储粮，缮修营垒，10年下来已经有了很大的成果。贞祐二年（1214），皇帝迁都南京，更加靠近宋境，宋方一定对金朝有所警惕和提防，加紧军事布防。况且南宋听说金朝已出兵唐州和邓州，当地百姓早已被迁走，留

金朝覆灭：北宋悲剧的重演

下的只是一座空城而已，那么金朝军队即便打了胜仗也徒劳无功。四不可，宋与金朝宿怨已久，建国之初就已经埋下了仇恨的种子，宋朝并不是没有夺回疆土、报仇雪恨的想法，而是畏惧金朝的强大军事威力，他们之所以不敢轻举妄动是因为不清楚金朝的虚实。而金朝现在的军队都是拼凑起来的乌合之众，没有经过严格的军事训练，打起仗来谁能保证能打胜呢？即使打胜了，占领了城池，但是座空城，内无储蓄，怎么守城呢？这些没有经过训练的乌合之军，深入敌境，万一进不得食，退无所掠，溃逃回来岂不成了金朝的心腹大患吗？五不可，金朝发兵进讨的目的，是想夺取对方的粮食以补充金朝的不足，可是出征的军队所需物资，靠民力供养已经不可能了。沿边人户虽有恒产，但是赋役繁重，不胜困惫。加之大批北方迁居而来的无业之民，迫于贫穷，贼盗由生，假如这时宋人以土地钱财等为诱惑，私下招募这些贼盗作为他们的内应，内有叛民，外有劲敌，那金军就处于极为不利的境况。六不可，此时距离春耕的时间已经不远了，若长时间打仗，将士无法还家，必然要违背农时，耽误了春耕，那秋收也就无望了，农业乃关乎国家社稷，怎是一两场战争能比得了的呢？胥鼎的六条奏议，可谓发自肺腑，醍醐灌顶，可此时的宣宗，仿佛已经没有了正确判断是非的清醒头脑。旁观者清，当局

第三章 缘木求鱼：宣宗的举措

者迷，对于"观棋"的现代读者，似乎对这位宣宗皇帝是哀其不幸、怒其不争。再看南宋这边，南宋"开禧北伐"失败以后，对金朝的态度是相当审慎的。此次金蒙开战以后，南宋朝廷在对待金朝的政策上面又有哪些变化呢？早在卫绍王大安三年（1211）蒙古伐金之后，南宋君臣在是否停止向金输送岁币的问题上出现了分歧。以真德秀为代表的南宋大臣认为金朝必亡，应借机停交岁币，加紧备防，有的甚至提出趁金朝为蒙古所困之机，北上伐金。而以乔行简为代表的一批大臣则认为，金人虚实难辨，应该继续提供岁币，况且蒙古兴盛，已经具备灭金的实力，唇亡齿寒，金以前虽然是南宋的仇人，但现在是保护南宋的屏障，金若灭亡，蒙军必来攻打南宋，所以提供给金岁币，使之抵抗蒙古，对宋是有益的。金宣宗南迁以后，南宋就停止了向金提供岁币，但仍按约定遣使入贺，趁此机会打探金朝国内虚实。南宋君臣虽然时刻关注金朝的国势，但是并没有采取什么实际的行动，甚至西夏遣使相邀趁机夹击金朝，都被宋方拒绝，只是一边加强边防，一边静观其变。然而，让宋方没有想到的是，金朝下一步的操作，让南宋内部联金抗蒙的主张化为泡影。

金朝南伐，将南宋这一原本可以争取的盟友推向了自己的对立面。金朝由于财政困难，加之宋又暂停了交纳岁币，让金宣宗

金朝覆灭：北宋悲剧的重演

头疼不已。朝堂之上，开始出现伐宋的言论。贞祐三年（1215），宋使赴金贺长春节，并向金宣宗转达宋宁宗减少岁币的请求，可遭到金宣宗的拒绝。兴定元年（1217）正月，尚书右丞相术虎高琪建议伐宋，以扩充疆土，弥补蒙古入侵造成的损失以及解决由此带来的诸多困局。宣宗此时对宋方停止交纳岁币很是不满，在派人多次索要无果的情况下，决定发兵南下。左元帅都监乌古论庆寿、签枢密院事完颜赛不在西起大散关，东到淮水的国境线上，对南宋发起了大规模的进攻。完颜赛不败宋军于信阳，斩首8000，之后与宋军多次开战，斩获甚众，接着渡过淮水，纵兵杀掠，获得大量马匹、耕牛以及布帛分给将士。六月，南宋宁宗下诏伐金，从此，双方关系破裂，开启了长达7年之久的消耗战。金军曾取西边的和州（今甘肃省陇南市西和县）、成州、洋州，得散关，但在宋军的顽强抵抗下都没有保住，被迫焚关退兵；东线金军先后攻取光州、信阳等州，一度攻入宋境，但也得而复失，损兵折将。此时，金朝北边和西边困于蒙古和西夏，辽东有蒲鲜万奴割据，内部有红袄军的反抗，现在南边又多了一个宋朝，金朝疲于征战，四面横冲，可哪条路都行不通。金军伐宋未能达到"取偿于宋"的目的，反而严重削弱了自身的实力，丧失了岁币和榷场的收入，增加了战争负担，本已严重的政治、经

第三章 缘木求鱼：宣宗的举措

济和军事危机更是雪上加霜。

金朝廷又是如何处理与西夏的关系呢？早在卫绍王大安元年（1209），成吉思汗欲攻打金朝，采取先弱后强的战略，先试探性地攻打与金结盟的西夏。蒙古大军抵达翁金河和固日班赛罕山，很快穿过河西，攻下兀剌海城。接着蒙古大军乘胜越过贺兰山，攻取克夷门，包围西夏首都中兴府（今宁夏回族自治区银川市）。夏襄宗一边率军顽强抵抗，一边向宗主国金朝求援，金主卫绍王却按兵不动，说"敌人相攻，是我们的福气呀"。因卫绍王的拒绝，夏襄宗只好与蒙古签订城下之盟，向蒙古称臣纳贡，献女请和，将察合公主献给成吉思汗，并答应附蒙伐金。就这样，卫绍王把本可以联盟的战友推向了蒙古。经此一战，金与西夏俱损。对于金朝的"抛弃"，夏襄宗气急败坏，决定报复金朝。西夏一是以武力报复金朝；二是为成吉思汗提供军队，配合成吉思汗攻打金朝；三是配合蒙古取道西夏，出击金朝。之后西夏一直断断续续出兵攻打金朝，对金施以报复。西夏还遣使赴南宋，约宋廷夹击金朝。虽然之后卫绍王后悔，试图改善与西夏的关系，但慑于蒙古的威力，西夏也只能被迫派兵增援蒙古攻打金朝。贞祐四年（1216）九月，蒙古三摸合拔都率领军队借道西夏，穿过鄂尔多斯，袭击陕西，同时西夏助兵3万，一同袭击陕西。此后，西

金朝覆灭：北宋悲剧的重演

夏多次援助蒙古攻打金朝。

金朝对西夏外交的失败，使其失去了往日的盟友，树立了一个敌人；对于西夏，其被迫与蒙古签订城下之盟；对于蒙古，西夏的屈服，使成吉思汗可以没有后顾之忧地派出更强大的军队去攻击金朝。鹬蚌相争，渔翁得利，卫绍王没有得到的结果，蒙古却马上得到了。

而造成金夏关系破裂的始作俑者卫绍王，难辞其咎。作为一国之主的卫绍王不具备君王的素质，误国误民。早在金天辅六年（1122），金辽战争中，辽军节节败退，西夏崇宗李乾顺派军多次支援辽朝，邀请辽帝到西夏避难，并集重兵在边境严防金军来犯。金军虽然在和西夏军的对战中大胜，金太宗却并没有乘胜反击攻打西夏，而是主动遣使与西夏议和，争取把西夏从辽朝方面争取过来。天会二年（1124），两国签订"天会和议"，西夏以事辽之礼称藩，金国割下寨以北、阴山以南、乙室耶刮部吐禄泺西部之地赐给西夏。金太宗以最小的代价争取来了一个盟友，扫除了灭辽路上的一个重要障碍。反观卫绍王，不能正确分析时局，把苦心经营了80年的盟友变成了敌人。如何评价卫绍王？有人说，"卫绍王在蒙古第三次入侵西夏期间，没有出兵援助西夏，虽然从长远来看唇亡齿寒，西夏若亡，蒙古必攻金，但从当时情

第三章 缘木求鱼：宣宗的举措

况来看，一方面，卫绍王不想轻易开启与蒙古的战争，亦没有十足的把握战胜蒙古；另一方面，蒙古还不具备短时间内灭亡西夏的能力，而借助西夏来消耗蒙古的实力，使其两败俱伤，无疑对金朝是极为有利的。因此，卫绍王没有发兵援助西夏，是站在金朝国家利益的立场上考量的，未必是错误的抉择"。诚然，不能就一事而评判是与非，但总观卫绍王执政时期的种种表现，不仅仅是与西夏交恶，对蒙古进攻的消极抵御和用人失当也是他不具备帝王素质的重要表现。而卫绍王的继任者，宣宗也在错误的战略中越走越远。宣宗因惧怕蒙古而迁都南京，造成金朝失去黄河以北地区，腹背受敌，只能苟延残喘。卫绍王对于西夏的进攻以防御为主，谁让他未尽到宗主国的义务呢？可到了宣宗，不但没有及时止损，反而为报复西夏的进攻，主动进攻西夏，致使金朝无法竭尽全力抵御蒙古的进攻或全力攻宋，也加重了陕西地区人民的负担。用兵以来，苛捐杂税，多如牛毛，致使民生凋敝、军民俱疲。在古代专制的官僚社会，一个最显著的特点就是权力高度集中，掌握权力的个人对他所掌控的事情和环境具有决定性的影响。如果是帝王，他的意志就是全民的意志，他的信仰就是全民的信仰，因为没有人能够反抗，他的一个错误意志就有可能将整个国家带入灾难，譬如卫绍王和金宣宗。

金朝覆灭：北宋悲剧的重演

金、宋和西夏之间的明争暗斗、纷纷扰扰，再次证明：外交上，没有永远的朋友，也没有永远的敌人，只有永远的利益。在利益面前，谁能审时度势、顾全大局，谁就是最后的赢家、历史的主宰者。在蒙古崛起、大兵南下的几十年里，蒙古大军横扫大江南北，所向披靡，西夏、金和宋相继灭亡于蒙古铁骑之下，不能不说是三国的悲哀，我们与其说是历史大势所趋，还不如说是三国的战略错误，只顾眼前利益而葬送了彼此。

第四章

独木难支：哀宗的十年

1224年1月14日，宣宗病故，宣宗第三子完颜守绪即帝位，是为哀宗。金哀宗即位不久，有一天，狂风吹落端门上的屋瓦，一个穿着吊丧麻衣的男子望着承天门又笑又哭，见者问其缘故，他说："我笑，笑将相无人；我哭，哭金国将亡。"对这一亡国之兆，以金哀宗为首的新领导集团力求挽救金朝于水火，可终将独木难支，金朝大厦土崩瓦解，灰飞烟灭在历史的尘埃之中。

金哀宗在国破家亡之际，曾自鸣不平地说："我做人主10年，自知无大过恶，死而无憾，唯一所恨的是祖宗打下的江山本应世代

金朝覆灭：北宋悲剧的重演

绵延，可国家社稷到我这里而绝，且要与历代那些荒淫暴乱的亡国之君同列，为此让人愤愤不平！"恰如其所说，虽然是亡国之君，后人却给予金哀宗高度的评价，元朝政治家、军事家、主持编修《金史》的脱脱曾这样评价金哀宗："国君死社稷，哀宗无愧啊！"

一、议和南宋，修好西夏

金哀宗完颜守绪，本名完颜守礼，女真名完颜宁甲速，因为太子完颜守忠和太孙完颜铿相继去世而被立为太子。完颜守绪在位10年，其间励精图治，起用抗蒙将士，改善与西夏、南宋的关系，并进行了一系列的改革，为挽救金朝危局做了很多努力。即位伊始，哀宗为了扭转颓势，对内政外交进行了调整。下达诏令：按照先帝的遗志，对有利于当时而未及时实行的政令，要全部施行；规定要有法必依，禁止百官徇情枉法；鼓励臣民上书言事，选拔人才。

哀宗即位，首要的是整顿吏治，贬谪酷吏。针对政治黑暗腐败、奸臣当道的局面，哀宗果断除掉两个奸臣，朝野相贺。礼部侍郎蒲察合住声势煊赫，残忍苛刻，人人皆知其为国家蛀虫，可

第四章 独木难支：哀宗的十年

敢怒不敢言，哀宗贬其为恒州刺史，后处死；哀宗还将左司员外郎泥庞古华山贬为桢州军州事，贬逐出京。

针对朝中人才匮乏的局面，哀宗团结一切抗蒙力量。起用前朝老臣，命胥鼎为平章政事，进封英国公；张行信为尚书左丞。任命完颜赛不为平章政事，石盏尉忻为尚书右丞；以完颜合达战御有功授金虎符，担任参知政事，行尚书省事于京兆地区。为抗蒙死难的13名将士建立褒忠庙，其子孙量才用之，以鼓励抗蒙将士的士气。哀宗全力改革军队，选诸路精兵，直隶枢密院，置六总领，后改为都尉，每一都尉领兵数万，使军士素质较之前大大提高。哀宗还积极组建"忠孝军"，招募女真、乃蛮、吐谷浑、回纥、契丹以及汉人中骁勇善战、具有对蒙作战丰富经验的人组建骑兵部队，再以倾国之力保障其供给、维护秋毫无犯的作战纪律，使之成为金军的中坚力量。好的军队得有好的将军率领，完颜陈和尚，是名将完颜斜烈的从弟，因为处置军人互殴不当，以致闹出人命，被关在监狱服刑。完颜斜烈死后，哀宗不顾台谏官员的反对，毅然释放完颜陈和尚，命其率领忠孝军，并鼓励他说："因为你哥哥的缘故，我赦免了你，大家对我的决定很不赞成，你可不能辜负了我对你的期望，如今正是多事之秋，若你能为国家出一份力，也不枉我对你的信任！"完颜陈和尚感动

金朝覆灭：北宋悲剧的重演

得涕泪横流，发誓誓死效命哀宗，在日后的抗蒙战斗中也证明了哀宗知人善用。在整合抗蒙力量方面，哀宗不计前嫌，甚至招降纳叛，争取一切可以团结的抗蒙力量。宣宗时期分封的恒山公武仙，在一次战役中投降了蒙古，他与蒙军将领史天倪共同管理真定（今河北省石家庄市正定县），两人因为有矛盾，武仙杀死了史天倪，又以真定归降金朝。金哀宗不计前嫌，仍封武仙为恒山公，加以重用，在之后进攻山西的战斗中，武仙率军攻打太原，力斩元朝大将攸兴哥，收复太原，立下了大功。哀宗同时对愿意归降的红袄军将领进行招安，封红袄军首领夏全、范成进等为郡王，对因诸多原因投靠宋朝的官吏、军民及其家属一并赦免，不予以追究，因而河北州县纷纷来降。

此外，哀宗还广开言路，劝课农桑。为收集治国良策，哀宗下令，无论是谁，都可以向国家献言献策，知无不言，言无不尽，无论好的坏的，都可以说，绝不治罪。由于战争，河中府遭受重创，有人建议修建，礼部尚书赵秉文和太常卿杨云翼等人认为，现在战争不断，财政吃紧，民力不能承受劳役，哀宗于是就停止了修复。哀宗当了皇帝，可母后却没有一座像样的宫殿，哀宗只是命人将太后原来的住处略加补修。从这些可以看出，哀宗还是比较顾全大局的。

第四章 独木难支：哀宗的十年

哀宗除了尽力进行内部调整和改革，还要面对和解决外面的严重危机。哀宗深刻认识到，宣宗常年的多方用兵，使金朝不能集中兵力对付蒙古，所以必须改变对外政策。正大元年（1224）九月，新即位的夏献宗李德旺也意识到金夏修好的必要性，于是秘密遣使与金修好，哀宗对大臣们说："夏国皇帝主动来讲和，并以弟自称，这并不是件觉得丢人的事，反而是好事，如果双方和好，互不侵犯，使百姓安心，那就不用再打仗了。"于是借此机会答应了李德旺的请求。翌年，两国正式议和，双方各用本国年号，李德旺称完颜守绪为兄，两国互通使节，开放互市。哀宗也同样主动向宋停止用兵，同年六月，哀宗派枢密判官移剌蒲阿率兵至光州四处张榜，告谕宋界官民，从今往后，金不再向宋用兵，主动停止了对宋的军事行动。此外，为表达诚意，放还宋方战俘2000多人，虽然最后宋朝并未答应金的请求，但哀宗为了抗击蒙古、保卫金朝的基业已经做了所有应尽之事。

经过哀宗一番努力，金朝国内形势虽然不能从根本上得以扭转，但还是有一些好转，借助蒙古西征，得到了喘息。有人评价金哀宗，对他的政绩给予肯定的同时，也指出哀宗后期用人不当、政策失误等错误。毋庸置疑，我们在评判一个事物时，总要客观地辩证地评价，可是有时候如果回到历史情境中去看待一个人时，这种评判的标准有些苛刻。试想哀宗，仅凭其一人，怎么能挽救积弊数十年之久，又饱受战争摧残的金朝呢？况且，金朝末期，哀宗所面临的危机，不仅是外部的敌人，还有内部错综复杂的政治斗争。历代的经验教训，远的不说，只说近两朝，卫绍王被杀，胡沙虎和术虎高琪擅权就是血的教训，怎么能让哀宗不提防、不猜疑？在极度缺乏人才的情况下，用人做事还要处处小心、斟酌再三。历史不比一部影视剧或者舞台剧，剧本里有各种各样的角色，故事的发生、过程和结果，观众看得一清二楚。真实的历史，金哀宗作为身处其中的当局者，难道让后人像观众一样告诉他，谁是真正的忠臣、谁能打败蒙古、对宋对西夏应该怎么做吗？

二、山川表里，关河之战

哀宗正大二年（1225），成吉思汗结束了西征，两年之后，灭亡西夏，正大四年（1227）七月，成吉思汗病死在六盘山行宫。他在临终前留下遗嘱："金朝的精兵主要在潼关，南据连山，北拒大河，难以轻易攻破。宋、金两国世仇，有亡国灭种之恨，如果我们借道宋朝，宋定能答应，那时我们出兵攻打唐（治今

第四章 独木难支：哀宗的十年

河南省唐河县）、邓（治今河南省邓州市），直捣大梁（今河南省开封市）。金军危急，必从潼关调救兵，然而以数万之众，千里赴援，人马疲惫，即便来到也没有强大的战斗力，打败它是必然的。"可惜他的继任者窝阔台即位伊始并没有采纳成吉思汗遗诏中的灭金策略，而是试图攻打金朝重兵把守的潼关黄河防线，东进河南。金蒙围绕潼关（今陕西省渭南市潼关县北）、小关（今陕西省潼关县东，北距旧潼关10里）、蓝关（今西安市蓝田县城南）、卫州（今河南省卫辉市）等地展开激烈的争夺战。历史上将成吉思汗去世到1231年金蒙双方之间所展开的战争统称为关河（关陕和河北地区）之战，由于蒙古的错误进攻路线以及金哀宗即位之初一系列励精图治的举措，使蒙古在灭金战争的初期吃了很多败仗。

哀宗即位后，金蒙双方经历的第一次激烈的战斗是大昌原战役。成吉思汗去世后，蒙古军主力虽然已经北返，但留在陕西南部的蒙古偏师仍在窥伺关中，希望能打通从潼关或蓝关东进河南的通道。地处南京西北部的庆阳（今甘肃省庆阳市）和宁州（今甘肃省庆阳市宁县）是金朝的重要属地。正大六年（1229），窝阔台命朵忽鲁率军进逼庆阳，金哀宗命纥石烈牙吾塔和移剌蒲阿进驻邠州（今陕西省彬州市）为庆阳守军策应，移剌蒲阿所属部

金朝覆灭：北宋悲剧的重演

队中就有完颜陈和尚率领的1000名忠孝军。正大七年（1230），蒙古军进攻宁州附近的大昌原（今甘肃省庆阳市宁县东南），总帅平章政事完颜合达命完颜陈和尚率400名忠孝军御敌。完颜陈和尚出战之前已经沐浴更衣，誓死与蒙古军决一死战，他披甲上马，头也不回地冲向敌军。忠孝军将帅同心协力，以400骑鏖战蒙古8000骑兵，以少胜多，大败蒙古军，迫使蒙古军向北退走，解了庆阳之围。庆阳解围之后，纥石烈牙吾塔和移剌蒲阿奉旨率领中央机动部队撤回京兆，金廷改派陕西行省及陕州总帅完颜讹可屯邠州声援庆阳。这次战役是自从金蒙战争近20年以来，金朝第一次取得这样大的胜利，三军将士为之振奋、士气大涨。

正大六年（1229），蒙古军攻打卫州（今河南省卫辉市），试图占领金朝的黄河中游防线。金廷平章政事完颜合达率高英、樊泽（夹谷泽）等大将驰援，金蒙两军连战数十日，完颜陈和尚率忠孝军再次击败蒙古军。次年，蒙古真定万户史天泽率领河北蒙、汉大军再次围攻卫州，从潞州退回的武仙被困卫州，平章政事完颜合达、副枢密使移剌蒲阿驰援卫州，完颜陈和尚率领忠孝军为先锋，又一次击败蒙古军，解除卫州之围，蒙军攻破金朝黄河中游的防线落空。八月，恒山公武仙从卫州越太行山西进，与从京兆调来的移剌蒲阿一起夺取潞州（今山西省长治市部分地区

第四章 独木难支：哀宗的十年

以及河北省邯郸市涉县），完颜陈和尚又率忠孝军击退蒙古派来的救兵，占领了潞州。

元太宗窝阔台得知蒙古军在庆阳、卫州等地接连战败，怒不可遏，亲自率领精锐部队直攻潼关，而完颜合达、移剌蒲阿屯兵于潼关以西的阌乡行省，避其锋芒。正大八年（1231），蒙古大将速不台率军攻破潼关以西的小关，金潼关总帅纳合买住一边死命拒战，一边向阌乡等行省求救。屯守在阌乡的完颜合达派完颜陈和尚和都尉樊泽分别率1000忠孝军和万余名步兵前往小关救援，双方战于倒回谷（今陕西省蓝田县东南七盘山内）。因金军接连获胜，士气高涨，打得蒙古军连连后退，一直追至倒回谷谷口而还，取得了"倒回谷大捷"。在金军的顽强抵抗之下，蒙古军在大昌原、卫州、潞州、倒回谷等地的多次进攻均以失败告终，金朝上下备受鼓舞、士气大振。

金蒙双方在关河争夺战中，元太宗窝阔台由于求胜心切，急于打败金朝，制定和执行了错误的战略战术，采取攻打易守难攻的关河防线，没有采用元太祖时期早已形成的"斡腹"战略，对金军誓死守卫的关河防线接连发动正面强攻。而此时，金哀宗已不是那个软弱的卫绍王和金宣宗，哀宗励精图治，金朝军事力量有所增强，军中不乏精兵猛将，所以蒙古军在大昌原、潞州、卫

金朝覆灭：北宋悲剧的重演

州、倒回谷等地多次失败，金蒙战局陷于交战以来最严峻的僵局，即使蒙古大汗亲征、名将速不台参战也难挽败局。但由于金军的实力削弱殆尽，已经是强弩之末，这次取得的胜利就像昙花一现，金军力不从心，根本没有能力乘胜追歼蒙古败军，并不是因为金军有了骄兵的姿态。哀宗即位之后，虽然着手军队改革，但建立起来的军队仅有三十几万人，兵力严重不足，蒙古军攻打潞州、卫州、小关等地，都是完颜合达等率领的精锐部队在各地之间疲于奔命，完颜陈和尚率领的忠孝军誓死抵抗，几次侥幸的胜利是将士们冒死取得的，蒙古退兵也是金军休养之机。由于军事力量不足，金朝在军事布防方面存在很多漏洞。如果蒙古攻打关河地区，金军就只能孤注一掷据守关河，而不能在关河防线上全面布防，所以导致防务上重西轻东、重北轻南。一旦蒙古军调整进军路线，金军就无法应对蒙古军的多线作战，这为金军三峰山之败埋下了伏笔。所以，虽然金军取得了几次胜利，但金朝国内经济面临崩溃，金军的处境仍然十分困难，已是首尾难顾。德国著名哲学家雅斯贝斯曾说："有些理论，从逻辑方面讲得通，但重点是实施的过程。"就像金蒙关河之战，有的史学家对金朝不能乘胜追击、不能弥补关河防线的布防漏洞，做理论的评判，但作为实施者的金朝君臣，这恐怕难于登天。

第四章 独木难支：哀宗的十年

三、喋血三峰，绝望南京

蒙古军在关河一带的军事失利，不得不让窝阔台改变战略，开始采用成吉思汗时期制定的借道宋朝、"斡腹"攻金的策略。所谓"斡腹"，就是指蒙古军借道他国，从背面迂回攻击目标，出其不意、攻其不备，前后夹击打败对方的一种战术。金末元初政治家郝经在给元宪宗所献的《东师议》中，评价蒙古军的用兵之道：蒙古军队打仗就像打猎一样，先把目标围住，然后逐步缩小范围，以闪电战出奇制胜。蒙古破回鹘、并西夏、灭金源都是采用斡腹之举。

金哀宗正大八年（1231），金朝陕西重镇凤翔和京兆地区被托雷率领的蒙古军攻下，这给蒙古重新制定攻金战略提供了榜样和经验。窝阔台在官山（今内蒙古自治区乌兰察布市卓资县北）召开九十九泉大会，与众将领商讨灭金之策。会议期间，托雷向窝阔台透露了一个消息，他在攻打凤翔时，有一个叫李昌国的人投靠了他，李昌国给托雷出主意说："金主之所以迁都南京，是因为南京有潼关和黄河天险，易守而难攻。如果我们从西面宝鸡出发，入汉中，到达唐州和邓州也就一个月的时间。"窝阔台对

金朝覆灭：北宋悲剧的重演

托雷的建议深以为然，这种战略正好与成吉思汗留下的攻金策略不谋而合。于是窝阔台正式决定兵分三路，南下攻金。九月，窝阔台亲率中路军，由山西入河南，渡过黄河，由洛阳进攻南京；斡陈那颜率东路军，从山东攻取河南；托雷率西路军，从凤翔出发，借道宋地，由宋境攻打金朝，沿汉水达唐、邓二州，以迂回之术，对南京形成包围之势。窝阔台的中路军攻打河中府（今山西省永济市），驻守在潼关以西的完颜合达和移剌蒲阿赶忙派兵赴南京增援，可力不能支，河中府陷落，窝阔台屯大军于黄河风陵渡，使南京处于腹背受敌的危险境地。紧接着，哀宗开兴元年（1232），托雷率领西路军出宝鸡，派遣使臣使宋，企图通过宋境，但遭到了宋方的拒绝。为迫使宋方就范，托雷一面提兵攻破大散关，长驱侵入汉中，分兵攻击宋朝的各个城堡；一面利用宋金世仇，离间宋方，最后迫使宋朝同意托雷的要求。托雷的军队顺利沿汉水而下，通过饶风关，由金州取房州、均州，渡汉江进入邓州，完成了假道宋境包抄金朝的计划。金哀宗得到前方送来的战报以后，急忙派完颜合达和移剌蒲阿率军驰援邓州。完颜合达和移剌蒲阿率领骑兵2万、步兵13万赶赴邓州。而此时的拖雷军队不满4万，担负着与中路军会合、包围南京的战略任务，因此拖雷采取主动撤退、挑而不战的打法，以小部分兵力牵制金

第四章 独木难支：哀宗的十年

军。金方，完颜合达以十几万大军据险设伏，于邓州以西禹山（今河南省邓州市西南）小败蒙古军，却以"大捷"奏报朝廷。蒙古方，托雷以小部分队伍牵制完颜合达，而主力部队则大举北上，径直攻向南京。完颜合达发觉上当后，即从邓州率军尾追，路上与赶来增援的杨沃衍、武仙军会合，继续北进，入援南京。而一路上不断遭到蒙古军队的阻截袭击，金兵纵兵出击，蒙古军不交战，又南渡沙河。金兵准备扎营，埋锅做饭，蒙古军又渡河冲杀过来。搞得金兵吃不上、睡不着，且战且行、疲惫不堪。

开兴元年（1232）正月十二日，金军进至钧州（今河南省禹州市）西南三峰山，拖雷集中精骑阻截。此时金军距离钧州还有25里，因为雨雪阻隔、道路泥泞，无法前进，大队人马就地宿营三天。这时，窝阔台率领的黄河北岸中路军已经由洛阳东面的白坡渡渡过了黄河，并东向攻下郑州，同时窝阔台还派出万余精骑赶往钧州增援托雷的西路军。十五日，金军继续向钧州进发，虽然距离钧州只有10多里的路程，但此时的金军受到蒙古西路军和中路军的前后夹击。蒙古军在三峰山的东北和西南，金军武仙、高英的前锋部队直迫蒙古军西南，杨沃衍、樊泽的军队占据蒙古军的东北。面对气势汹汹的金军，蒙古军选择避其锋芒，凭借其灵活的机动性，都集结到了三峰山的东面，将金军重重包围

金朝覆灭：北宋悲剧的重演

在三峰山上。山下的蒙古大军刀光剑影、万马嘶鸣、漫天铺地，前后20里黑压压看不到边；三峰山上，金军被迫整顿全军，与蒙军作殊死一战。可是大雪一连下了三天，白雾漫天，对面远处连人都看不清楚。作战的地方都是麻田，大多犁了四五遍，人马踩下去陷到膝盖。金军将士身穿甲胄，僵立在雪中，枪槊结冻成棍子一样，兵士们有的已经几天没吃饱饭了。而蒙古两路大军会合，气势大振，他们架起柴火烧羊肉，吃饱饭以后轮番向金军发动攻击，使金军没有喘息之机。蒙古军趁金兵困乏不堪，故意放开通往钧州的道路让金军逃走，同时又派生力军从三面猛攻夹击，喊杀声惊天动地。金兵只能放手一搏，撤往钧州，被迫进了蒙古军的埋伏圈。双方开战以来，经历了无数次交锋，这次战斗异常激烈，对于金军来讲，这是背水一战，胜负在此一举。但结果金军被打得大败，尸横遍野，血流成河，人马损失殆尽。主帅移剌蒲阿被俘以后，被押到官山，被反复问了几百句，投不投降，他只说一句话："我是金朝大臣，只应死在金朝境内！"于是被杀害。杨沃衍等将领纷纷战死，武仙逃至南阳留山（今河南省南召县以东），完颜合达和完颜陈和尚率残军数百人杀出重围，退到钧州。蒙古军乘胜追击，攻打钧州，城破以后，金军另一主帅完颜合达被杀。而完颜陈和尚率残部顽强地与攻入钧州城的蒙

第四章 独木难支：哀宗的十年

古军进行激烈的巷战。三峰山之战后，金朝廷还不知道完颜合达战死的消息，听人说已逃到京兆地区，金哀宗还专门派人去寻找，等到蒙古军攻打南京时，才从蒙古军口中得知完颜合达已经被杀的消息。蒙军向金哀宗透露："你们依赖的就是黄河与完颜合达，如今完颜合达被我所杀，黄河已为我所有，不投降还等什么？"三峰山一战，金朝赖以生存的精锐部队丧失殆尽，抵抗蒙古的三位重要将领和武仙等义军将领死的死，逃的逃，国家再无可用之生力军，金朝距离覆灭已经不远了。

三峰山之战，金军大败，蒙古军扫平了进攻南京的阻力，南京城危在旦夕。哀宗向蒙古请和，可是遭到对方拒绝，只能背水一战，下令全城戒严，城外的军民以及南渡的将士家属全部迁入南京，命令附近城市的军民也携带粮食迁入城内。天兴元年（1232）三月，蒙古大军包围南京，金哀宗再次遣使请和，这一次蒙古却答应了他的请求，同时，窝阔台和托雷率大军北还，留下部分军队继续围困南京，并处理与金谈判的事宜。七月，蒙古派唐庆率领的代表团进入南京城，与金廷谈判议和之事。所谓的谈判，对于金廷，条件只有一个，哀宗废黜帝号，向蒙古称臣。哀宗当然不会同意，便谎称有病，迟迟不露面，唐庆则以胜利者的姿态，出言不逊，气坏了金朝君臣。一天深夜，金飞虎军悄悄

金朝覆灭：北宋悲剧的重演

潜入馆舍，杀死唐庆等17人，和议遂告破裂。蒙古军谈判的使节被杀，必然招致蒙古军更加猛烈的报复，哀宗赶忙分兵派将，防守城墙。在这生死存亡之际，有的人暴露了面对死亡的恐惧：平章政事白撒奉命守卫城墙的西南角，却怯懦无能，一筹莫展；参知政事赤盏合喜更是守御无术，看到城外的蒙古大军，竟吓得面无血色、语无伦次。而城中军民人人激昂，誓死保卫京师，坚持守城16个日夜，打退蒙古的一次次进攻，死者百万。蒙古军见一时攻不下来，便退军休整，南京城内，军民见蒙古军撤退，则人人相庆。四月十四日，南京城宣布解除戒严，疲惫的兵士出城采集给养，却不知道一场更大的灾难正悄然逼近。五月十一日这一天，南京城的天气异常奇怪，虽然立夏已过，却寒冷得仿佛冬天一般。在这期间，城内陆陆续续有人出现各种症状：发热、咳嗽、呼吸困难，非常怕冷，甚至出现了死亡，可城中之人却还蒙在鼓里，殊不知恐怖的瘟疫正悄悄逼近。随着死亡的人越来越多，人们慢慢开始恐惧，一天之内，运出城的死者竟达2万人，一场突如其来的瘟疫就这样暴发了！短短两个月，各城门运出的尸体高达90余万，还不算那些贫困之人。蔓延的瘟疫引发了更大的恐慌，每个染病、未染病的人，都想方设法逃离这座死城，甚至连守城的军士都纷纷夺门而逃。

第四章 独木难支：哀宗的十年

陷入绝境的哀宗，不得不在天兴元年（1232）十二月二十五日，带领一部分大臣以东征为名逃出南京。以右丞相、枢密使兼左副元帅完颜赛不，平章政事、权枢密使兼右副元帅白撒，右副元帅兼枢密副使、权参知政事讹出，兵部尚书权尚书左丞李蹊，元帅左监军行总帅府事徒单百家等率诸军扈从。参知政事兼枢密院副使完颜奴申，枢密副使兼知开封府权参知政事习捏阿不，里城四面都总领、户部尚书完颜珠颗，外城东面元帅把撒合，南面元帅术甲咬住，西面元帅崔立，北面元帅孛术鲁买奴等留守南京。哀宗出逃以后，南京城门紧闭，生怕蒙古军再攻打过来，而城内粮食紧缺，米价不断攀升，1升米卖到了2两银子，穷人被逼无奈，依靠吃死尸苟且存活。每一天，饿死的人都被一车车拉到城外，仅仅一晚上，身上的肉竟被吃得干干净净。而平日里那些富户绅商、男女老少像乞丐一样在大街上游荡，凡是能吃的都吃了，百姓甚至把自己的孩子都吃了，人们傻傻地等着哀宗东征凯旋。城中官民在惊恐中度过了一个悲凉的春节。正月，百姓听说哀宗派人来了——实则是来接他的后宫家眷，百姓空欢喜一场。而来人却被蒙古军所阻，城中百姓更加惴惴不安。穷则生变，在穷途末路的情况下，要么等死，要么自保。留守南京的官员之中，有的人开始沉不住气，想出城北渡黄河，逃回自己的老

金朝覆灭：北宋悲剧的重演

家；有的想改立荆王完颜守纯，然后举城投降。代理哀宗执政的完颜奴申和完颜习捏阿不也一筹莫展。元好问所作的《壬辰十二月车驾东狩后即事》一诗，正是描写这一时期南京的情形：

> 郁郁围城度两年，愁肠饥火日相煎。
> 焦头无客知移突，曳足何人与共船。
> 白骨又多兵死鬼，青山元有地行仙。
> 西南三月音书绝，落日孤云望眼穿。

这首诗道出了城中百官和民众从希望到绝望的凄惨心境。

就在大家望眼欲穿、绝望无助的时候，崔立粉墨登场了。崔立又是何许人也呢？他出生在将陵（今山东省德州市陵城区），少年时因家里贫穷，也没有什么正经的营生，为了谋生，今天给这家当个杂役，明天又在那家做个力工，还曾给寺院的和尚打工，过着有今天没明天的日子。那时的山东，兵荒马乱，社会动荡不安，崔立趁乱投靠了上党公张开的义军队伍，因屡立战功不断升官，从都统到提控，还遥领太原知府，后来辗转迁到了南京。随着权力越来越大，崔立的野心也越来越膨胀，不再满足已有的地位，他利用金朝动荡的乱局，向金廷请求入朝为官，被当局驳了回去。崔立官至三品的打算落空以后，暗暗怀恨在心，私下结党营私，等待时机到来。有一个管州人名叫药安国，20多岁，血气方刚，有勇力，他曾经是岚州招抚使，因触犯律法被关押在南京城内的监狱，出狱以后没有营生，穷得没有饭吃。崔立心存不轨，就主动找药安国吃饭喝酒。最能打动人心的莫过于在受难之时得到别人的帮助，一来二去，药安国就成了崔立的党羽。机会终于来了，蒙古军队包围南京城，崔立被任命为安平都尉，哀宗出逃时，任命崔立为守城的西面元帅。哀宗东狩以后音讯皆无，京城内民不聊生，留守君臣开始议论纷纷，人人自危，崔立暗自结交党羽，找药安国等人密谋策划，意欲发动兵变。同时崔立也给自己留了一条后路，他先把家人安置在他驻守的西城，万一兵变不成，他就带着家人从西城门迅速逃脱。一切准备就绪，天兴二年（1233）正月，崔立与都尉杨善一同入尚书省，暗中察看形势，规划好一切之后，毒死杨善，同党羽孛术鲁长哥、韩铎、药安国等人率200名士兵攻入尚书省官邸大门。完颜奴申、完颜习捏阿不（又称完颜斜捻阿不）听说有变，快步跑出来，崔立拔出宝剑，怒目而视，凶狠地说道："京城危急，二位怎么想的？"二人忙安慰说："有事大家好好商量……"还没等他们说完，其党羽张信之、孛术鲁长哥手起刀落，将二人当场杀害。随后崔立带领众人奔向东华门，在路上看到穿戴齐整的去通风报信的点检温屯阿里，二话不说将其杀死。待到控制住局势以后，崔立昭告城内百姓说："因为这些官员只知道闭门等死，所以今天我把他们杀了，就是想给一城百姓谋求一条生路。"百姓以为救星终于出现，他们的生路指日可待，都拍手称快，殊不知大祸即将临头。崔立不仅发动兵变、杀死守城将帅，还残忍杀戮众多金廷忠臣，御史大夫裴满阿忽带、谏议大夫左右司郎中乌古孙奴申、左副点检完颜阿散、奉御忙哥、讲议蒲察琦、户部尚书完颜珠颗等人相继遇害。崔立回到尚书省，一切按照计划进行，他召集其他官员说："现在，蒙古军围城，皇上东征音信皆无，我们不能坐以待毙。当务之急要找出一位德高望重的皇家人员出来主持大局，然后才能进行下一步的事情。我看卫绍王之子完颜从恪，他的妹妹岐国公主在蒙古军中，立他最为合适。"在崔立的淫威之下，谁还敢提出反对意见，于是崔立派韩铎以太后的名义骗完颜从恪过来，等完颜从恪来了以后，又以太后的名义下旨，命完颜从恪为梁王，监国。崔立自称太师、军马都元帅、尚书令、郑王，弟弟崔倚为平章政事、崔侃为殿前都点检，孛术鲁长哥为御史中丞，韩铎为副元帅兼知开封府事，折希颜、药安国、张军奴、完颜合答为元帅，师肃为左右司郎中，贾良为兵部郎中兼右司都事。崔立俨然是另一个"胡沙虎",而且比胡沙虎更加有野心,更加肆无忌惮。

崔立的如意算盘就是投降蒙古,然后靠着蒙古当个儿皇帝。二十七日,蒙古统帅速不台到达距离南京城5里的青城,崔立听说后,赶紧穿着帝王御衣,带着出行的仪仗卫队,来到青城拜见速不台,就像儿子侍奉父亲一样。速不台对崔立的表现很满意,与之对饮。为表示他效忠蒙古的决心和忠心,崔立回到京城,下令烧掉城墙上的所有防御工事,速不台看到城中的大火,这才真正相信了崔立。有了蒙古做靠山,崔立在南京城内为所欲为、滥杀无辜、肆无忌惮。他强迫梁王及宗室近族搬到宫中,监禁起来,将荆王的府邸据为己有,把宫中皇家珍藏的大量珍玩窃取出来,中饱私囊。他还淫乱随军家属,利用军权发号施令,将随军官吏的家属都召到尚书省,亲自挑选漂亮女子,供他淫乱,还禁止城中男女嫁娶。他搜刮民财、刑讯劫掠、无恶不作,不满他的人都死在他的屠刀之下,甚至一些有地位的官员都未能幸免,郧国夫人及内侍高祐都死在他的杖下,温屯卫尉的亲属一共8人,不堪他的荼毒,都自杀身亡,完颜白撒夫人、右丞李蹊妻子、儿子都被劫掠而亡。

天兴二年(1233)四月十九日,对于金朝来说,是百年历史

金朝覆灭：北宋悲剧的重演

上最耻辱的一天。四月的南京城，已经是杨柳纷飞，温暖如春的季节，可对于金朝的皇室来说，内心是无比的凄凉与屈辱。太后、皇后、妃嫔、梁王、荆王，还有宗室男女500余人，像奴仆和牲口一样，被崔立等人驱赶着，吆喝着，赶往青城蒙古军大营。蒙古军押解亡国宗室北上，搭载北上之人的宫车多达37辆，跟随一起被掠走的还有三教、医流、工匠、绣女等人，伴随他们的是悲凉、绝望和未知的恐惧。随后，蒙古军进入京城，纵兵抢掠。可笑的是，他们先抢夺的就是崔立家，崔立的妻妾和家中的宝玉都被抢劫一空，崔立回来以后，看到自己家中情景，痛恨不已，但又无可奈何。崔立的残暴激起金廷官民的痛恨，都尉李琦、李贱奴、李伯渊因无法忍受崔立的压榨和迫害，计划杀掉崔立。六月，探马来报，南京附近有宋军出没，李伯渊等人乘夜放火烧外封丘门，以恐吓崔立，崔立吓得不轻，一晚上没睡好觉。第二天一早，李伯渊等人约崔立前往巡察，在回来途中，李伯渊刺杀了崔立，又斩杀其党羽折希颜、苑秀等人，将崔立的尸体系在马尾上，号召众人说："崔立滥杀无辜、巧取豪夺、荒淫暴虐、大逆不道，此人古今难有，是不是该杀？"众人齐声大喊："恨不得将其剁成肉泥！"多行不义必自毙，崔立就落得个这样的下场。

崔立投降蒙古，是大势所趋，显然做得是合理的。当时坊间流传着一种声音：蒙古兵临城下，皇上又生死不知，推立荆王然后开城投降，既可以保一城生灵免遭涂炭，又可能会使完颜氏后嗣不绝。当时的名士刘祁、元好问，甚至是被杀的二相完颜奴申和完颜习捏阿不都有此想法，大家心知肚明，只是没有人愿意担这千古骂名，崔立做了大家不敢说更不敢做的事情。但是崔立个人的野心和残暴却使他难以服众，其所作所为招致痛恨。

四、"巡狩"河南，共赴国殇

天兴元年（1232）十二月，金哀宗被迫选择出逃，以右丞相、枢密使兼左副元帅完颜赛不，平章政事、权枢密使兼右副元帅白撒，右副元帅兼枢密副使权参知政事讹出，兵部尚书权尚书左丞李蹊，元帅左监军行总帅府事徒单百家等率诸军扈从，北渡黄河，后又南渡归德（今河南省商丘市），奔蔡州（今河南省洛阳市汝阳县），蔡州城破，身死国亡。

哀宗离开南京，欲渡河由卫州北上，做最后的努力。据派出的侦察兵回来说，西边300里，渺无人烟，不可驻扎。哀宗遂决定东走，过陈留、杞县，到达黄陵冈（今河南省开封市兰考县

金朝覆灭：北宋悲剧的重演

南）。哀宗率领部分金军已经渡过黄河，可剩下的万余名官兵正准备继续北渡时，蒙军大将回古乃却率4000骑兵追赶上来攻击金军，金军一边渡河一边迎敌，中翼都尉贺都喜指挥督战，身中十六七箭，不幸阵亡，在击退蒙古军的一轮进攻后，蒙古军方才退兵。可一会儿，北风大作，渡船都被吹到黄河南岸，蒙古军再次发动攻击，金军伤亡惨重，溺死者近千人，元帅完颜猪儿、都尉纥石烈讹论等战死。君臣脱险以后，重新打起精神，商定攻取卫州，哀宗率卫军3000名护从，完颜承裔（白撒）率领各路人马，都尉高显率步军1万人，元帅蒲察官奴将忠孝军1000人，郡王范成进、王义深，上党公张开，元帅刘益等军，各给10日粮，从蒲城（今陕西省渭南市蒲城县）出兵，攻取卫州，然而卫州防备森严，连续三日久攻不下。形势对金军越来越不利，城池无法攻下，蒙古援军又自河南渡河至卫州西南逐渐逼近，金军见攻城无望，赶紧撤军，却被赶来的蒙古军队攻击，又遭到惨败。元帅刘益、上党公张开逃跑，并为民家所杀。哀宗被迫南下归德。

哀宗君臣历尽千辛万苦到了归德，可不久就发生了内讧，而内讧的始作俑者还是掌兵的将帅，这还要从哀宗的援军说起。到达归德以后，哀宗陆续与各地勤王之师取得了联系。三峰山一

第四章 独木难支：哀宗的十年

战，金朝损兵折将，能打仗的将领和军队劲旅丧失殆尽。此时哀宗能控制的只有汴州、洛阳、蔡州、唐州、邓州等几座孤城，形式上能指挥的军队只有少部分兵力。恒山公武仙在三峰山战役逃出来之后，聚拢残兵败将10万余人，屯兵于留山和威远寨两地，休整兵马，其他各处战场上败下来的军队纷纷投靠武仙，后武仙将部队徙于河南邓州、淅川（今河南省南阳市淅川县老城镇附近）一线。哀宗到达归德以后，设法与武仙取得联系，命他前来勤王，但武仙有自己的打算，他率军从淅川而上，攻打宋朝的金州，想邀请哀宗从归德西走，与他在兴元（陕西省汉中市）会师，谋夺南宋的巴蜀之地，将川陕连成一片，以此来抵御蒙古大军。可归德至陕西，千里迢迢，沿途凶险，南京那边又音信全无，万一京城失守，蒙古军必将追来，对于哀宗来讲，这条路是走不通的。驻守山东的兖王国用安建议哀宗南下徐州（今江苏省徐州市），可国用安对于哀宗来讲只是红袄军的余孽，是个投机主义者，叛服不定，左右摇摆，投降蒙古，又投靠宋朝，这样首鼠两端的人显然不可靠。于是，哀宗坐镇归德，但不等想好万全之策，内部就出现了危机。哀宗来到归德以后，城内兵马日众，随同的亲军加之外地战场上败下来的部队一下子涌进了小小的归德城，给归德带来了巨大的压力。由于兵多粮少，城中的粮食越

金朝覆灭：北宋悲剧的重演

来越吃紧，归德主将石盏女鲁欢担心兵士太多粮食不够，建议哀宗把新来的金军部队分别遣散到徐州、陈州、宿州等地，以缓解归德城中的粮食危机。金哀宗无奈地同意了，只留蒲察官奴率领的450名忠孝军和马用所部700人留在城中，其余诸军都被遣出城去。手中没有了军队，哀宗忧心忡忡，他私下偷偷跟蒲察官奴说："女鲁欢把我的卫兵都遣散了，你可留点神！"前途未卜的皇帝，在这种孤立无援的情况下，突发事件随时都有可能发生，提醒手下提高警惕也无可厚非。可是这样一来，不可避免的内部矛盾爆发了。

蒲察官奴领导的是忠孝军，即完颜陈和尚领导的忠孝军，是哀宗亲手建立起来的军队，其待遇也是最好的，将士俸禄是其他部队的3倍。哀宗从南京出来，北上卫州时，蒲察官奴率忠孝军支援，当即被拜为元帅。而马用原来是哀宗手下的果毅都尉，一路跟随哀宗出生入死，到归德后被奉为元帅。哀宗时常背着蒲察官奴找马用商议事情，引起了蒲察官奴的不满，双方矛盾加深。哀宗于是设酒宴，以消弭二人之间的矛盾，危难时期，毕竟只有将帅一心，君臣合力，才能共度时艰！在皇帝的斡旋下，马用消除了对蒲察官奴的防备。可蒲察官奴却不这么想，不久，蒲察官奴乘其不备，率军攻击马用的军队，马用军不敌败走。蒲察官奴

第四章 独木难支：哀宗的十年

派人看守行宫，其他人不得出入，将大臣们都聚集在水官毛花辇的家中，派兵监视。在双门捕获石盏女鲁欢，蒲察官奴说："自从皇帝到了归德府，你对皇帝的饮食供给极其不恭敬，连坛好酱也不给，你犯下这么大的罪，还有什么可说的。"然后用一匹马载着石盏女鲁欢，令军士押着到他的家里，搜出20多坛好酱，又搜出所有金器，然后将石盏女鲁欢诛杀。在这次兵变中，蒲察官奴一共杀了自左丞李蹊以下300多名朝廷官员，军中将领、禁卫兵、民庶死者达3000多。郎中完颜胡鲁剌、都事冀禹锡投水自杀。叛乱当晚，蒲察官奴带兵入见金哀宗，说："石盏女鲁欢等人谋反作乱，已经被臣杀了。"金哀宗不得已，赦免其罪，并任命蒲察官奴为枢密副使、权参知政事。

蒲察官奴虽然独大跋扈，但在抗蒙这件事上表现了绝对的忠心。在蒙古军攻占河北时，蒲察官奴的母亲被蒙古军俘虏，哀宗为他出了一个诈降的计策。于是蒲察官奴秘密接触蒙古军统帅，表示他为救母亲，愿劫持哀宗投降。对方信以为真，立刻派20多人护送其母亲至归德。蒲察官奴通过这些使者把蒙古军大营的位置、布军等情况探听得一清二楚，为偷袭做准备。不得不说蒲察官奴这出戏演得够逼真，不但欺骗了蒙古军，就连手底下的人都信以为真，100多名军人围住他的官宅，气愤地质问他："我们

金朝覆灭：北宋悲剧的重演

九死一生从蒙古那里逃出来，又为报效国家，奋死杀敌，如果落到蒙古军手里，我们还能活命吗？"无论蒲察官奴怎么解释，大家也不相信，最后蒲察官奴只好将其母亲作为人质，这才平息了一场风波。一切准备就绪，五月初五晚，蒲察官奴率忠孝军450人，手持火枪突袭蒙古军大营，蒙古军毫无防备，蒙古军将领撒吉思卜华一军全军覆灭，损失3500人，汉军世侯董俊也被杀死。归德一战，金朝取得小胜，但这种胜利对于内部的君臣不合实属不值一提。蒲察官奴立功，被哀宗提拔为参知政事、兼左副元帅，此时的哀宗犹如一件摆设，哀宗在照碧堂坐朝，百官无一人敢上奏对答，金哀宗每天唉声叹气："自古无不亡之国、不死之君，但恨我不知用人，故为此奴所困。"此时的归德，也不安全了，城小不能容兵，万一蒙古大军袭来，岂不是又一个南京城？于是哀宗与蒲察官奴商量前往蔡州，而蒲察官奴坚决反对。因为蔡州不但抵近南宋边境，各方面条件也远不如归德，若哀宗到了蔡州，就成了困兽，再也无法逃出牢笼。此时君臣之间的矛盾因为迁往何处的问题更加激化。此前蒲察官奴曾去过亳州，当时有人趁机传言，蒲察官奴要图谋恢复山东，密谋胁迫哀宗让出皇位，若事不成就把哀宗献给南宋。不知蒲察官奴亳州之行的图谋传言是否真实，但其下达了"谁再言南迁蔡州，当斩"的命令。

第四章 独木难支：哀宗的十年

此时的哀宗应该是生不如死，即位之初，就想有所作为，做一个好皇帝，只是时运不佳，被逼无奈，走到这一步，可他骨子里不想做一个傀儡皇帝，因此他不会任由蒲察官奴摆布。在皇帝的授意下，内局令宋乞奴与奉御吾古孙爱实、纳兰忔答、女奚烈完出密谋诛杀蒲察官奴。一日，金哀宗与蒲察官奴再次讨论去往蔡州事宜，双方话不投机，不欢而散。当日，哀宗决定下手，让裴满抄合召宰相蒲察官奴前来议事，女奚烈完出则埋伏在照碧堂门间。蒲察官奴进见哀宗时，金哀宗突然大声呼叫"参政"，蒲察官奴下意识地立即答应。殊不知这是哀宗与他人定下的暗号，躲在蒲察官奴身后的女奚烈完出趁其不备，暗中出刀，向蒲察官奴刺去，金哀宗也亲自拔剑砍向蒲察官奴，受了伤的蒲察官奴跳下庭阶拼命往外逃。可守在门外的女奚烈完出喝令纳兰忔答、吾古孙爱实紧追其后，将其斩杀。权臣虽然除掉了，但意味着金朝最后一个能战之将也没有了。如果哀宗能够足够认识当时的局势，或许他就不会贸然除掉蒲察官奴了。可历史就是这样，观棋的人懂的永远比下棋的人多。

天兴二年（1233）六月十九日，大雨滂沱，在归德到蔡州泥泞的路上，哀宗一行200多人在风雨中艰难地跋涉。参政完颜纲等多人腿脚都被雨水泡肿了，大家狼狈不堪，没有粮食，就采

金朝覆灭：北宋悲剧的重演

摘路边的青果充饥，一路上忍饥挨饿。次日，他们到达亳州时，前来迎接的亳州官员和百姓看到的，是他们心目中堂堂大金朝的皇帝，仪仗队伍竟然如此落魄凄凉：两面无精打采的青黄旗，二三百人组成的队伍衣衫不整、狼狈无比，50余匹战马有气无力地耷拉着脑袋，在主人的吆喝声中蹒跚地走着，萧条至极。哀宗命近侍对百姓说："你们在这里祖祖辈辈安静地生活了100年，今天让你们无辜遭受如此灾难，是朕的无能，朕实在无话可说，只希望你们不要忘记我朝列祖列宗对大家的恩德！"官民百姓都跪倒在地，皆呼万岁，哭声一片。大家在亳州休整了一日，接着出了亳州，继续南下。向南行走了60里，六七月正是南方多雨的季节，这时老天又下起了雨，哀宗来到附近的双沟寺避雨，见田地荒芜、荒草满目、渺无人烟，不禁悲从中来，哀叹道："生灵遭此涂炭，什么都没了！"说完痛苦万分。路途之中，庆幸息州（今河南省信阳市息县）官员雪中送炭，送来200匹马，凭借着这些马匹，大家才得以渡过难关。一路上，君臣克服重重困难，日夜兼程，半个月以后，终于到达了蔡州。

哀宗来到蔡州，给这座小城带来了一线生机，普通百姓不明就里，还以为皇帝来了，大家有救了，马上就会过上太平日子。于是人们奔走相告，用自己的方式祈祷着、庆幸着，有的把珍藏

第四章 独木难支：哀宗的十年

多年的酒拿出来，喝个精光，市面上还出现了商贩。但是也许哀宗已经累了，再也不想以后了，像一只寒号鸟，得过且过；也许是自己依然受到爱戴，帝王的自信心又恢复了，想到了自己南京的宏伟宫殿。刚刚安顿好，哀宗就开始寻思修建"见山亭"和"同知廨"作为休憩之所，右丞相完颜仲德（忽斜虎）进谏说："古往今来，君王遭难，逃亡于外，一定会痛定思痛，总结经验教训，卧薪尝胆，克复旧物，以武力收复失去的土地。更何况现如今各地城池毁于一旦，只有蔡州这一座城完整可用了。这里无论是居住还是办公条件肯定不如之前宫殿的万分之一，但总比露宿野外、无处可归的好。百姓知道圣上您要到这里，已经耗费劳役修葺一番，现在如果再大兴土木，劳民伤财，只是为了我们的安逸，恐怕难以服众，人心动摇，这是因小失大呀！"哀宗听了完颜仲德中肯的意见，放弃了修建休憩之所。过了几天，哀宗又派遣内侍宋珪和御史大夫乌古论镐的妻子暗地里挑选女子入宫，也许是为了满足自己的私欲，也许是为金朝的国祚着想，毕竟，自己一个人孤零零逃出来，宗室子弟生死未卜，不能让皇室血脉就这么断了。这同样遭到了臣子的反对，完颜仲德又劝谏哀宗："皇帝这样做，会使无知百姓认为，陛下先求处女以表示将长久居住此地，没有光复国家的远略，百姓无知，可神不能不敬

金朝覆灭：北宋悲剧的重演

畏。"哀宗解释说："我是因为妃嫔都已经失散了，身边没人，所以想挑选几个人在身边，也好有个说话的，多谢你的规诲，我怎敢不从。那就只留解文义一人，其他人就都回去吧。"

短暂安静的生活就像回光返照一般，迅速地消失了。天兴二年（1233）四月，武仙到达顺阳，与唐州守将武天锡、邓州守将移刺瑗想迎哀宗入蜀，结果被宋将孟珙大败于马镫山，哀宗入蜀的可能性已经完全没有了。八月初二，蒙宋双方达成夹击金朝的协议，这就意味着留给哀宗的时间不多了。蔡州城里，物价飞涨、人心惶惶。九月，鲁山元帅元志率兵千人前来援助蔡州，一路上，边战边行，到达蔡州时只剩下500余人，哀宗整合蔡州城内仅有的部队加紧防卫。九月初九，哀宗君臣举行女真传统的拜天习俗，哀宗慷慨陈词："国家创业以来已有百年，你们之中，有的因为先辈为国家立过汗马功劳，有的凭借自身报效国家，被坚执锐，战功卓著。今国家遭此厄运，能与朕同患难，可谓忠诚无比。刚刚得知，北兵马上就要杀来，正是大家为国立功、报效国家的时刻，如果不幸战死，死得也光荣。以前你们立功，怕国家不知道，今日临敌，朕亲自为你们壮行！"正在这时，蒙古大军已经到达蔡州城下，将士们群情激昂、踊跃参战。哀宗命令分军防守四面及子城，以总帅宇术鲁娄室守东面，内族完颜承麟副

第四章 独木难支：哀宗的十年

之；参知政事乌古论镐守南面，总帅元志副之；殿前都点检兀林答胡土守西面，忠孝军元帅蔡八儿副之；忠孝军元帅、权殿前右副点检王山儿守北面，元帅纥石烈柏寿副之；遥授西安军节度使兼殿前右卫将军、行元帅府事女奚烈完出守东南，元帅左都监夹谷当哥副之；殿前右卫将军、权左副都点检内族斜烈守子城，都尉王爱实副之。就在城内金哀宗调兵遣将，欲与蒙古军誓死决战之际，蒙古军队也在城外筑起了高垒，将蔡州城围得水泄不通。与此同时，按照约定，十一月，宋朝派江海、孟珙率兵万人及粮食30万石助攻蒙古。战争开始打响，蔡州城中，君臣上下同心，哀宗亲自登上城墙安抚士兵、抚恤伤亡。到了十二月份，城中的形势越来越危急，城中百姓也投入了保卫蔡州的战斗，连妇女都加入了运送石头和伤亡士兵的队伍。城下蒙宋联军，先是攻打东墙城，不克；又改攻南城，又不克；十八日终于攻下西城，但城中修筑了栅栏和壕沟，加之金军顽强抵抗，个个奋勇当先，使蒙古军不能很快攻进来。哀宗对侍臣说："我当了10年的金紫，10年的太子，又当了10年的皇帝，自我感觉没有做过什么大的恶事，死而无憾。唯一愧对的是祖宗留下的百年基业，到我这里就亡了，且要与历代那些荒淫暴乱的亡国之君同列，为此让人愤愤不平！""自古无不亡之国，不亡之君。我绝不会做那些亡国之

金朝覆灭：北宋悲剧的重演

君的可耻行径。"此时，将士伤亡惨重，不断有人投降。哀宗把自己使用的东西拿出来，并杀200匹马犒赏将士。不到最后绝不能放弃希望，哀宗也想着趁夜逃走，换了便服，偷偷绕道东城，可哪能逃得出去呢？最后一线逃生的希望破灭了。

天兴三年（1234）正月初十，战斗又持续了一整天，夜幕降临，战斗还在继续。眼看城破在即，哀宗集结百官，下诏传位于东面总帅完颜承麟，完颜承麟坚决不受，哀宗说："朕之所以这样做，是因为我的身体肥胖，很难骑马突围，而你的身手不凡，马术了得，如果侥幸逃脱，也使我大金国祚不绝，这是我的想法，你不要推托了。"完颜承麟无奈，即皇帝位，百官称贺，即位仪式结束，马上投入战斗。而此时蔡州四面楚歌，南面的城墙上已经竖起了宋朝的旗帜。不一会儿，四面喊杀声震天动地，南面守城者阻挡不住蒙古大军弃门而逃，蒙军攻入城内，与城中的金军展开激烈的巷战，金军不敌。哀宗听着四面的喊杀声，绝望地自缢于幽兰轩。完颜承麟此时正在退保子城，听到哀宗死亡的消息，率将士赶来痛哭，并上谥号"哀宗"。这时城已经完全被占领，同日，完颜承麟战死于乱军之中。宰相完颜仲德率最后1000多金兵与蒙古军巷战，终于不支，边杀边退。得知金哀宗自缢的消息，完颜仲德仰天哀叹："君上已经驾崩，我还能为谁而

第四章 独木难支：哀宗的十年

战？但绝不能死于乱军之手，不如投水淹死，以追随我的君上！诸位自己决定容身之计吧！"话一说完，完颜仲德便毅然奋身一跃，跳入冰冷的河水自杀。剩下的金军将士们，满身是血，泪流满面，相顾说道："完颜相公能为国而死，我等岂是懦弱之辈！"于是上自参政、总帅、元帅，下至兵丁500多人都毅然决然地跳入汝水，以身殉国。金朝近120年的国祚，在蒙宋联军的进攻下灭亡。

哀宗死后，近侍完颜绛山遵奉哀宗的遗嘱，将他的尸体火化，残骸埋葬在汝南（今河南省驻马店市汝南县北面汝河旁）。另一说法是蒙古将领塔察儿和宋将孟珙见有人在焚烧完颜守绪尸体，忙上前扑灭余烬，捡出余骨，一分为二，各取一份回去邀功。据蒙古伊儿汗国宰相拉施特主编的《史集》记载，塔察儿仅获得金哀宗的一只手。金哀宗大部分遗骸被宋军带回都城临安告慰太庙。最后宋廷按洪咨夔的建议，将金哀宗的遗骸藏于大理寺狱库。

以往，中国古代王朝末期，多因皇帝昏庸无道而导致亡国，可金哀宗这样一位励精图治的皇帝竟沦落到如此不堪的境况，不禁让人心生怜悯。金朝的灭亡与他着实没有太大的关系，只能说哀宗在一个错误的时间登上了帝位，任凭他怎么努力都无法让历

金朝覆灭：北宋悲剧的重演

史的车轮倒转。就像多数历史学者评价的那样：金哀宗在位10年，竭力组织力量抗蒙图存，虽然取得一些胜利，但并不能扭转战局，因为那时的金朝已在政治统治上瘫痪、经济上全面崩溃，已不能从根本上阻挡蓬勃向上的蒙古政权的猛烈进攻。我们同情他，是因为在金朝百年国祚当中，他虽不算是一位有雄才大略的开明之主，但与卫绍王、金宣宗相比，哀宗有勇有谋有魄力，国难当头，与将士同仇敌忾，死于社稷，古往今来又有几人呢？金元之际的文章大家郝经曾以诗悼念哀宗：

天兴不是亡国主，不幸遭逢真可惜。
十年嗣位称小康，若比先朝少遗失。

第五章

板荡识诚臣：死于社稷的忠良

从金章宗到金哀宗统治的数十年时间里，国家日渐衰落直到灭亡。其灭亡原因，众说纷纭，有人认为，金朝建国以后，承平日久，就容易滋生贪图安逸、不愿进取、腐化堕落的弊病。诚然，由于女真贵族统治内部的矛盾，导致大部分宗室成员被杀，到金朝中后期没有出现金初那般独当一面的将帅精英集团，其后代多是依靠先辈的功绩、通过荫补等方式进入仕途，成为金朝后期统治阶层的一部分。这些在和平环境中成长起来的文臣武将，没有经过战争的洗礼，更多地贪图安逸、追求享受，更是无

金朝覆灭：北宋悲剧的重演

视纲纪、盛行腐败，导致军将战斗力大不如前。尤其是金朝部队腐败横行，将帅不知如何带兵，士兵不知怎么打仗，更别说有什么誓死尽忠了。事实也不可否认，金朝后期出现很多将帅弑主专权、误国误民、飞扬跋扈的现象。但历史的镜子不仅仅照映奸佞宵小，也映射着无数仁义忠良的光辉。面对外敌入侵、国土流失、生灵涂炭，金朝也涌现出一大批忠臣烈士。"疾风知劲草，板荡识诚臣"，在金朝由盛转衰的几十年的乱世里，他们坚贞不屈、勇赴国难，在国家生死存亡的关键时刻，用自己的方式报效国家、忠于社稷，在金朝的历史上谱写了一首首壮丽的诗篇。

一、四朝元老徒单镒

徒单镒（？—1214），本名按出，上京路速速堡子猛安人，父亲为北京副留守乌辇，大定十三年（1173）女真策论进士第一名。据《金史》记载，女真姓氏共有100多个，并根据尚黑和尚白分为两大部分，徒单氏为白号女真，又可称为"秃答""秃达""徒太"，其姓来源于"徒太山"（今长白山），取大放光明之意。而据满语学家考证，"速速"满语为"故乡"的意思，速速堡子大概位于黑龙江省哈尔滨市阿城区附近。

第五章　板荡识诚臣：死于社稷的忠良

徒单镒小时候就表现出过人之处，聪慧绝伦，年仅7岁就能熟习女真文字。世宗为培养女真人才，从全国女真各路选取30多名女真贵族子弟，跟从编修官温迪罕缔达学习经、史、策、论，徒单镒就名列其中。徒单镒在学习过程中，成绩总是名列前茅，不但通晓契丹大字、契丹小字、汉字，还熟通儒家经史，在当时金朝贵族之中就是一个学霸。大定十三年（1173）八月，金朝政府对科举考试制度进行改革，开始诏策女真进士，徒单镒参加了这次考试，并以优异的成绩获得女真进士第一名。世宗皇帝让他用女真文翻译汉文典籍，他仅用2年的时间就翻译出了《贞观政要》《策林》《史记》《西汉书》等经典。世宗皇帝看了之后，非常满意，对其赞赏有加，下令颁行。徒单镒深厚的学识、温文尔雅的气质和良好的品德深得世宗皇帝和朝中大臣们的赏识，被授予中都路教授和国子学助教。徒单镒献给世宗皇帝《汉光武中兴赋》，世宗看后大喜，称赞道："若不设立女真进士科，我怎么能得到这个人才！"后来徒单镒官至翰林待制，兼任右司员外郎。

章宗即位以后，徒单镒不断升迁，历任左谏议大夫兼任吏部侍郎、御史中丞、参知政事兼修国史、尚书右丞。虽然手中的权力越来越大，但他时刻提醒自己："人的欲望是无止境的，要懂得适度和节制。现在国家承平日久，同样需要遵循这个道理，才能使国家经久不衰。"面对章宗宠幸李师儿、朝堂之上奸佞横行的局面，他经常劝谏章宗为政之道要广开言路、察纳雅言，勿以善小而不为；他还针对萎靡虚妄的学风，特意著《学之急》《道之要》两篇文章，被太学诸生刻于石碑之上。由于章宗猜忌宗室，定武军节度使、郑王完颜永蹈和平阳府知府、镐王完颜永中相继获罪，很多无辜之人受到牵连，章宗皇帝怀疑他们有同党，遭到猜忌的徒单镒就被免去尚书右丞的职务，改任西京留守，后相继担任横海军节度使、定武军节度使、平阳府知府、西京留守等职。徒单镒又一度改任京兆府知府，担当宣抚使，陕西元帅府一并受他节制。金泰和七年（1207），南宋发动"开禧北伐"，徒单镒以文臣身份领兵作战，大胜宋军。

卫绍王时期，徒单镒任东京留守、辽东安抚副使、上京留守。大安三年（1211），蒙古大军攻破居庸关，围困中都，徒单镒派乌古孙兀屯率2万大军增援中都，解了中都之围，才被任命为尚书右丞相。崇庆二年（1213），胡沙虎弑杀卫绍王，"司马昭之心"尽人皆知。当弑君事件发生时，徒单镒正值养病在家，胡沙虎前来看望，更重要的则是询问下一步的计划。徒单镒趁此机会为胡沙虎分析形势，最后对胡沙虎说："翼王是章宗的兄弟、

第五章 板荡识诚臣：死于社稷的忠良

显宗的长子，他若称帝众望所归，元帅如果立他为帝，这是万世的功劳。"最后胡沙虎放弃称帝的想法，拥立翼王。宣宗即位以后，徒单镒任左丞相，封广平郡王，被授予中都路迭鲁都世袭猛安蒲鲁吉必剌谋克。贞祐二年（1214），徒单镒去世。

徒单镒为人正直、学识渊博、注重文教，其学以儒家仁义为本，为金朝培养了很多名士。徒单镒虽然受到章宗的猜忌和朝臣的排挤，但他无怨无悔，为金朝社稷奔波劳碌，多次挽救金朝于水火，章宗时期的直言进谏，卫绍王时期发兵勤王，拯救中都，拥立宣宗，稳定了大局，徒单镒功不可没。他对金朝中后期文化的发展、统治的稳定起到了一定的作用。

二、宁死不屈王子明

王晦（？—1214），字子明，本名王旦，因避金熙宗完颜亶的名讳，于泰和元年（1201）七月以后，改名王晦。他是泽州（今山西省晋城市泽州县）高平人，少时家中贫穷，但他好学不倦，常常带着经书到地里，趁歇息的时间，孜孜不倦地读书。金章宗明昌二年（1191）考取进士。王晦不但下笔千文，而且射箭本领高超，文武双全，为人也非常讲义气。他凭借自己的才

金朝覆灭：北宋悲剧的重演

干，初任河南府许州（今河南省长葛市）长葛县主簿，曾以巧妙的方式侦破县内一起杀人案件，该县的百姓都称他为神明。王晦曾为从五品户部郎中，大安、崇庆年间，升任从三品翰林侍讲学士，并以翰林侍讲学士身份担任将领，任通州守。宣宗贞祐二年（1214），蒙古大军又卷土重来，跨过居庸关，包围金中都，中都城内粮食紧缺。王晦临危受命，自将招募军队万余人，率军士押运粮食到中都，以解中都燃眉之急，宣宗命其率部下军队驻守顺州（今北京市顺义区）。同年五月，金宣宗被迫离开中都，迁都南京（今河南省开封市），这给蒙古再次举兵提供了有利借口。六月，蒙古军夜袭通州，通州城危在旦夕，王晦抱着必死的决心，身穿丧服，指挥军队攻打牛栏山的蒙古军，与蒙古军队展开激烈厮杀。王晦带领军兵与蒙古军经过一番鏖战，打得蒙古军"倒戈弃甲十万人，乱辙靡旗三百里"，击退蒙古军的进攻，解了通州之围。王晦以军功迁翰林侍读学士，加劝农使。

王晦据守的顺州，就是那座《金史》《元史》称之为少数几个没有被蒙古军攻克的州城之一。九月，顺州遭到蒙古军的攻击，王晦一面率军抵抗蒙古军的进攻，一面派人到沧州和景州去调遣所属其他部队前来增援。其他部队众将士都摩拳擦掌，准备与蒙古军决一死战，可统领部队的掌管只求自保，不肯发兵支

第五章 板荡识诚臣：死于社稷的忠良

援，王晦只能孤军奋战。顺州被包围数日之后，城中的粮食已经用尽，蒙古军对顺州城发起猛攻，在城池即将被攻破之际，王晦的部下王臻穿着便服劝说王晦出降，跪着求他："现在危在旦夕，您这么不顾一切地抵抗又何苦呢？只能做无谓的牺牲。假如你我现在投降还来得及，也能继续享受荣华富贵。"可王晦看着王臻，反问道："朝廷哪一点对不起你？你竟然做出如此叛逆行为！"王臻急忙辩白说："我宁可辜负了国家，也不辜负您啊！"说着泪如雨下。王晦怒斥道："我活了60岁，官至三品，死而无憾！"王臻见王晦心意已决，哭着离开了。不久，众多军将和士兵纷纷从城墙上缘索而下，投降了蒙古军。王晦在城陷被俘以后，蒙古军劝他投降，他面不改色，向南京方向拜了又拜，慷慨赴死。王晦战死的消息传到南京以后，朝廷为其立祠堂以纪念这位英勇不屈的烈士，在泽州府、高平县、顺义县三地为其树碑立传，以纪念王晦孤城坚守、浴血杀敌、最后城破、被执就死的事迹，大文学家赵秉文为其撰写《枢密副使王晦碑》《王晦墓志》。时人将其比喻成唐代"安史之乱"中阵亡的张巡和许远。

郝经在为歌颂金源死节之士撰写的《金源十节士歌》中说："这些节义之士为国家而献出宝贵的生命，有古人烈士之风。……他们大义凛然的事迹，即使是耕夫贩妇、牛童马走这样的普通百

金朝覆灭：北宋悲剧的重演

姓也都耳熟能详。"在他所歌颂的 10 位死节之士中，王晦排在第一位，可见王晦事迹在当时引起的巨大反响：

> 读书便学张复之，手刃奸髡血写诗。
> 几回投笔重咨嗟，章句小儒安足为。
> 时危始作通州守，贼臣遽献居庸口。
> 千群铁骑绕燕都，玉辇仓皇下殿走。
> 孤城弹丸当畿甸，饮血登陴日酣战。
> 进明逗遛南八回，拊髀张拳面迎箭。
> 日晕忽破城无址，失守何颜见天子。
> 朝服南向再拜毕，意色不动握节死。
> 诏为立祠谥刚忠，称道更有闲闲公。
> 突兀义与巡远同，千载凛凛烈士风。

金朝文士史肃与王晦曾一同在朝为官，也为其赋诗《哀王旦》一首：

> 八月风高胡马壮，胡儿弯弓向南望。
> 铁门不守犯孤城，失我堂堂仁勇将。

第五章　板荡识诚臣：死于社稷的忠良

将军之起本儒臣，纬武经文才过人。
墨磨楯鼻扫千字，箭射戟牙惊六军。
忆昔同时初上疏，明日东华听宣谕。
我从金毂东巡逻，公总干戈练征戍。
三月和兵好始修，胡兵一夜袭通州。
练衣出郭虽频战，毡帐沿河未肯休。
将军尽出兵如水，烧胡之车破胡垒。
倒戈弃甲十万人，乱辙靡旗三百里。
金甲煌煌金印光，诏书命我守昆阳。
然知人有百夫勇，可奈仓无一日粮。
叛臣暗作开门策，一虎翻为群犬获。
胸中气愤爆雷声，颔下须张猬毛磔。
将军虽死尚如生，万里遥传忠义名。
昔闻陕右段忠烈，今见常山颜杲卿。
栋折榱崩人短气，平生况切同年义。
试歌慷慨一篇词，定洒英雄千古泪。

三、视死如归陈和尚

完颜陈和尚（1192—1232），本名彝，字良佐，丰州人（今内蒙古自治区呼和浩特市东南），金末名将，以忠义勇敢著称。他出自金朝开国重臣完颜宗翰（粘罕）家族，祖父是完颜亮集团的重要成员之一完颜秉德，完颜秉德参与谋杀熙宗的计划，后被完颜亮灭族，完颜宗翰一族30多人被害。完颜陈和尚的父亲是完颜乞哥，在金章宗泰和六年（1206）参加对宋的战争中战死于嘉陵江畔，从此完颜陈和尚和母亲相依为伴。完颜陈和尚自幼生长在武将之家，深受父亲的影响，喜欢兵书战策、骑马射箭，身手不凡，父亲战死沙场的事迹深刻影响着他。作为女真贵族子弟，又有一身好本领，自当是征战沙场，完颜陈和尚参了军，随部队四处征战。

金宣宗贞祐年间，陈和尚已经20多岁，在一次与蒙古军作战的时候，不幸被蒙古军俘虏，一位不知名的蒙古军大帅很喜欢他的胆量和勇气，把他留在身边，为其效命，也许是出于对母亲的牵挂，他答应了下来。可完颜陈和尚"身在曹营心在汉"，总想着找机会逃离蒙古军，就这样，陈和尚在蒙古军营待了一年

第五章　板荡识诚臣：死于社稷的忠良

多。一次，他找准机会跟蒙古大帅说："我的母亲现在居住在丰州，我们母子已经一年多没有相见了，我非常思念我的母亲，请大帅恩准，允许我回家探望母亲！"蒙古军大帅念他心存孝心，就答应了他的请求，但还是不相信他，派士兵随他一同返回丰州。完颜陈和尚不在的一年多时间里，母亲一直由堂兄完颜斜烈赡养，完颜陈和尚回到家中，他和完颜斜烈秘密谋划渡过黄河，去投奔南京的金宣宗。一切准备就绪之后，完颜陈和尚和完颜斜烈杀死蒙古军派来监视的兵士，抢来10多匹战马，带上母亲奔向南京。他们逃跑不久，就被蒙古兵发觉，蒙古兵集合骑兵追杀他们，二人就改换路线和方向，甩掉追兵。在途中，战马丢失，母亲年老体弱，步行艰难，哥儿俩就让母亲坐在一辆鹿角车（一种兵车）上，兄弟二人在前面拉着车走……一路上，风餐露宿，艰难地往南前行。三人历经千难万险，九死一生，终于渡过黄河，来到南京。金宣宗见到二人，听了他们的遭遇之后，不禁唏嘘，立刻对二人加以重用。斜烈因有世袭官位，被任命为都统，完颜陈和尚试任护卫，不久转为奉御，成为宣宗身边最信任的人。

可是，完颜陈和尚的志向是征战沙场，报效国家。听说堂兄完颜斜烈出任行寿州（今安徽省淮南市凤台县）、泗州（今江苏

金朝覆灭：北宋悲剧的重演

省淮安市盱眙县西北）元帅府事，就向皇帝提出请求，完颜斜烈也请求宣宗让完颜陈和尚随自己前往，于是朝廷就任命完颜陈和尚为宣差提控，佩带金符，跟随完颜斜烈一起上任。完颜斜烈到任以后，聘请太原王渥（字仲泽）为幕僚，王渥是当时著名的文人，与金末名儒雷渊、李献能齐名，完颜斜烈对他非常恭敬，以友相待。而完颜陈和尚也爱好文史，聪明好学，在充护卫居禁中时，就有"秀才"之誉，他趁机跟王渥学习《孝经》《论语》《春秋左氏传》等经典，深知其义。军中无事的时候，他就坐在窗下练习蝇头小字，如同一介书生，寒窗苦读，不问世事。

金哀宗正大二年（1225），完颜斜烈罢帅改任总领，完颜陈和尚随兄屯守方城（今河南省南阳市方城县）。凡军中事务，他都参与其中。一次，完颜斜烈因为生病，不能处理政务，在养病期间由完颜陈和尚代其处理军中事务。有一个叫李太和的将领和方城中一位镇防将领葛宜翁之间产生矛盾，二人大打出手，相互斗殴，竟然闹到完颜陈和尚面前申诉。完颜陈和尚觉得错在葛宜翁，就令军士杖打了他，以小惩大戒。可哪知葛宜翁性格暴躁凶悍，因为受不了这份屈辱，竟然抑郁而死，临终留下遗言，要妻子为他报仇。葛宜翁的妻子就告完颜陈和尚的状，她分别向御史台、尚书省、近侍官申诉，告完颜陈和尚滥用职权、假公济私，

第五章 板荡识诚臣：死于社稷的忠良

趁机打击报复，而导致自己的丈夫被杀害；还在龙津桥南（位于南京城内）堆积柴草，声称如果不治完颜陈和尚的罪，她就自焚而死，向丈夫谢罪。经她这么一闹，完颜陈和尚被关进了监狱。当时有台谏官借题发挥，怀疑完颜陈和尚曾在禁卫，又握有兵权，一定是随意专断，违犯国法，应当处以死刑，但因为证据不足，哀宗犹豫不决。而完颜陈和尚这边坦然自若，在狱中以读书度日，一待就是18个月。正大三年（1226），完颜斜烈病愈，金哀宗命他提兵驻守西边，对他说："你如此消瘦，难道是因为方城陈和尚吗？你放心吧，朕现在就赦免他。"但因御史台、谏议院官员的阻挠，释放完颜陈和尚之事一直没能得到顺利解决，但完颜斜烈的病情越来越重，还没等到哀宗赦免完颜陈和尚，完颜斜烈就去世了。金哀宗得知后，派人去赦免完颜陈和尚，并将其带到自己面前，对完颜陈和尚说："因为你哥哥的缘故，我赦免了你，大家对我的决定很不赞成，你可不能辜负了我对你的期望。如今多事之秋，若你能为国家出一份力，也不枉我对你的信任！"完颜陈和尚听说堂兄的死讯，悲痛不已，边哭边拜，发誓一定效忠国家，不负哥哥的希望，左右之人看了无不为之动容。

出狱以后，完颜陈和尚得到哀宗重用，此时国家正是用人之际，他很快就被任命为忠孝军提控。忠孝军是金朝后期一支重要

金朝覆灭：北宋悲剧的重演

的军事武装力量，对金廷后期与蒙作战起到非常重要的作用。卫绍王大安三年（1211），蒙古骑兵南下伐金，黄河以北广大地区逐渐陷入混乱，金朝部队在抵抗蒙古大军的一次次战斗中、在镇压耶律留哥和农民起义军的军事作战中以及在应对南宋和西夏的滋扰等诸多战役中，金朝军队消耗殆尽、兵源告急，尤其是横行天下、不可一世的金朝骑兵也因蒙古大军南下、群牧监的战马尽被蒙古所得而不复存在。面对四面楚歌的局面，金廷的当务之急就是组建一支忠诚的、能征善战的精锐骑兵部队。关于忠孝军组建的时间，《金史》记载的是哀宗正大二年（1225），而据历史学者研究，早在哀宗未当皇帝以前，即任枢密使期间就已经着手准备了，也就是说忠孝军建立于宣宗时期。忠孝军的民族成分非常复杂，由女真、羌、吐谷浑、乃蛮、回纥、汉及契丹等诸多民族组成，且这些人多是从蒙古叛逃或是在中原犯了罪、为避祸而来，凶狠乖戾，很难控制。金廷为使忠孝军为其卖命效力，给出的待遇非常优厚，军俸是其他部队的3倍，即使在金廷后期财政困难、俸禄减少的情况下，也比其他军队待遇要好得多。忠孝军的选拔标准也非常严格，最关键的是效忠哀宗、精通骑射，军队的规模最多可达1.8万余人。先后担任忠孝军主将的除了完颜陈和尚，有史可查的还有蒲察定住、蒲察官奴等人。忠孝军参加过

第五章 板荡识诚臣：死于社稷的忠良

的大大小小战役不计其数，主要的战役有正大六年（1229）的大昌原之战、正大七年（1230）的卫州之战、正大八年（1231）的倒回谷之战、大兴元年（1232）的三峰山之战，还有保卫哀宗的归德和蔡州之战。随着金王朝的衰亡，忠孝军也从最初的1.8万人减少到最后的几百人，直至全军覆灭。

完颜陈和尚于正大四年（1227）担任忠孝军提控，他率领的忠孝军军纪严明，所过州县秋毫无犯，每遇到大仗都率先出阵，作战勇猛无比。在大昌原（今甘肃省庆阳市宁县东南）战役中，完颜陈和尚抱着必死之心，身穿丧服，身先士卒，率领400名忠孝军大败8000名蒙古军，一战成名，这也是金蒙交战近20年来，金朝第一次取得重大胜利。完颜陈和尚也因此被授予定远大将军、平凉府判官、世袭谋克。正大七年（1230），完颜陈和尚又率忠孝军参加了卫州（今河南省卫辉市）之战，击败史天泽率领的河北蒙宋联军，解了卫州之围。正大八年（1231），完颜陈和尚率1000名忠孝军于夹谷泽部协助下，在倒回谷（今陕西省西安市蓝田县东南）大败蒙古大将速不台。

天兴元年（1232），蒙古军统帅拖雷避开金军主力，从西路进攻南京，驻守在邓州的完颜合达、移剌蒲阿率领2万骑兵和13万步兵急赴京城，完颜陈和尚统领的忠孝军也在军中。大军行进

金朝覆灭：北宋悲剧的重演

到离钧州不远的三峰山（今河南省禹州市西南）时，被蒙古军包围。当时恰逢天降大雪，大军三日未食，被迫在饥寒交迫中抵抗蒙古军队的轮番进攻，直至损失惨重。最后，蒙古军有意让开一条通往钧州的路，放金军北走，乘势夹攻，导致金军几乎全军覆没。移剌蒲阿被擒，完颜合达与完颜陈和尚率金军残部数百骑败入钧州（今河南省禹州市）。钧州很快被蒙古军攻破，完颜陈和尚率残部顽强地进行巷战，蜂拥而上的蒙古军越来越多，完颜陈和尚见无力回天，便对蒙古军士兵们说："我是金国大将，要见你们的主将！"

于是完颜陈和尚被带到蒙古军大帐，他大声说："我乃是忠孝军总领完颜陈和尚，大昌原的胜利是我取得的，卫州的胜利也是我打的，倒回谷打败你们的还是我。如果我就这么死于乱军中，死得不明不白，今日我光明正大地在此就死，以示天下！"

蒙古人想劝其投降，但完颜陈和尚不为所动，蒙古军又对他用以大刑，砍掉他的脚，弄断他的腿，完颜陈和尚仍然不屈服，对方又用尖刀豁开他的嘴角一直到耳朵。完颜陈和尚就这样被折磨致死，时年41岁。

蒙古军统帅佩服地说："好男子，他日再生，当令我得之！"

当得知完颜陈和尚英勇就义的消息后，尚书左丞李蹊感慨

第五章 板荡识诚臣：死于社稷的忠良

到："国家 100 多年，就培养了完颜陈和尚一人啊！"

哀宗下诏，赠完颜陈和尚镇南军节度使，立褒忠庙碑。

明朝内阁首辅李东阳特为其作诗《金大将》一首：

> 汝何官？金大将。汝何名？陈和尚。
>
> 好男子，明白死。生金人，死金鬼。
>
> 胫可折，吻可裂，七尺身躯一腔血。
>
> 金人愤泣元人夸，争愿再生来我家。
>
> 吁嗟乎！衣冠左衽尚不耻，夷狄之臣乃如此。

四、汝水忠魂忽斜虎

忽斜虎（？—1234），汉名完颜仲德，金朝合懒路人。忽斜虎从小爱读书，学习策论，兼有文武之才，金章宗泰和三年（1203）考中进士。宣宗贞祐年间，为抵御蒙古入侵，忽斜虎被征辟为军官，领兵抗蒙，但不幸被俘。可他在被俘的短短一年内，不但学会了蒙古语，还暗中寻找机会联络同为蒙古俘虏的其他金人，说服他们投奔金朝，最终他率领 1 万多人归来。这么多的人，一路上既要躲过蒙古军的追杀，又要想方设法解决万人的

金朝覆灭：北宋悲剧的重演

补给，艰难程度可想而知。金宣宗被忽斜虎的壮举感动不已，任命他为邳州（今江苏省邳州市）刺史。忽斜虎到任之后，为抵御蒙古兵，加固城墙，深挖护城河环卫四周，得以据城而守。

哀宗即位，遥授忽斜虎为同知归德府事、同签枢密院事，移镇徐州（今江苏省徐州市）。忽斜虎凭借黄河天险，加固城墙，以保一城百姓安宁。正大五年（1228），哀宗下诏，命忽斜虎负责关陕以南行元帅府事，以备小关（今陕西省潼关县东，北距旧潼关10里）及扇车回。1227年，成吉思汗病逝，他的继任者窝阔台试图攻打金朝的黄河防线潼关，东进河南。金朝廷抓紧在潼关（今陕西省渭南市潼关县北）、小关、蓝关（今西安市蓝田县城南）、卫州（今河南省卫辉市）等地加强布防，以抵御蒙古军的进攻。忽斜虎这次负责关陕以南地区的军事，就是出于这个原因。忽斜虎到任以后，在交接工作期间，前任主帅奥屯阿里不备酒款待忽斜虎，恰在此时，北兵已经攻破小关，奥屯阿里不被弹劾，按罪当死。忽斜虎上书哀宗："北兵越过关隘之际，符印已经交接完毕，如果要治罪也是治我的罪，我愿意受死。"哀宗佩服忽斜虎的义气，赦免了奥屯阿里不的死罪。

天兴元年（1232）九月，忽斜虎拜工部尚书、参知政事，行尚书省事于陕州。南京已经被蒙古军包围，哀宗以密信向诸道征

第五章　板荡识诚臣：死于社稷的忠良

兵入援，各行省院帅府因自身难保，无力出兵，大都在左右观望，有的好不容易凑出一支军队，可在前往南京的路上遭到蒙古军的袭击，无法前进。而忽斜虎率孤军千人，穿过秦州、蓝州、商州、邓州等地，粮食没了，就采摘果菜为食，历经九死一生到达南京。可刚到京城，就听说皇帝要出城东狩，他来不及回家看望住在京城阔别五年的妻儿，径直去见哀宗。当得知哀宗欲北渡黄河、由卫州北上的打算之后，忽斜虎大吃一惊，极力劝阻说："北兵在河南，而您却要去那么远的河北，万一不成功，还能返回来吗？国之存亡，在此一举，臣曾跟您无数次地建议，秦（今甘肃省天水市秦州区）、巩（治今甘肃省定西市陇西县）之地，山高路险、粮草丰足，应该出兵攻占，然后进取兴元，经略巴蜀，这才是万全之策呀！"显然，忽斜虎不赞同哀宗的北逃路线，他认为应该借道宋境，然后进入巴蜀，凭借天险自守。可金哀宗已经下定决心，不容更改了，但被忽斜虎不远万里前来救驾的行为所感动，拜忽斜虎为尚书省右丞、兼枢密副使，随其一起北行。

金哀宗迁到归德（今河南省商丘市）以后，忽斜虎被派往徐州。不久哀宗又召其回赴归德，当时蒲察官奴囚禁哀宗，旁人劝他不要去，万一有诈，岂不白白送了性命？忽斜虎说："皇上的命令就是父亲的命令，岂能要辨别真假，即使是龙潭虎穴也要去！"等到了之后发现，果然是蒲察官奴的计谋。除掉了蒲察官奴之后，忽斜虎陪哀宗迁到蔡州。当时蔡州城内官员衙署等设施都不完备，各部门人员大大短缺，忽斜虎就统领省院，身兼数职，事无巨细，凡事都要亲力而为之，选士括马，缮治甲兵，无时无刻不在为西行做准备。不过哀宗刚刚安顿好，就开始贪图享乐，想打造自己的宫殿，还是有赖于忽斜虎阻止了哀宗的行动。

天兴三年（1234），蒙古军队包围蔡州。城破以后，哀宗让位给完颜承麟，自缢于幽兰轩。忽斜虎率最后的1000多名金兵与蒙古军巷战，终于不支，边杀边退。得知金哀宗自缢的消息，他带领500多人毅然决然地跳入汝水，以身殉国。国祚近120年的金朝，在蒙宋联军的进攻下灭亡了。忽斜虎之妻也自杀身亡。

五、誓死不降张天纲

张天纲，字正卿，霸州益津（今河北省廊坊市霸州市）人。卫绍王至宁元年（1213）考中词赋进士。张天纲出仕的时候，正值蒙古军大举南侵，卫绍王和宣宗两朝不仅不能有效抵抗蒙古军进攻，还不断树敌，破坏金夏联盟，与宋绝交，接连用兵西夏和

第五章　板荡识诚臣：死于社稷的忠良

南宋，导致国内大乱、国力衰退。张天纲在咸宁、陕西临潼县任县令，为人宽厚端直、志虑忠纯、办事认真，能够体察民情，深受当地百姓的拥戴。因为政绩突出，张天纲被提拔到中央政府任尚书省令史。不久，又调都察院任御史，张天纲在任上尽职尽责，直言敢谏，很得哀宗皇帝器重，被提拔为户部郎中、权左右司员外郎。京城被蒙古军包围以后，哀宗被迫出走，到达归德，迁张天纲为礼部侍郎。在归德期间，忠孝军蒲察官奴杀了守将石盏女鲁欢，独揽大权，拜为参知政事，张天纲屡次向哀宗进言蒲察官奴欲谋反，要对其有所提防，可哀宗不听，后蒲察官奴囚禁哀宗于照碧堂，金哀宗每天悲泣："自古无不亡之国、不死之君，但恨我不知用人，故为此奴所囚。"等除掉蒲察官奴之后，擢升张天纲为参知政事。天兴二年（1233），张天纲陪同哀宗前往蔡州避难。

到达蔡州以后，哀宗君臣困难重重，举步维艰，最重要的是面临如何抵抗蒙古大军的难题。众官员绞尽脑汁，设想退敌之策。扶沟县招抚司知事刘昌祖向哀宗建议出兵伐宋，他上疏阐明道理：之所以对宋用兵，一来，官军在前，饥民在后，可以把饥民引到宋地，既解决了饥民粮食问题，又可免去政府的赈灾费用；二来，我们趁机占领江、淮，向西直入巴、蜀，以天险据蒙

金朝覆灭：北宋悲剧的重演

古大军，解决目前的困境。金哀宗看后有些心动，命张天纲详细询问具体事宜，张天纲认为此方案不妥，于是作罢。有一次，蔡州军粮不济，有一全真道士乌古论先生者献计说："我有一神术，可让将士们练气功，练好气功可以不吃粮食。"右丞相忽斜虎（完颜仲德）明知他是一派胡言，但又认为，蒙古军一向信奉巫术，说不定还真能骗过他们，获得成功。金哀宗也将信将疑，张天纲极力辩驳说："此乃妖术，目的是骗人骗钱。国家应以正人正术，如信妖法，国不战则亡。"后经查核，此妖道果然贯以骗人。金哀宗叹曰："如果不是张天纲，差点被此人蒙骗。"还有一次，一个叫石抹虎儿的军吏求见忽斜虎，自称有退敌的奇计，拿出马面具，其形状像狮子而面目狰狞，另外用青麻布作为马的足、尾，并解释说："北兵打仗都是仰仗着骑兵，要想打败蒙古军，应先制服他们的马。我们训练一队骑兵，在马的头上戴上狮虎面具，在马脚和马尾上扎上黑色的麻布，脖颈系上大铜铃铛。我军先进战，然后后退，蒙古军必定派骑兵来追，这时放出带有面具的马军迎头冲锋，蒙古骑兵的马必被惊吓而慌乱逃奔，我步兵反身再冲锋，必能获大胜。此正如齐国田单用火牛阵破燕军之法。"忽斜虎欲行此法，与张天纲相商，张天纲无奈地说："目前彼众我寡，此法纵然可以一时有效，下次蒙古骑兵来了，怎么能

第五章 板荡识诚臣：死于社稷的忠良

保证成功呢？费时费工，得不偿失，还成为对方的笑柄。"

蔡州沦陷，张天纲被宋军俘获，装上囚车押解到南宋都城临安（今浙江省杭州市）。临安知府薛琼嘲笑说："你一个汉人，却给金人卖命，如今有何面目为人？"张天纲听罢毫不示弱："我生于金国，官于金国，忠于金国。国家的兴亡哪个朝代没有？可我皇帝死于社稷，比起你们的徽宗和钦宗，亡国被拘，则更加壮烈！"薛琼听后大怒，大声呵斥："拉出去打！"第二天，薛琼如实向宋理宗禀告，宋理宗命人将张天纲押到自己面前问："你张天纲真的不怕死吗？"张天纲却说："大丈夫怕死就是不忠，我何畏之有，还请速速杀了我，以保全我的名节！"宋理宗感其忠君之言，意欲收服为己用，让张天纲书写供状，命其在供状中把金朝皇帝写为"虏主"。张天纲说："要杀便杀，还写什么供状！"负责审讯的人见他毫不屈服，就任凭他写。张天纲写的时候，一直都是称金哀宗为"故主"，读者都被他的重情重义所感动。

以上金朝官员，他们或文或武，职位有高有低，有女真人，也有汉人，他们只是金朝晚期众多忠义之士中的一部分。其实，在金朝抵御蒙古，交恶宋夏的战场上，有无数为金朝流血甚至捐躯的将士。在中都沦陷后，辞谒家庙、仰药而死的完颜承晖；三

金朝覆灭：北宋悲剧的重演

峰山战败后被困于钧州城、拒绝蒙古军诱降、三拜南京、自缢而死的杨沃衍。还有蔡州城内与哀宗一同殉难的将士们，哀宗自缢于幽兰轩，宋珪、焦春和等皆从死，作战到最后一刻的完颜承麟，为哀宗收尸的近侍完颜绛山，投水而死的几百名将士。被宋军关押的毕资伦，拒绝宋军的诱降，听说哀宗自杀，跳水殉国。在这些金朝的忠臣义士中，既有女真人，也有契丹人、汉人、渤海人，既有宗室贵胄，也有普通将士。有的死得轰轰烈烈、青史留名；有的死得宛如尘埃、名不见经传。但无论哪种，金朝君臣勇赴国难的行为，都已成为金朝历史上一道永恒的光辉。

第六章

国破山河在：传承文脉的士人

清代历史学家赵翼在《题遗山诗》中说道："国家不幸诗家幸，赋到沧桑句便工。"用这句话形容金朝末年的士人群体再恰当不过了。金哀宗天兴元年（1232）正月，金蒙双方主力在钧州三峰山展开决战，经此一役，金军精锐尽失，再也无法与蒙古军队抗衡。次年（1233）四月，南京失守，哀宗出逃，蒙古军尽占河南州县和南京城以后，大肆掳掠人口，驱之北返，被俘虏者不可胜计；同时，聚集在河南地区的一些亡金官员和大量难民为逃避战乱也北渡黄河，因这次大规模的移民迁徙发生在壬辰年，史

金朝覆灭：北宋悲剧的重演

称"壬辰北渡"。在不计其数的北渡移民当中，大量金朝士人夹杂其中，他们承受无尽的战乱之苦，颠沛流离，在战乱和北渡途中多死于兵乱、疾病，少数侥幸存活下来以后，却处于悲惨尴尬的境遇之中，既要保全性命，又要不失气节，他们四处流徙，历尽坎坷，用自己的方式祭奠前朝的同时，逐渐地认同新国。有的士人为了生存委身于北方汉人世侯，如王若虚、元好问、李治、白华、曹居一、刘伯熙、段继昌、徒单公履、王恽、王鹗、郝经等士人投靠了真定史天泽与保定张柔等河北世侯，河北地区成了他们休养生息、讲学读书的一方乐土。北方世侯提供的相对稳定的和平环境，为其进行文化创作提供了保障，在乱世中，河北地区的文化繁荣成为金源文化在异代延续发展的一个重要体现。有的士人被推荐给忽必烈，成了朝中官员，如张德辉、杨果等人。当然也有忠金死节者，如周昂、李著等。史氏和张氏等北方世侯在保持发展的基础上积极恢复当地的文教，使河北广大地区成了一个文人会聚的中心。

一、经学大家王若虚

王若虚（1174—1243），藁城（今河北省石家庄市藁城区）

第六章 国破山河在：传承文脉的士人

人，字从之，号慵夫，晚年自称滹南遗老，著有《滹南遗老集》。金章宗承安二年（1197），王若虚进经义进士甲科，官鄜州录事，历管城、门山二县令，任职期间，勤政为民，兢兢业业，颇有政绩，深受百姓爱戴。后陆续担任国史编修、著作佐郎、左司谏议大夫、翰林直学士，掌制诰。王若虚是金代著名的文学家、史学家、儒学家，是金代经学成就的最高代表。

王若虚早年拜他的舅舅周昂和古文家刘中为师，跟随他们学习经史。周昂是金世宗大定时期（1161—1189）的进士，学术纯正、文笔高雅，当时很多儒生学士都以师尊之。刘中是金章宗明昌五年（1194）词赋经义进士，他的诗清丽可喜，赋得楚辞的句法，文有"韩、柳"（韩愈和柳宗元）的典雅，而时人学古文者都称其为刘先生。有这样的老师传道解惑，王若虚很早就已经闻名于士人群体了。待到朝廷为官，与赵秉文、李纯甫、元好问、雷渊、刘祁等都是圈中好友。卫绍王大安三年（1211），蒙古入侵，生灵涂炭，金朝大半国土丧失，尤其宣宗南渡之后，金朝政治更加衰败。哀宗东狩，南京城被围，国难当头，使得士大夫们多了一些共患难的默契，在今后的生活中他们关系更加密切。被蒙古军押解到北方之后，王若虚的战俘生活似乎与他所取得的成就相比不值一提，后人关注他的主要原因是他在经史领域的丰硕成果。而这些成果的取得，都端赖于他结束战俘生活之后，投奔真定史氏，在史天泽的庇佑下安稳度过的10年，在此期间王若虚还为保定张柔撰写《顺天路军民万户张公勋德碑》。

王若虚的史学思想代表了金代史学领域的最高成就，体现在他所著的《史记辨惑》《诸史辨惑》《新唐书辨》《君事实辨》《臣事实辨》等史学论辩文章。王若虚在史学思想、历史编纂学和历史史料学方面继承了唐代刘知幾和北宋史学疑古考辨的史学思想，还抛弃了他们的陋习，弥补了他们的缺陷，是金代史学的批判者和总结者。他还批判程颐和范祖禹等义理派史学家穿凿附会的虚谈高论，主张秉笔直书，记录历史要实录，对于任何史料都不可轻信，必须进行考证，探其源、推其委。他还主张史书的撰写要以让读者读明白为目的，不能只顾及"简"，而不顾史实全备和叙述清楚。王若虚的出现，给金代史学留下了最后却又最光彩的一笔。在王若虚之后，元好问、刘祁、王鹗等史学家相继出现，他们遵循务求其真、不计繁简、保存史实的原则，记录了很多有价值的历史文字。

王若虚又是金代经学的集大成者。所谓经学，是指为经书作注的学问，有人认为经书专指孔子的著述，也有人认为官方指定的儒家经典都可称为"经"。王若虚著有《五经辨惑》，现存《论

第六章 国破山河在：传承文脉的士人

语辨惑》《孟子辨惑》。他批判北宋理学，在《道学发源序》中批判理学是空谈而不能为世所用。他还在《论语辨惑序》中批判北宋理学家违背中庸之道，注解经典，使圣人的真实思想无法显著当世。王若虚在解经中一直遵守的原则，就是所论皆有所本，从不为求标新立异而妄议，凡有所论必依经立意，务求真实。王若虚重视五经，对史传多有批评，但是他并不完全否定传记的存在价值，主张重经而不废传。王若虚解经的一个重要特征是广泛征引诸家之说，形成自己经学的特色。

公元1243年的夏天，刘祁因事到东平（今山东省泰安市东平县），顺便看望住在真定的王若虚。刘祁在与王若虚闲聊时了解到，王若虚已经70岁，却因未登过泰山而深感遗憾。为了弥补王若虚的遗憾，刘祁就把此事说与东平县行台万户严忠济。严忠济久闻王若虚的大名，如果他能把王若虚请来登游泰山，那是何等光荣的事情。于是严忠济专门派出车马，远赴700里外的真定，接来王若虚、王恕父子，在幕府从事刘诩陪伴下游览了泰山。众人时走时停，一边感受泰山的雄伟瑰丽，一边饶有兴致地谈论古今。行程近半，他们边说边笑，走走停停之间，来到了黄岘峰招兵岭的萃美亭，大家坐在一块巨石上休息。王若虚对随游者说："生活在乱世，不想晚年能到神仙景致的泰山一游，即便是在此山离世，也算是一生的造化了。"说完，王若虚让刘诩先回山下做些安排，又让儿子王恕再去前面探探山路，自己则坐在大石上稍事休息。等到大家回来找王若虚时，王若虚在巨石上已经溘然仙逝。消息传开，时任元朝中书省丞相的耶律铸得知王若虚去世的消息后，悲痛地写下《吊王丈从之终于泰山》一诗：

月摇沧海鱼龙泣，风荡荒烟草木号。
自是清名埋不得，巍巍千古泰山高。

二、一代文宗元好问

元好问（1190—1257），字裕之，号遗山，世称遗山先生，太原秀容（今山西省忻州市）人。元好问是金源士人群体中的杰出代表，也是金末元初文坛的领袖人物，被称为"一代文宗"。"问世间情为何物，直教生死相许"，这句流传千古的佳句就是出自元好问的手笔。元好问博学多才，著作宏富，著有《遗山先生全集》（由其故友完成，收录有元好问的诗、文，现存多种版本）、《遗山乐府》5卷、《续夷坚志》4卷、《壬辰杂编》，辑《中

第六章 国破山河在：传承文脉的士人

州集》10卷、《唐诗鼓吹》10卷等。流传至今的诗、词、曲多达1760余首，散文和小说多达450余篇。对后世文坛和史坛产生了广泛而深远的影响。

作为文史学坛巨匠，元好问所学涉及儒、道、佛、医等众多门类，尤其是他的诗歌创作和史料撰述，享誉金元、影响巨大，为后世留下了宝贵的精神财富。元好问亲身经历了金朝从衰落到灭国的种种过往，其一生都在颠沛流离中度过，他的足迹遍布齐、鲁、晋、豫、陇、蒙、陕等广大地区，所以，他的作品饱经沧桑，是其用毕生心血浇筑而成。元好问的幼年正值章宗统治时期，社会相对安定。他7岁能写诗，人称神童，先后从当时著名文章大家路择、郝晋卿学习，博通经史、淹贯百家。正所谓"天将降大任于斯人也，必先苦其心志"，命运仿佛与元好问开起了玩笑，他16岁开始参加科举考试，考了5次，每次皆名落孙山。正当他科考失意时，蒙古大军打到了他的家乡，蒙古军攻入城后，大肆屠杀百姓，10万生灵惨死在蒙古军的屠刀之下，他的哥哥元好古也命丧其中，这使他感到更加沮丧和迷茫。为躲避战乱，元好问举家迁往河南福昌，后转徙登封。虽然考试屡次失败，但他通过应试的机会，与朝中名人儒士如赵秉文、杨云翼、雷渊、李晏等结交相识，深得时人赞赏，其文章名震京师，被誉

金朝覆灭：北宋悲剧的重演

为"元才子"。

金哀宗正大元年（1224），经赵秉文等人的举荐，元好问才以宏词科登第，此时他已经35岁了，早已过而立之年的元好问才正式被任命为权国史院编修，留官京城，后又任河南镇平县令、河南内乡县令和南阳县令。天兴二年（1233），蒙古兵围南京，金哀宗逃出京城，兵败卫州后逃往归德府。元好问被围城中，他似乎已经预料到将要发生的一切，早在南京城破之前就毅然书写《癸巳岁寄中书耶律公书》给大蒙古国中书令耶律楚材，恳请他保全54位中原秀士并酌加任用。金亡以后，45岁的元好问沦为亡国遗臣，他作为俘虏被押往山东，沿途所见尽是血水残肢。蒙古军叫嚣着挥动皮鞭，狠狠抽打体力不支的掉队金朝官员。元好问与家人辗转聊城等地，其间还救助了昔日好友白华的儿子白朴。三年后，金国俘虏被集体遣散，元好问准备返回太原老家，但听说白华在真定府的消息之后，他便改变路线，决定先送白朴回家。元好问归隐真定以后，与张德辉、李治（即李冶）等人在此讲学创作。在三人的影响下，真定地区逐渐成为河朔一带的教育文化中心。元好问能够在真定安下心来教书立说，多端赖于李治创办的封龙书院。公元1251年，李治在真定封龙山建封龙书院，邀请元好问、张德辉前来讲学，号称"封龙三老"。他们在此研习讲学、

第六章　国破山河在：传承文脉的士人

探讨学问、讨论创作，吸引大批士人前来，封龙书院逐渐形成以李治、元好问、张德辉为核心的学术文化中心，整个真定俨然成为河北地区士人心之向往的地方。元好问人生最后的8年在真定度过，其代表作《中州集》也是在真定完成的，他的文化影响力深刻影响了河北地区文坛甚至整个元初文坛。

纵观元好问的一生，其生于官宦之家、衣食无忧，少年从学大家、博通经史，青年沉浮仕宦、官途坎坷，中年遭遇亡国、沦为囚徒，晚年远离政治、著书讲学。正是这些过往，让他百感交集、思绪万千。他远离世间纷扰，花费10年时光，将满腹诗书转化为卷卷著作。在他的作品当中，有与好友把酒言欢的美好追忆，也有不堪回首的岁月忧伤，饱含着一位前朝遗老对故国往昔的深切怀念，对人事悲欢的洞彻感悟，他的作品化神奇为不朽、千古流芳。在他的作品中，最动人心魄的是他创作的百余首丧乱诗，元好问生活在金蒙大战的动荡岁月，亲历战争离乱之苦，目睹城市被毁，生灵涂炭，以其亲身体验和创伤愁苦创作了大量反映金朝灭亡前后的社会状况及战争带给人民灾难的丧乱诗。这些丧乱诗使我们对蒙古灭亡金朝的历史有了更加深刻的理解。

金哀宗天兴元年（1232），金朝遭遇了金蒙开战以来的毁灭性打击。金蒙双方大战于三峰山，金军主力全军覆没，金朝首都

金朝覆灭：北宋悲剧的重演

南京被蒙古大军包围，如待宰的羔羊，在求和无果的情况下，金哀宗被迫东狩。留守首都的官民如堕深渊，度日如年，朝不保夕，日日盼望哀宗东征捷音。京城在蒙古军的包围中被死亡的气氛笼罩着。就在这一时期，元好问创作了《壬辰十二月车驾东狩后即事》5首，表达了哀宗出走后，他忧国忧民、报国无门以及无力自保的无助与哀伤之情。"后"字标志着一个被皇帝抛弃的国都危在旦夕，只能在绝望中等待最后的破灭。"惨淡龙蛇日斗争，干戈直欲尽生灵。高原水出山河改，战地风来草木腥。精卫有冤填瀚海，包胥无泪哭秦庭。并州豪杰今谁在，莫拟分军下井陉。"面临着国破家亡的危难，元好问纵使有"精卫填海""包胥哭秦"般救国扶危的一片真心，怎奈自己一介书生，虽有报国之志，却无报国之门，内心无比伤痛。他只能寄希望于并州的各支武装，如当年晋出帝蒙难之际，并州豪杰刘知远急难勤王一样，挽救金朝于水火。

哀宗以东狩为名逃离出京，以完颜奴申和完颜习捏阿不为枢密副使、参知政事，留守京师。二人在内无粮草、外无救兵的情况下，只能闭门自守。京城内物价飞涨，饥民无数，甚至出现人吃人的惨状。金哀宗天兴二年（1233）四月，京城西面元帅崔立杀死守将，向蒙古军献城投降。四月十八日，崔立将梁王从恪、

第六章 国破山河在：传承文脉的士人

荆王守纯及诸宗室男女500余人押送至京城附近的青城，送给驻守在青城的蒙古军。元好问跟其他金廷旧臣一起被驱赶到青城，几日后（五月初三）北渡黄河，被羁管于聊城。出京时，元好问写了《癸巳四月二十九日出京》一诗，记录了这个惨痛而哀伤的时刻。"塞外初捐宴赐金，当时南牧已駸駸。只知灞上真儿戏，谁谓神州遂陆沉。华表鹤来应有语，铜盘人去亦何心。兴亡谁识天公意，留着青城阅古今。"这首诗充满了亡国之痛，更夹杂着元好问对亡国之因的深刻反思和讽刺。作者满怀愤怒和羞愧，揭露金朝统治者只顾朝廷享乐而忽视了边防军备，导致金朝亡国在即，留给金人的只有当年"靖康之耻"的重演。"留着青城阅古今"，当年金灭北宋时金军驻扎在青城，北宋徽、钦二帝在青城降金；而今蒙古军灭金，同样的悲剧再一次在青城上演。时间的车轮滚滚向前，历史的轮回竟如此的讽刺，诗人借此以讽刺金朝的无能与腐化，与北宋徽、钦二帝又有何分别？只是重蹈了北宋的覆辙，真是天大的讽刺和悲哀。而此时元好问心中的亡国之痛又岂是这一二言语可以道尽？

蒙古军攻陷南京城以后，在河南和南京城大肆掳掠人口，驱之北返，被俘虏者不可胜计。《癸巳五月三日北渡》3首就是元好问在农历五月初三北渡黄河时所创作。"道旁僵卧满累囚，过去

金朝覆灭：北宋悲剧的重演

辎车似水流。红粉哭随回鹘马，为谁一步一回头。"诗中描述了战争给人民带来的深重灾难。道路两旁密密麻麻地僵卧着俘虏，都是被驱赶北上的金朝百姓，一望无际，哀鸿遍野；毡车一辆接着一辆，如流水般地向北驶去。而坐在毡车里的是蒙古军从城里抢劫来的无数女子。她们绝望地哭喊着，回头望着她们的故乡，可还是被蒙古军无情地押送上车，驶向无边的"地狱"，等待她们的是任人蹂躏、践踏。《癸巳五月三日北渡》的第二首诗为："随营木佛贱于柴，大乐编钟满市排。虏掠几何君莫问，大船浑载汴京来。"烧杀抢掠成性的蒙古军，只把人口和金银珠宝当作掠夺的财产，却不知佛教在中原人心目中的地位，一路驻扎休息的寺庙成了他们制造佛难的对象，一尊尊万人敬仰的佛像成了他们烧火做饭的木柴，国家用来举行礼乐大典所用的编钟被当作货物贱卖。可这与蒙古军从京城掠夺的财物比起来简直就是冰山一角，看那一艘艘满载而归的大船，就可想而知了。蒙古军的行为是掠夺、是暴行，激发着人们对侵略者的憎恨。第三首《癸巳五月三日北渡》诗为："白骨纵横似乱麻，几年桑梓变龙沙。只知河朔生灵尽，破屋疏烟却数家。"北渡途中，战争导致的"白骨露于野，千里无鸡鸣"的萧条和冷落，元好问尽收眼底，满腔悲愤无处宣泄，只能用文字表达他的忧伤。白骨、荒沙、破屋、疏

第六章 国破山河在：传承文脉的士人

烟几个词语生动描绘了一幅被多年战乱毁灭的家园景象：桑梓繁茂的家园变成了一片片荒漠焦土，白骨纵横如麻，一两处断壁残垣冒出几缕轻烟，透露着荒凉、残破、恐怖，令人触目惊心。

"国家不幸诗家幸，赋到沧桑句便工"，正如赵翼所言，金朝末年，不可一世的大金朝在蒙古大军的打击下，军队一溃千里，政权土崩瓦解，可在文坛上却人才辈出，进入了金朝开国以来的极盛时期。今天，通过元好问创作的丧乱诗，我们能够切身实地地感受金蒙战争给百姓带来的巨大灾难和痛苦，而这些是在《金史》《元史》等史书平铺叙事中无法读到、更无法体会的，因为这是元好问亲身经历的苦痛，这些诗与其说是他的作品，还不如说是他的经历。

三、女真文人徒单公履

徒单公履，是金元之际文学成就最高的女真作家之一，但其生平履历并不清晰。不但《金史》对其只字不提，就连《元史》也并未为其立传，《全元文》作者名录也没有他的名字。徒单公履存世作品也非常少，仅在《全元诗》中收录其一首诗，《全元文》中收录两篇公文，还列在了忽必烈的名下，据研究，目前所

金朝覆灭：北宋悲剧的重演

见徒单公履的存世文章共有9篇。但是徒单公履却是金亡以后仕元女真人中官职最高的一位，他仕元至翰林侍讲学士，从三品，为元初一些制度的草创做出了一定的贡献，元初名臣王恽和雷膺等都曾受学于他。而徒单公履的文学作品代表了金元之际女真文人的最高成就，在中国文学史上具有较为重要的意义。

元人王恽的《碑阴先友记》记载了徒单公履的字号和籍贯等信息，徒单公履，字云甫，号颐轩，辽海人，金朝末年经义科进士，其学问贯通古今，善持论，性纯孝。王恽在《寿徒单颐轩》诗中这样描述徒单公履："纵横苏氏学，英特贾生伦。盛德应如此，文章固有神。"是说徒单公履不但精通苏轼之诗文，还具有贾谊的才学，再加之个人的良好品德，其文章自然是妙笔传神。据学者研究，金亡以后，徒单公履一度隐居，大概寓居于河北一带，与王若虚、元好问、李治（李冶）、白华等金元名士一样投靠了史天泽。宪宗二年（1252），河北真定史天泽的部下王昌龄担任卫州主事时，徒单公履前去投靠，王昌龄请他在卫州任教。王恽在《寿徒单颐轩》诗中记述自己跟随徒单公履读书的感受：徒单公满腹经纶，讲学中透出其博学高才，而王恽则感觉自己才智平庸，却受到如《庄子·徐无鬼》中郢人运斤一样的高超教诲。徒单公履长期在卫州授学，为卫州教育事业的复兴做出了重要的

第六章 国破山河在：传承文脉的士人

贡献。

中统元年（1260），蒙古政权成立翰林国史院，急需人才，徒单公履被同为金朝遗老的王鹗引荐给忽必烈，授翰林待制，一同被引荐的还有李冶、李昶、王磐、徐世隆、郝经、高鸣、杨恕、孟攀鳞、王恽、雷膺等人。至元二年（1265），徒单公履入京后，与姚枢、王磐等翰林人士一起为忽必烈即位之初的朝廷建言献策，包括朝廷礼仪的设置、恢复科举、伐宋、举荐国子监人选、阻止行钞法和盐法等方面。至元八年（1271），徒单公履被升任为翰林侍讲学士，当年十一月，忽必烈建国号"大元"，而《建国号诏》就出自徒单公履之笔，所谓"可建国号曰'大元'，盖取《易经》'乾元'之义"。

徒单公履留下来的作品并不多，据学者研究整理，目前可见徒单公履存世文章共9篇，分别为2篇公文、1篇题跋、4篇碑志、2通书信。2篇公文和1篇题跋收录于苏天爵所编的《元文类》，题目分别为《建国号诏》《皇太子册文》和《书张侯言行录后》，《全元文》将2篇公文收录于元世祖忽必烈名下，与《元文类》所收文章略有异文。4篇碑志分别是为刘秉忠所撰的《故光禄大夫太保刘公墓志铭》（收录于《四库全书》本《藏春集》）、为全真道士潘德冲（字冲和）所撰的《冲和真人潘公碑》（收录于元人李道谦所辑道家文献《甘水仙源录》卷五,《长春道教源流》卷一、卷六著录）、为太一教掌教萧道熙所作《太一二代度师赠嗣教重明真人萧公墓碑铭》（收于《道家金石略》金元卷）、为张子良所作的《大元故昭勇大将军大名路总管兼府尹张公神道碑铭并序》（北京大学图书馆藏碑文拓片）。2通书信是写给同为由金入元的士人吕子谦（吕逊）（收于元人吴弘道所编《中州启札》卷三）。此外，传世可见的还有1首徒单公履所作的诗，即《春日杂咏》，收录在苏天爵的《元文类》里面。诗云："东风帘幕半尘埃，歌舞台空昼不开。试问双飞新燕子，今年社日为谁来？"诗中的帘幕、歌台承载着作者对盛世的追忆，尘埃、试问双飞燕等词句则表达了作者对战后的萧条落寞、繁华不再的感伤。

四、李冶和封龙书院

李冶（1192—1279），原名李治，字仁卿，自号敬斋，真定栾城（今河北省石家庄市栾城区）人。李冶能够与王若虚、元好问等当时大儒齐名，不是因为他的文史成就，而是他的数学成就和他创办的封龙书院。

李冶出生的时候，金朝已经逐渐由盛而衰，卫绍王统治时

第六章 国破山河在：传承文脉的士人

期，蒙古入侵加剧了国家的危机。李冶父亲李遹在大兴府尹胡沙虎手下任推官，胡沙虎专横跋扈欺压同僚、祸害百姓，李遹不愿与胡沙虎同流合污，但为了防备不测，便把一家老小送回故乡栾城。这时李冶正值童年，他没有随家人回乡，而独自到栾城的邻县元氏县求学去了。少年时期李冶就显示出超常的见识，在他看来，积财千万不如一技在身，他对文学、史学、数学、经学都感兴趣。宣宗迁都南京，黄河以北广大土地几乎都遭受到蒙古军的侵袭，而河南相对比较安全，李遹被逼辞官以后便隐居于河南禹县。李冶也从河北来到河南，与同到河南避难的好友元好问一起外出求学，拜文学大家赵秉文、杨云翼为师，与众多士人名流交往，不久便名声在外。金正大七年（1230），李冶中辞赋科进士，那年他已经38岁了，被任命为高陵（今陕西省西安市高陵区）主簿，但因蒙古军队已经攻入陕西而没能赴任。接着李冶又被调往阳翟附近的钧州（今河南省禹州市）任知事。金开兴元年（1232），金军三峰山惨败，蒙古军队攻破钧州。李冶不愿投降，走上了漫长而艰苦的流亡之路。李冶北渡后流落于山西的忻县、崞县之间，过着饥寒交迫的生活。金亡以后，居于崞山（今山西省原平市）的桐川，开始了他将近50年的著书立说生涯，其涉猎广泛，包括数学、文学、历史、天文、哲学、医学等领域，而

金朝覆灭：北宋悲剧的重演

其取得的数学成就影响最大。

李冶在桐川过着朝不保夕、食不果腹的生活，一边为解决温饱四处奔波，一边身居陋室忘我治学。终于在1248年完成了他的第一部数学著作，也是中国第一部系统阐述天元术的著作《测圆海镜》。所谓天元术，即利用未知数列方程的一般方法。《测圆海镜》一书利用天元术解勾股形，已知十三勾股形的两条准基线而求全部准基线，在传统的研究基础上将勾股形研究推进到一个新的层次，书中还给出很多定理表。在《识别杂记》里有完整的定义，归结出合适的公理，推导出丰富多彩的定理，它建立了一个很好的公理系统，为我国数学方法的运算开创了一条公理推演的新路，在中国数学思想发展史中占有重要的地位。

1251年，李冶离开山西投奔河北真定的史天泽，回到真定元氏县定居，从此结束了流亡生活。前面谈到王若虚和元好问都得到史天泽的照顾，那么被亡金儒士投靠的史天泽为什么会有如此实力能够保得一方平安，并使其成为乱世中的一方净土呢？史天泽原为大兴永清（今河北省廊坊市永清县）人，出身于地方豪强之家，幼年时跟随父兄归顺蒙古，一生戎马倥偬，为蒙古政权的统一大业立下了赫赫战功。史天泽自十几岁起就作为蒙古河北西路帐前军总领镇守真定。金哀宗正大六年（1229），其兄史天倪

第六章 国破山河在：传承文脉的士人

被金将武仙杀害以后，史天泽继任兵马大元帅，驱逐武仙、收复真定，被封为真定、河间、大名、济南、东平五路万户，开府于真定。史天泽统治真定期间，保境安民、休养生息，使真定成为河北地区的一方乐土。史天泽还招抚流亡士人，为"壬辰北渡"而来的金朝流亡士人提供庇护之所，并给予优待，充分发挥士人们的才能。他本人也非常喜欢历史、爱好文学，尤其喜欢读《资治通鉴》，"鉴于往事，有资于治道"，史天泽通过阅读历代统治之得失，为其统治真定乃至在元朝出将入相50年汲取经验。因其知才善用，很多士人成为史天泽的幕僚，甚至有的被他推荐给蒙古皇帝。在他的感召下，士人们纷纷慕名前来，真定聚集了一大批儒学大家，在真定著书立说讲学，使真定成为金末元初河朔地区文化教育中心。在这些大家当中，李冶就是重要代表之一。

一日，李冶来到元氏县的封龙山，考察了北宋文学家李昉所建的龙山书院旧址。一位老乡指着前面的封龙山对李冶说："书院已经没有了，但李昉的读书堂故址还在，兴兵以来，此处已经荒废很久了，先生如果能在此重建书院，读书讲学，岂不是为我们做了一件天大的好事！"李冶心动，他年少时曾在元氏县求学，如今故地重游，已是江山易主，物是人非，不禁百感交集，想想曾经的翩翩少年如今已垂垂老矣，而国破家亡的忧伤和碌碌

金朝覆灭：北宋悲剧的重演

无为的落寞时时萦绕在他的心间。如果真能够在此重建书院，广纳学徒，把自己的学说发扬光大岂不是功在当代，利在千秋吗？于是在史天泽的帮助下，李冶重建了书院。书院建成以后，李冶力邀他的好友——著名文学家和史学家元好问、儒臣张德辉在封龙书院讲学，人称"龙山三老"。封龙书院因此声名远播，渐渐聚集数千学徒，朝暮讲诵不辍。李冶对于求学之人，不问出身、不限年龄，因材施教，以期达到"劝善明理"的教育目的。他还教导学生不要迷信古人，更不能迷信权威，要批判地继承和学习前人的知识和方法。在教学内容上，除了理学，李冶还把数学、天文学的讲授内容也纳入教学中，成为封龙书院的一大特色。书院培养了很多德才兼备、颇有成就的学生，如号称"元曲四大家"之一的白朴、元代著名戏曲作家李文蔚；还有汉人世侯史天泽的儿子史杠，官至行省左丞，曾在封龙书院读书作画；著名儒臣王思廉、王德渊、焦养直、张翼等，都曾在封龙书院学习，封龙书院的影响遍及全国。同时他们以"安社稷、救生灵"为己任，用自己的方式表达着济世救民的态度，积极倡导"以儒治国"的理念，深刻影响了元朝灭亡南宋以后统治中原的策略和思想。

元至元十六年（1279），李冶病逝于封龙书院，享年88岁。

第六章 国破山河在：传承文脉的士人

五、刘祁与崔立碑事

与前面三位士人相比，刘祁算是晚辈，然而，其在金末士人群体当中却占有十分重要的地位，其原因之一，就是他撰写的《归潜志》。金章宗泰和三年（1203），应州浑源（今山西省大同市浑源县）刘家生了一个男丁，这个男孩儿就是刘祁。浑源刘氏家族是书香门第、文学世家。刘氏家族先后有四世八人进士及第，世人赞之为"丛桂蟾窟"。刘祁的高祖刘㧑，号"南山翁"，金太宗天会元年（1123）的词赋进士，是金代著名学者、词学宗师，当时名士大夫多出其门下，被誉为"金百年文宗"。刘祁的父亲刘从益是金大安元年（1209）进士，金代著名文学家和理学家，他在政坛上以正直敢言著称，弹劾不避权贵，与著名文学家雷渊号称"刘雷"。刘从益官至监察御史，因得罪上司而被罢官，不久又被起用为叶县（今河南省平顶山市叶县）县令，后任应奉翰林文字。刘祁8岁的时候，从应州浑源老家跟随父亲刘从益到河南任职。刘祁自幼生长在良好的家庭环境当中，不但有深厚的家学渊源，父亲善恶分明的处世之道也深刻影响了他的价值观。刘祁自幼专心于学，聪慧过人，博览群书，不论是词章还是经

金朝覆灭：北宋悲剧的重演

史，无不涉猎。后来刘祁入太学学习，结交了当时的很多名士。刘祁20岁时参加南京的廷试，可惜没有成功，但在考试期间，认识了多位文坛领袖，他的诗文和才华深受李纯甫、赵秉文、杨云翼、雷渊、王若虚等人的赏识和推崇。

作为金末士人群体的一员，刘祁同样饱经战乱之苦。在金朝灭亡的前一年，刘祁携家北上，从河南、山东，渡过黄河，历经艰险，辗转2000多里，终于在1234年即金朝灭亡的那一年，回到阔别已久的家乡。他庆幸自己和家人都能平安回到故里，侥幸存活下来。而立之年的刘祁，经历了亡国之痛，在官场沉浮多年的他早已看透世路艰辛、人情冷暖，多少荣华富贵，最终都会灰飞烟灭。从此他甘作一介布衣，退隐乡山，潜心读书写作。在他的著作中，除了《归潜志》14卷，还有《神川遁士集》22卷、《处言》43卷，可惜后两部著作都已失传，只有《归潜志》为我们留下了宝贵的历史资料，不但可以帮助后人了解金蒙战争的历史，还可以欣赏到金末著名士人们的文采，并能够领略到刘祁本人的历史思想。

刘祁撰写《归潜志》的初衷，用他自己的话说，昔日所与交游皆一代伟人，今虽物故，其言论、谈笑，回想起来仿佛还在眼前，况且所闻所见可以劝诫规谏者，不能使这些淹没于历史的尘

第六章 国破山河在：传承文脉的士人

埃之中。《归潜志》一共14卷，内容主要包括三方面，一是记载了金朝一代名人的言行、事迹和文章词赋。二是关于史事的记录和评论，如金宣宗"贞祐南渡"以后的种种弊政和腐败现象，金开兴元年（1232）蒙古军包围南京、崔立叛变事件以及被逼为崔立立碑颂德的始末。三是刘祁本人的一些诗词作品和杂论。我们可以通过刘祁的《归潜志》了解很多鲜为人知的金代历史，尤其是金朝末年士人们为崔立撰写功德碑文之事。

《归潜志》第十二卷《录崔立碑事》，刘祁用一整章篇幅详细记录了崔立叛降蒙古、为非作歹、无恶不作，尤其是为了给自己歌功颂德，逼迫王若虚、元好问和刘祁等人为其撰写碑文的详细情况。这段历史，在《金史》所记《王若虚传》里也有记录，详细记载情况如下。

天兴元年（1232），蒙古军包围南京，哀宗弃京城逃往归德，京城被包围一年后，城内人心浮动，崔立趁机叛乱，杀参知政事完颜奴申、枢密副使完颜习捏阿不，立梁王完颜从恪为监国，叛降蒙古，崔立自称太师、军马都元帅、尚书令、郑王。翟奕等趋炎附势之徒为了巴结崔立，极尽讨好之能事，奉承崔立的投降避免了蒙古军屠城，拯救了全城百姓，请为立建功德碑。翟奕就以尚书省的名义命翰林直学士王若虚撰写碑文。当时翟奕一类人依仗权势，作威作福，如果有人冒犯他们，他们就会罗织罪名，向崔立进谗言加以陷害，并将冒犯者残忍杀害。

王若虚料定自己必死无疑，私下对左右司员外郎元好问说："现在他们让我作碑文，我要是不顺从就会被杀害，但要是作了就会身败名裂，名节尽毁，还不如一死了之。虽然如此，我还是想办法阻止他们。"

一日，翟奕等人又对王若虚谈及此事。

王若虚问翟奕等人说："丞相的功德碑应该写点什么呢？"

翟奕愤怒地答道："丞相以京城归顺大元，使全城上百万的百姓得以活命，这难道还不算功德吗？"

王若虚则说："学士的职责是代王立言，把撰写功德碑称作是代王立言，可以吗？况且丞相既然以京城归降，那么朝廷百官都是丞相门下的人，自古以来，岂有门下之人为主帅颂功德而为后人相信的？"

翟奕等人见王若虚态度坚决，于是就召太学生刘祁、麻革等赶到尚书省，元好问、张信之将立碑的事告诉他们，并且说："大家的意见是请你们二位撰写碑文，而且这件事已经报告给郑王（崔立）了，希望二位不要推辞。"

言外之意，这件事不是王若虚和元好问二人的决定，而是满

第六章 国破山河在：传承文脉的士人

朝文武大家共同的决定，熟谙儒家经典，深知伦理纲常、忠孝礼义的刘祁怎能不知道这件事的轻重，士大夫们在朝为官，注重名节，难道刘祁一介布衣就不重视名节吗？于是他毅然决然地拒绝了。又过了几天，不断有人前来催促，刘祁被迫草定了碑文，交给元好问，元好问看了后不中意，于是就自己撰写，碑文写成以后，交给王若虚看，几人共同删定几个字，只是简单叙述崔立投降蒙古事件的经过罢了。后来蒙古军入城，功德碑最终没有建立。

以上《金史·王若虚传》中关于此事的记载，仿佛已经把事情的原委说得很明白了，但后面王若虚委婉拒绝翟奕等人的请求后，刘祁、麻革就被召到尚书省，然后元好问、张信之按既定的方案实行，即劝说刘祁等人，与其说是好言劝说，还不如说是命令，因为是大家已经决定好了，这可不是普通的"大家"，而是尚书省官方决定，甚至带有威胁的味道，因为已经报与崔立了，如果不同意，有可能性命不保。这一过程中明显缺少很多具体的细节，比如王若虚拒绝后，元好问等人的活动，尚书省怎么商议的，在《王若虚传》里面以及其他一些史料里面都没有详细记载，或者含糊其词，这着实有一些为尊者讳的嫌疑。

庆幸的是，《归潜志》所记的《录崔立碑事》详细记载了事

金朝覆灭：北宋悲剧的重演

情的来龙去脉，保存了一些珍贵资料，较其他处闪烁其词的记述更具有客观性和可信性。我们可以通过它全面了解这一事件始末。下面将《录崔立碑事》的详细情况记录如下。

崔立发动叛变，叛降蒙古，献出了南京城，自以为救了一城百姓，便对自己任命的左司员外郎元好问说："你们什么时候为我立一碑，来记下我的功德？"

当时崔立手握一国权柄，掌生杀大权。每天，朝堂之上都有人因各种理由被杀，上下震悚，百官惶惶不可终日。如今崔立提出来要立碑，谁敢说个"不"字？于是乎在崔立阴险的威逼之下，大家被迫讨论给他立功德碑之事。

好多天以后，忽然尚书省派人到刘祁家，拿出尚书省礼房的一张小帖子，上面写道："首领官召赴礼房。"

刘祁觉得很惊讶，因为刘祁只是一介布衣，没有入仕当官，对于召他去所为何事，深感莫名。刘祁收拾了一下，便前往尚书省，到了尚书省门外，正好遇到同为太学生的麻革。刘祁就对麻革说出心中的困惑，麻革说出了其中原因："昨日，我见到尚书省的左司郎中张信之，听他说，要让我们给崔立作碑文。"

刘祁恍然大悟，与麻革一同进入尚书省的礼房，省掾曹益引见刘祁和麻革见到首领官张信之和元好问二人。他们对刘祁和麻

第六章　国破山河在：传承文脉的士人

革说："当今郑王以一人之力救下全城百姓，其功德实在应该得到颂扬，京城官民百姓想为郑王立碑颂德，经讨论决定，请你们二位作碑文，而且此事已经跟郑王汇报过了，你们二位可不要推辞。"

刘祁听了，竭力推辞道："我等只是一介布衣，没有撰写此文的理由和资格，于情于理都不符合要求，更何况，有学士院诸官员，翰林院那么多人，王从之（王若虚）、元裕之（元好问）等前辈都在，这类差事还轮不到我这一布衣的身上。"

元好问坚持道："此事众人已经讨论过了，且王从之也是知道的，你们不要再推辞了。"刘祁不信，于是径直到学士院找王若虚，要当面询问这位令他十分尊敬的前辈是否也这样认为，要让他作碑文。当时除了王若虚，修撰张子忠和应奉张元美也在学士院，刘祁再次向王若虚重申："作碑文是你们的职责所在，为什么非要找我们代写？"

王若虚解释说："如果令学士院官员撰写碑文，则表明这不是出于在京官吏、父老之心，但假如是布衣之作，才能体现出为郑王立碑是众望所归。恰好你没有当官，只是一介布衣，你是受官民嘱托作碑文，这样也不会有损你的声誉。"

此时刘祁才彻底醒悟，原来王若虚、元好问等人屈服于崔立的威势，被迫作碑文，但又不肯承担为乱臣贼子立碑颂功德的坏名声，于是为了保住自己的名节就嫁祸给太学生出身的刘祁等人。刘祁一生读书写作，不承想因此遭遇此祸，将自己比作西汉末年文学家、辞赋家杨子文，凭空遭人陷害，还不自知。饱读诗书的刘祁坚辞不受命，元好问等人一时也拿他没办法，就让刘祁回了家。

又过了几日，礼房又来催促，刘祁知道，这一难关是逃不过去了，于是就草草写了一稿交给元好问。过了两天，尚书省来人说朝中几位宰相要刘祁过去一趟，刘祁不得已动身前往。半路上遇到元好问，元好问又强行拉上麻革，三人一同来到尚书省，说今天省中请王若虚等人一同饮酒。看来是碑文写好，任务完成，官府出面要款待大家一番了。

席间，参政刘谦甫举着酒杯来到刘祁和麻革身边，高兴地说道："大王碑文一事，众人推荐二位，看来二位是有过人之处，现在碑文写好了，真是好事一桩啊。"

刘祁和麻革忙答道："不敢，不敢。"

过了一会儿，官府代表刘谦甫离开了，刘祁和王若虚等人一同喝酒。不知不觉，天快黑了，刘祁和麻革想告辞回家，可元好问对刘祁、麻革说："省中大门已经锁上了，今晚你们就住在这

第六章 国破山河在：传承文脉的士人

里吧。"刘祁没有办法，只能听命。

等到掌了灯，元好问逼迫刘祁等人："郑王碑文，今晚无论如何得有个结果。"

刘祁说："诸位前辈都在，你们自己完成吧。"

此时王若虚又搬出崔立对刘祁施加压力："郑王已经知道众人请太学生中名士作，你若坚拒，假使郑王知道诸生不肯作，那就是表明不许他以城降，那会遭到他的嫉恨，恐怕要招来祸患，缙绅们要遭殃啊。岂不是因你一个人而连累众人了吗？"不但如此，王若虚还用刘祁一家老小性命相威胁："更重要的是你家有老祖母、母亲在堂，今一触其锋，祸及亲族，这可不是明智之举，你要仔细考虑。"

可刘祁坚决不让步，坚称这本非他的职责，为什么还要让他去写？僵持好久，刘祁就说："我已经草拟一稿，如果诸公不满意，那请让别人写吧。"

王若虚、元好问等人见软的不行，就来硬的，此文必须刘祁写，逼着刘祁马上作文。

重压之下，刘祁和麻革屈服了。刘祁说："我不熟悉馆阁体，诸位都在，一起写，文后署上各位大名，我排在最后即可。"

于是，元好问拿来纸笔，撰写碑文，王若虚又对刘祁说："此

金朝覆灭：北宋悲剧的重演

文即使是元好问所作，但以你的名义作文，又有何妨？"

刘祁答道："元裕之作此文正符合他的职责，为何非要我参与？"

作完之后，大家一同商议，王若虚修改一番，最后的结果是：碑文的序完全保留了元好问的原作，铭词则是由王若虚、元好问、麻革、刘祁等人共同写成的。碑文只是平铺叙事而已，并无褒扬之词。等一切都弄完，天已经大亮了，刘祁等人才回去。

几天之后，刘祁因为作碑文而被特赐进士出身。后来刘祁听说，因为石料缺乏，相关部门就把尚书省大门左边竖立的一块《甘露碑》磨掉原有文字后加以重刻，《甘露碑》是宋徽宗亲笔书写，可惜这么宝贵的书法作品就这样被破坏了。后来蒙古军至，刘祁等人狼狈出逃，立碑之事就不得而知了。

最后，刘祁对撰写碑文之事做了一番评论：尚书省诸公怕死，不敢不为崔立歌功颂德、撰写碑文，但又怕丢失名节，于是选了一个两全其美的办法，让布衣刘祁等撰写碑文，既保全了名节，又完成了崔立交给他们的任务。而刘祁也自我检讨，承认自己的错误，但也强调，如果刘祁因拒绝而被崔立杀害，他身死是小事，可对于一介布衣来讲，忠孝之间，孝为最大，不能因为自己而连累亲人。最后刘祁庆幸，自己没有大包大揽，把众人共同

第六章 国破山河在：传承文脉的士人

写的碑文都包揽在自己的身上，没有为大家的错误买单。

刘祁《录崔立碑事》一出，当初参与此事的另一个主角元好问就坐不住了。当初撰写碑文，本是他被崔立逼迫的无奈之举，可按照刘祁这么一说，元好问似乎成了为崔立撰写功德碑文的主谋，况且，时人对他投靠崔立、未对君主尽节、苟全性命的行为颇有微词，这成了元好问一生中的污点。为了自证清白，元好问在结束被蒙古军羁管、回到故乡忻州之后，借营建外家别业撰写了一篇《外家别业上梁文》。在文中，元好问叙述了他曾为极力保全皇族、僚友及百姓所做的诸多营护活动，最典型的就是向耶律楚材上书《癸巳岁寄中书耶律公书》，并推荐京城中54位士人，请求蒙古保护、救助和日后任用。元好问认为，华夏之衣冠礼乐、纪纲文章，都体现在这些人身上。文中一句"伊谁受赏，于我嫁名，悼同声同气之间，有无罪无辜之谤，耿孤怀之自信，听众口之合攻"，表达了对刘祁等人的强烈不满，言语之间暗含讽刺，表达了对众人诬陷他失节的愤懑。甚至连带他的学生郝经也为他的老师辩护："作诗为告曹听翁，且莫独罪元遗山。"此后，历朝历代都为此争论不休，元好问是不是崔立碑文事件的主要参与者，成为一件公案。

金末元初，以王若虚、元好问、徒单公履、李冶、刘祁等为

金朝覆灭：北宋悲剧的重演

代表的士人群体在乱世中以自己的文化优势求得生存，在新旧政权交替的政治背景下展现了文人的智慧，并为儒家传统文化的延续和发展做出了不可磨灭的贡献。

第七章

金朝覆灭：历史的巧合

历史常惊人地相似。金天辅四年（北宋宣和二年，1120），金与北宋签订"海上之盟"，双方约定联手灭亡辽朝。但是灭辽之后金军继续南下，又灭亡北宋。金天会五年（1127），金军押送北宋徽宗、钦宗二帝，后妃，宗室，百官等万余人北归，京城府库为之洗劫一空。金天兴元年（南宋绍定五年，1232），蒙古与南宋达成协议，与南宋联合攻打金朝，灭亡金朝以后，蒙古军继续南下消灭南宋，北宋末年的"靖康之难"又一次上演，南宋太皇太后谢氏、全太后及恭帝被元军押至大都（今北京市），恭

金朝覆灭：北宋悲剧的重演

帝被迫为僧，全太后为尼。崖山海战，宋朝军民10万人赴死，壮烈殉国。"前车之覆轨，后车之明鉴"，这是中国社会的一条古训，赵宋两朝两次联合其他政权夹击邻国，导致本国灭亡，两朝宗室遭受凌辱。而金朝开国君臣对北宋君臣的凌辱，也同样发生在其百年之后的后代身上，天兴二年（1233），金朝南京西面元帅崔立兵变，投降蒙古，并将金朝太后、后妃、诸王、宗室送至蒙古军营，不久被蒙古军掳去北归。历史为何如此雷同？也许我们一时无法厘清其中错综复杂的关系。但总体而言，北宋对辽，有领土被强占的国仇；南宋对金，有徽钦二帝及后妃、宗室子弟被凌辱的家恨；蒙古对金，同样是国仇家恨。在11至13世纪的中国，汉、契丹、女真、蒙古……在这些被统治者所代言的各政权之间上演了一幕幕复仇的悲剧。而辽朝和金朝的灭亡都和两宋撇不开关系，值得我们深思。

一、宿怨开端："靖康之耻"

早在辽朝，南京有一位叫马植的人，他就是"联金灭辽"政策的首倡者。宋政和元年（1111）十二月，宋徽宗派大臣童贯出使辽朝，童贯在辽南京析津府（今北京市）遇到了马植，

第七章　金朝覆灭：历史的巧合

二人相谈甚欢，于是马植跟随童贯来到了北宋首都开封，并献给宋徽宗一份大礼，即灭辽之策："女真人对辽人恨之入骨，而天祚帝荒淫失道。陛下如果偷偷遣使臣从登州（今山东省烟台市蓬莱区）、莱州（今山东省莱州市）渡海，结好女真，与之联盟共同攻打辽国，辽国必亡。"宋徽宗听了马植的计策后非常高兴，赐马植姓名赵良嗣。金天辅四年（北宋宣和二年，1120），赵良嗣秘密到达金朝，与金朝签订了灭辽的盟约。双方约定：宋金联合出兵夹击辽朝，金取辽中京大定府（今内蒙古自治区赤峰市宁城县），宋取辽南京析津府（今北京市），辽亡后，宋把原来输送给辽朝的岁币转纳于金朝，金朝同意将燕云十六州之地归还宋朝，史称"海上之盟"。辽亡以后，宋金边界直接相邻，且在燕云十六州等问题上产生了很多矛盾，于是金挥师南下，于金天会四年（北宋靖康元年，1126）十一月二十五日，包围北宋都城开封，俘虏宋徽宗和宋钦宗，灭亡北宋。金人将宋徽宗、宋钦宗、后妃、宗室、贵戚、工匠、宫女等1.4万余人押往金朝，京城府库中的仪仗法物、金银珠宝、宫中用品、文物古玩、图书典籍、浑天仪、铜人、刻漏、库府蓄积等全都被掠，所藏为之一空。

铸于宋徽宗时期的大晟钟的前世今生见证了北宋"靖康之

金朝覆灭：北宋悲剧的重演

难"的历史。大晟钟实则为宋徽宗时期为制定、推行大晟新乐而设计、铸制的青铜乐器。北宋崇宁三年（1104）的冬天，应天府（治所今河南省商丘市）崇福院出土了6枚古钟，称之为"宋公戌钟"。因古史传说颛顼所作古乐名为"六茎"，古钟恰好又是6枚，因此当地人便以为是六茎之乐器。再加上应天府是宋太祖赵匡胤任后周归德军节度使时的龙潜之地（应天府原称宋州，赵匡胤称帝后改名为"应天府"），因此，当地政府视其为祥瑞之兆，就把6枚古钟进献给了朝廷。本就对艺术饶有兴致的宋徽宗见到古钟，自然认为这是太平之符、盛世之兆，于是命大司乐刘昺以宋公戌钟为蓝本，由铸泻务精心铸造编钟12套，每套正声12枚、中声12枚、清声4枚，总共336枚，以再现先秦雅乐，粉饰太平。编钟铸成之后，百官称贺，徽宗起乐名为"大晟"，以效法上古尧舜，编钟便被命名为"大晟"，自此大晟编钟成为北宋宫廷乐府"大晟府"之重器。"靖康之难"，金人将开封府库文物洗劫一空，大晟钟也未能幸免，它们或遭金兵劫掠，或被宋人匆匆埋入地下，或散佚于民间。北宋靖康二年（1127）正月二十六日，金兵取北宋教坊乐器、乐书以及乐工400人；三十日，金人又取御前法服、仪仗、内家乐女、乐器、大晟乐器、钧容班100人并乐器2000余车北归。

第七章 金朝覆灭：历史的巧合

到达燕京以后，由于人数和器物众多，金人将器物点验后，一半继续押解至上京，一半作为赏赐之物流落在燕京。金皇统元年（1141），金熙宗加尊号时使用了宋乐。因"晟"字犯金太宗名讳，国家郊庙祭祀也犯忌讳，于是刮去"大晟"二字，改刻"大和"二字。随着朝代更替，岁月的流逝，编钟流落民间，不知所终。据学者调查统计，如今能见到的刻有"大晟"和"大和"字样的编钟仅25枚，分布在北京、上海、陕西、河南、河北、山东、辽宁等地，收藏于国内北京故宫博物院、台北故宫博物院、西安市文物局、河南博物院、洛阳博物馆、河北博物院、曲阜市孔子博物院、辽宁省博物馆、建平县文物保护管理所、湖南博物院、上海博物馆，有的甚至流落到日本、加拿大等地。如今，我们再也听不到它遗传的上古雅音，只能看到饱经战乱的沧桑。

此外，在《建炎以来系年要录》中还记录了被金朝掠夺的财物具体名单。目录名单分别为：珍珠423斤，玉623斤，珊瑚600斤，玛瑙1200斤，北珠40斤，西海夜珠130个，硃砂2.9万斤，水晶1.5万斤，花犀2.184万斤，象牙1460枚，龙脑120斤，金砖140叶，王先生烧金、陈抟烧金、高丽进奉生金，金甲、金头盔各6副，金鞍、金马杓、金杵刀、金作子425

金朝覆灭：北宋悲剧的重演

副，玉作子600副，花犀带、金带、金束带、玉带、镀金带、金鱼袋等，宋徽宗合分金钱40贯，皇后合分金钱11贯，银钱22贯，银火炉120只，金火炉4只，金楪子面120只，银交椅20只，金合大小40只，金水桶4只，金盘盏800副，金注碗20副，金银匙箸不计数，金汤瓶20只，琉璃盏1200只，琉璃托子1200只，珊瑚托子400只，玛瑙托子1300只，珍珠扇400合，红扇100合，蓝扇100合，行鸾扇350合，大扇60合，扇车100辆。

宋人对女真的世仇，不仅是身体上的，更是心灵上的，伤害性极大，侮辱性更强。首先看看金朝掠走的人物和数量。金人在这次破城战争中，除了两位皇帝外，还有宫中后妃等3000余人、男女宗室4000余人、贵戚5000余人、各类工匠教坊3000余人，民间搜罗的各色人等3000余人。金天会五年（北宋靖康二年，1127），这些人被分成东西两路，分批押往金地。徽宗一行，包括大臣杨师道、曹勋，皇子郓王赵楷、肃王赵枢，郑皇后、乔贵妃、崔淑妃、王贵妃、韦贤妃等嫔妃和宫女，由完颜宗望、完颜宗隽（额鲁观）、左司萧庆等押送，从河北路出发。钦宗一行，包括钦宗太子赵谌，秦桧、司马朴等大臣，徽宗之女赵缨络、宫女、民女等人，由左副元帅完颜宗翰、左司高庆裔、都统耶律余

第七章 金朝覆灭：历史的巧合

睹等押送，由河东路出发，分别押往金朝。徽、钦二帝在金兵的押解下，一路北行，先后被囚禁在燕京（今北京市）、中京（今内蒙古自治区赤峰市宁城县）、上京（今黑龙江省哈尔滨市阿城区）、韩州（今辽宁省铁岭市昌图县）等地，最后迁徙至五国城（今黑龙江省哈尔滨市依兰县）。

北迁的途中，行程还未过半，便丧佚2000多人，放遣2000人。待到五月和七月，二帝先后到达了燕京，一路上丧亡过半，十男存四，十女存七，存活下来的分别被囚禁在延寿寺和悯忠寺内。这么多人，吃、穿、住都成了问题，于是，除了重要人物，其他人都滞留在燕京。其中民间搜罗来的女子被充到军府或被卖到妓院；有的被送到西夏或西域换取马匹，每10个人换1匹战马；有的卖给高丽或蒙古为奴隶，1个人卖2金；各类工匠滞留在燕京，任凭其自生自灭；还有的人则流落民间不知所终。

金天会五年（南宋建炎元年，1127）九月十三日，金军将徽钦二帝、后妃、贵戚等1300多人聚集在昊天寺。众人相见，不禁泪流满面，有的人因失去了至亲而更加难过，可又不敢流露出来，强忍悲痛。在金军的催促声中，众人开始向中京出发。队伍经过蓟州、景州（今河北省唐山市遵化市），翻过卢龙岭、渡过大凌河，十月十五日，经过30多天的艰苦跋涉，众人到达了中京。在中京住了几个月以后，翌年三月二十六日，二帝一行从中京出发，被押往通塞州（今吉林省四平市一面城村），众人经文定、富庶（今辽宁省朝阳市建平县）、兴中府（今辽宁省朝阳市）、锦州、梁鱼务（今辽宁省黑山县土城子村）、沈州（今辽宁省沈阳市）、咸州（今辽宁省开原老城），最终到达了通塞州。在这里，金朝政府分给他们1500顷耕地，让其自给自足。

堂堂一国之君沦为阶下囚，仿佛从天堂到地狱，北迁的北宋帝王、后妃、君臣和黎民惨遭厄运。徽钦二帝北迁期间，所有成员的吃睡坐卧时时刻刻都在金军的监视之下，睡觉时，钦帝、太子等人住在一起，甚至被绑在马背上，防止有人营救和逃跑。金人王成棣在他的《青宫译语》中描述说：一路上过显州、兔儿涡、梁鱼涡（梁鱼务），所经之地地势低洼，积水中长满芦苇，天气极热，几天下来如在水中行，衣服都湿透了，这简直就是地狱之苦，无以复加。北迁的女性则成为金人调戏侮辱的对象。在汤阴（今河南省安阳市汤阴县），后宫曹氏被金人馆伴葛思美抢走，邢妃因不从盖天大王（完颜赛里）相逼欲自尽；过相州（今河南省北部安阳市与河北省南端临漳县一带），连日大雨，使得贡女所乘的牛车都渗漏了雨水，夜晚，一些贡女避雨金兵帐中，多被凌辱致死。抵达真定以后，金人千户韶合在酒桌上命宋徽宗

第七章　金朝覆灭：历史的巧合

之子郓王赵楷之妻朱凤英和朱慎妃吟诗咏唱，朱妃被迫作歌云："昔居天上兮，珠宫玉阙。今居草莽兮，青衫泪湿。屈身辱志兮，恨难雪，归泉下兮，愁绝。"一行人历尽艰辛，吃尽苦头，几个月以后终于到达了金朝都城上京（今黑龙江省哈尔滨市阿城区）。三天以后，金人在乾元殿举行献俘仪式——牵羊礼。二帝和二后被命令脱去袍服，其他人皆脱去上衣，裸露肢体，披上羊皮，手里拿着毡条，然后被带到太祖庙大殿之上，跟随金主及妻妾臣仆一起跪拜祖庙，金主亲自宰杀二羊入供殿中。接着，二帝及后妃又被带到乾元殿叩拜金太宗。金人羞辱二帝一番之后，金太宗封徽宗为昏德公，封钦宗为重昏侯。之后，命二帝、二后穿上胡服，披着羊皮，诸王、驸马、嫔妃、王妃、帝姬、宗室妇女、阉人都裸露上体，外披羊皮，跟随金人举行相关仪式。最后，韦、邢二后以下300人入洗衣院。而钦宗皇后朱皇后不堪受辱，悲愤交加，自缢被救后，仍跳进按出虎水（今松花江南岸支流阿什河）身亡。

受尽屈辱的二帝及众人在上京住了两个月以后，又被押往韩州（今辽宁省铁岭市昌图县八面城镇），与此同时，金太宗派人将在燕京的宋英宗赵曙之孙赵孝骞等900余人也押往韩州。金天会八年（1130）七月十五日，为避免宋人与二帝暗中联络，金人

金朝覆灭：北宋悲剧的重演

又将二帝众人迁往五国城（今黑龙江省哈尔滨市依兰县）。到达乌惹寨（今吉林省农安县广元店古城），行程刚刚过半，金主又下命令，除了二帝，其他人都不得随同，在徽宗的再三请求之下，二帝的嫔妃、直系王子、驸马都尉等近臣140余人得以随行，其余众人一部分移居临潢（今内蒙古自治区赤峰市巴林左旗），另一部分包括内侍黎安国等千余人则移居咸州（今辽宁省铁岭市开原市）。从此之后，徽宗在五国城忍辱偷生，在惶恐与忧愁中度过五个春秋之后，于金天会十三年（南宋绍兴五年，1135）去世，卒年54岁。后来经金宋双方的谈判，徽宗的灵柩回到了他的故国。而钦宗在此生活31年之后，于世宗大定元年（1161）去世，卒年61岁。

"靖康之难"在中国古代历史上具有重要的影响，它直接影响了中国历史的走向和格局。宋徽宗、宋钦宗等权力中心的北迁，不仅宣告了北宋政权的覆灭，也让金朝看到了宋朝内部的重重矛盾以及不堪一击的军事力量。二帝千里迢迢的北迁之路，除了一两次小股宋军被金军击退外，几乎再没有遇到任何勤王之师。北迁途中，宋徽宗将一封求救信偷偷藏在衣服领里面，秘密命阁门宣赞舍人曹勋趁机逃回宋廷，递给已经登基的南宋高宗赵构。可他的这位第九子，曾经的康王，正在想尽办法打压主战

第七章 金朝覆灭：历史的巧合

派，与金朝谈判讲和，此时的骨肉至亲仿佛没有权力江山更加重要。宋朝内部的腐败和分歧，极大鼓舞了金朝南下攻伐的信心，于是，金朝与偏安一隅的南宋政权展开了频繁的战争。而靖康之耻，君臣蒙难，二帝北狩，君臣与家属蒙羞受辱，死的死，散的散，其带给宋朝的羞辱，是每一个宋人挥之不去的噩梦。在被押送北上的途中，众多妃嫔和公主被金朝将领强行霸占，宋徽宗爱妃王婉容被金将完颜宗翰强行索去，王婉容誓死不从，为保名节自尽。中途死亡者更不计其数。到达金上京以后，多数妃嫔和宫女被送进洗衣院，供女真贵族玩乐，其余则多被卖为奴隶和娼妓。君臣后妃遭此大辱，钦宗皇帝悲愤写下《西江月》："历代恢文偃武，四方晏粲无虞。奸臣招致北匈奴。边境年年侵侮。一旦金汤失守，万邦不救銮舆。我今父子在穹庐。壮士忠臣何处？"充满了亡国之恨、无助与绝望。而其父徽宗赵佶因为不堪忍受金人的折磨与羞辱，将衣服撕成细条，结成长绳，想悬梁自尽，结果被宋钦宗发现，及时抢救下来，父子二人抱头痛哭。1141年，金与南宋和议达成，宋高宗赵构生母韦氏由五国城归宋。就在送韦贤妃归宋的车马起程时，软弱无能的钦宗跪于韦贤妃马前，痛哭不止，恳求说："请转告九弟皇上把我赎回去吧，只要我能归宋，哪怕做个宫中仆人也行，我决不敢有再当皇帝的念头。"韦

金朝覆灭：北宋悲剧的重演

氏听罢哭得死去活来，满口答应钦宗所托。赵桓日日等、夜夜盼，青丝熬成白发，这一等就是20年。在一本元人所著的笔记小说《大宋宣和遗事》和辛弃疾所撰的《窃愤录》里面，记录了赵桓的悲惨结局。公元1161年的春天，金海陵王完颜亮命令赵桓和同样被俘的辽朝末帝天祚帝耶律延禧一起打马球比赛，比赛进行到一半的时候，赵桓不慎跌下马去，之后被乱箭射死，尸身也被乱马践踏，结束了悲惨的一生。

"靖康之难"带来的耻辱影响了南宋一朝整体文化思想的风气。对于习染儒家文化久远、极为重视气节的宋朝臣民来说，士可杀不可辱，这种侮辱比肉体的折磨更可怕，更难以承受，岳飞一首《满江红》道出多少宋人心中的悲愤："靖康耻，犹未雪，臣子恨，何时灭。驾长车，踏破贺兰山缺。壮志饥餐胡虏肉，笑谈渴饮匈奴血。"凡是有热血的宋朝臣民都磨刀霍霍，恨不得马上提枪上马，北伐金人。陆游临终唯一遗憾的是"但悲不见九州同"，到死还在希望"王师北定中原日，家祭无忘告乃翁"，这样的仇恨积压在赵宋王朝君臣心中，成为世世代代宋人心中挥之不去的阴影。

第七章 金朝覆灭：历史的巧合

二、新仇旧恨：系列条约

自从宋金联合灭辽之后，宋朝仿佛一直被金朝牵着鼻子走，其软弱的态度助长了女真人的野心，致使宋被迫与金签订了"绍兴和议""隆兴和议""嘉定和议"等一个个不平等的条约。待到蒙古骑兵挥师南下，约宋攻伐金朝，宋朝开始在战与不战之间摇摆不定：想利用千载难逢的好时机，既可以一雪百年耻辱，又可以夺回曾经的土地；可想到与金朝开战后一次次的失败，一次次的屈辱求和，宋朝君臣又开始犹豫彷徨。如果没有完全的把握，不论是君还是臣，谁也不想承担这一关系国家命运的重大责任。北边蒙金交战送来的机会，是茫茫戈壁中的海市蜃楼，还是暴风雨中的灯塔，南宋政府就像在大海上迷失方向的小船，飘飘悠悠，浮浮沉沉，踯躅不前。

一次次屈辱求和带给南宋君臣的阴影，是其犹豫不前的重大心理障碍。金天会五年（1127），徽宗、钦宗北迁，北宋灭亡，宋徽宗第九子康王赵构在应天府（今河南省商丘市）称帝，建立政权，史称南宋。为消灭南宋，金军继续南下扬州，迫使宋高宗赵构逃亡江南、流亡海上。南宋岳飞、韩世忠、张浚等将领率军

金朝覆灭：北宋悲剧的重演

抵抗，成功阻击了金军的一次次进攻。正在南宋军民同仇敌忾、捷报频传、为收复领土而浴血奋战之际，以宋高宗与宰相秦桧等为首的主和派寻求各种方式与金朝讲和。为了防止主战派与金军的交战破坏议和，宋高宗解除了岳飞等将领的兵权，并以"莫须有"的罪名在杭州大理寺风波亭杀害了岳飞等抗金将领，最后在南宋绍兴十一年（金皇统元年，1141），与金签订了第一个不平等条约，宋对金称臣纳贡。条约规定：双方国界，东以淮河中流为界，西到大散关；宋割唐（今河南省南阳市唐河县）、邓（今河南省邓州市）二州和陕西商（今陕西省商洛市商州区）、秦（治今甘肃省天水市）之半以及陇西、和尚原等地；宋向金奉表称臣，宋在金朝皇帝生日、正旦要遣使祝贺；宋每年向金贡献银25万两、绢25万匹；金归还宋徽宗棺椁和高宗生母韦氏。宋方将其称为"绍兴和议"，金方称其为"皇统议和"。此次和议是宋高宗为了保住皇位、稳坐江山、统治淮南，与金达成的军事停战协议。

南宋绍兴三十一年（金正隆六年，1161）十一月，金海陵王为图谋霸业，亲自率领60万水陆大军南下攻宋。金军渡过淮水，一路势如破竹，取得节节胜利，宋军将领虞允文在采石矶殊死抵抗金军。就在这时，金朝国内发生内讧，完颜雍（金世

第七章 金朝覆灭：历史的巧合

宗）在辽阳称帝，致使金兵队伍哗变，完颜亮被杀，金世宗完颜雍无意对外用兵，便首先提出和议。而南宋朝廷此时宋高宗赵构已经把皇位传给了孝宗赵昚，以宋孝宗为首的主战派势力崛起，宋孝宗为岳飞冤案平反，驱逐秦桧一党，起用抗金名将张浚以及被高宗罢黜的大臣，还积极主动拉拢金北方的义军。南宋隆兴元年（金大定三年，1163），南宋枢密使张浚主张先发制人，在宋孝宗的支持下调兵遣将，派8万大军攻打金朝的灵璧（今安徽省宿州市灵璧县）、虹县（今安徽省宿州市泗县），攻下宿州（今安徽省宿州市），但随后遭到金军的反击，在符离（今安徽省宿州市北符离镇）遭到惨败，连同随军民夫在内的13万人马伤亡殆尽，损失惨重。"符离之溃"使宋孝宗的北伐信心大受打击，主和派趁此机会再次弹劾张浚，要求孝宗与金停战议和。宋孝宗受到主和派的影响、掣肘，在战和之间摇摆不定，一边打仗，一边议和，致使宋军军心涣散，接连打败仗，形势越来越对宋方不利。已经退了位的宋高宗赵构也不断向孝宗施压，在这种情况下，宋孝宗不再犹豫，重新起用主和派大臣汤思退为相。双方达成议和条件：宋对金称叔，双方为叔侄之国；宋向金缴纳岁币银20万两，绢20万匹；宋归还已占领的唐、邓等六州，疆界恢复"绍兴和议"时的原状；双方交换战俘，

金朝覆灭：北宋悲剧的重演

叛逃者各自不再遣返。此次议和，宋方称为"隆兴和议"，金方称为"大定议和"。

而"嘉定和议"是宋宁宗、赵汝愚和韩侂胄等人在"开禧北伐"失利以后，与金章宗签订的又一不平等条约，在金方称为"泰和和议"。有关北伐的原因和经过，在前文已述。双方和议的内容为：第一，双方国界一如从前，金方以所侵之地归还于宋；第二，依照靖康故事，双方从叔侄关系改为伯侄关系，金为伯，宋为侄；第三，宋给金的岁币增至30万两，绢30万匹；第四，宋另外还要支付给金犒军银300万贯。几次失败之后，后人给南宋君臣贴上了不思进取或者不敢进取的标签，很多仁人志士终其一生都以收复旧日河山、恢复中原故土为宿愿，他们虽然历经磨难、命运多舛，但始终都对国家兴亡、民族命运充满关切与忧虑，并把满腔激情化作一首首优美的文章千古流传。辛弃疾的一首《永遇乐·京口北固亭怀古》，表达了无数仁人志士空有一番志向但无用武之地的悲壮之情：

千古江山，英雄无觅孙仲谋处。舞榭歌台，风流总被雨打风吹去。斜阳草树，寻常巷陌，人道寄奴曾住。想当年，金戈铁马，气吞万里如虎。

第七章　金朝覆灭：历史的巧合

元嘉草草，封狼居胥，赢得仓皇北顾。四十三年，望中犹记，烽火扬州路。可堪回首，佛狸祠下，一片神鸦社鼓。凭谁问：廉颇老矣，尚能饭否？

包括陆游的"遗民泪尽胡尘里，难忘王师又一年"，这些都表达了南宋文人志士心系中原的家国情怀以及对南宋朝廷的失望和对金朝的愤恨之情。

经过几番试探，宋朝不得不放下收复失地的夙愿，与金朝维持了几年表面上的正常来往。双方互派使臣贺生辰、贺正旦等礼节性的交往不断，作为双方和好重要标志的榷场贸易又恢复了正常。金章宗后期，勉强打败了宋朝的再一次北伐，赢了面子，但"里子"的溃烂正在一步步侵蚀着金朝。随着蒙古在北方的崛起，金朝这只曾经不可一世的东北虎变成了一只纸老虎，这一次，宋朝的机会又来了。

三、彷徨君臣："旧事"重现

宣和旧事，指的是北宋徽宗皇帝不顾大臣的反对，为收复燕云十六州之地，与金签订"海上之盟"，联合灭亡辽朝，辽亡以

金朝覆灭：北宋悲剧的重演

后，金军继续攻打北宋，兵围开封，制造"靖康之难"等一系列史事。南宋理宗为建立不世之功，在对待蒙古的行动上与徽宗如出一辙。

在宋宁宗时期，蒙古对金朝发起攻袭的消息就传到了宋人的耳朵里，但宋人最初对这一情况的了解，仅局限于王大观的《行程录》和李大谅的《征蒙记》等记载。因此，南宋庆元三年（金明昌八年，1197），宋宁宗派遣卫泾明为金章宗贺寿，实则是打探有关蒙古的事宜，以进一步加强对金朝形势的了解。卫泾出使归来，向宁宗上报了金朝形势：金朝统治者骄奢成性，沉溺于声色犬马；而蒙古军骁勇彪悍，其灭金是迟早的事。但他也强调，南宋兵力不足，财力不富，国力不强，不是攻打金朝的时候，还是自保为上。金卫绍王即位不久，蒙古发动了对金的战争，宋朝送给金朝的岁币往往因为战争的阻隔不能如期送达，出使金朝的宋朝使臣也常常被阻。南宋嘉定五年（金崇庆元年，1212），宋廷遣余嵘出使金朝祝贺金主生辰，在涿州定兴县遇上前方溃退下来的金军。据溃军言："鞑靼到宣德县，据此只三四百里。"余嵘对此产生强烈的好奇，打算借此良机，详细了解蒙古的情况，甚至试图与其建立联系。然而金人唯恐余嵘知晓更多信息，强令其折回，余嵘的目的未能达成。金宣宗

第七章 金朝覆灭：历史的巧合

即位，蒙古进攻更加迅速，金朝境内情况严峻，南宋也想继续借机窥探金朝境内动静，被金方以不用派使臣为由拒绝入境。南宋嘉定七年（金贞祐二年，1214），金宣宗迫于蒙古的压力，被迫迁都南京以后，南宋朝廷却就如何处理与金和蒙古的关系问题争论不休。大臣真德秀通过出使金朝的所见所闻，主张同金朝断绝不平等的往来关系，停止向金朝输岁币，而将岁币用于巩固边防。他还强调，如果对已经衰败的金听之从之，必会遭到蒙古轻视。真德秀的主张得到了宋廷很多人士的支持，甚至有人提出，趁金疲于应对蒙古，应该北上伐金，收复失地。但乔行简等人持反对意见，乔行简等人认为，蒙古素有吞并天下之志，金和南宋属于唇亡齿寒的关系，南宋现在还不具备抵抗蒙古的实力，金虽有灭亡之势，但还可以依靠黄河天险阻挡蒙古军，故应该继续向金朝输送岁币以助金廷，以金作为南宋的屏障，避免南宋和蒙古毗邻相依。宋宁宗经过斟酌，最终还是决定采取真德秀的意见，断绝与金朝的往来。但他不敢彻底激怒金人。南宋嘉定八年（金贞祐三年，1215），宋派遣丁焴出使金朝，贺长春节，并向金宣宗表达南宋想减少岁币和修改岁币名目的愿望，以试探金人的态度，却遭到了金宣宗的拒绝。面对金朝的轻视和狂妄，南宋终于决定以漕渠干涸、无法

金朝覆灭：北宋悲剧的重演

运输为借口，停止向金人提供岁币。但这期间，宋朝君臣也没有跟蒙古过多接触，甚至拒绝蒙古来使。早在两年前，蒙古就曾派遣使者主卜罕主动联系南宋，希望联宋灭金，却遭到南宋边臣的拒绝，未能见到宋宁宗。南宋嘉定十一年（金兴定二年，1218），蒙古再次派遣使者葛葛不罕赴宋，但由于南宋的犹豫不决，双方依旧没有达成合作意愿，此时宋蒙关系处于不即不离的状态。

南宋嘉定十年（金兴定元年，1217），金宣宗以宋方不给岁币为由，南下伐宋，使宋金双方又进行了长达7年的战争，加速了金朝的衰败，同时也大大增强了宋朝联蒙攻金的决心。金哀宗即位以后，主动送来了橄榄枝，将在清口战役俘获的3000名宋军归还于宋，以表示金朝想与南宋重修旧好的诚意。通过金哀宗实施的一系列对宋政策，宋金关系有所缓和。宋朝虽然答应与金停战，但这时宋朝开始主动接触蒙古了。嘉定十三年（金兴定四年，1220），南宋派遣都统司计议官赵拱会见蒙古驻汉地的最高军政首脑、太师木华黎，受到木华黎的热情款待，并归还北宋真宗即位时所制的"皇帝恭膺天命之宝"玉玺一方，还有北宋哲宗元符三年（1100）宝祥一册，这些都是"靖康之难"时被金人抢走的，辗转到了蒙古人手里，这些旧物的归还使南宋君臣看到

第七章 金朝覆灭：历史的巧合

了蒙古的诚意，使南宋君臣对蒙古产生了一丝好感。嘉定十四年（金兴定五年，1221），南宋派遣苟梦玉前往波斯与印度边境的铁门关会见成吉思汗。两年之后，苟梦玉再次出使蒙古。双方三次的"亲密"接触，让宋朝君臣对蒙古的态度有了很大的改观。但此时金蒙战场上接连发生的事情让宋方又改变了态度。金朝山东、河北地区的各路武装力量在反抗金朝过程中，有的投靠了宋，后来面对蒙古军强大攻势又转头投靠了蒙古，使得刚到手的州县又被蒙古夺走。南宋宝庆三年（金正大四年，1227），蒙古军队在进攻西夏时，大举进攻四川。面对蒙古大军入侵，南宋四川安抚制置使郑损做出了放弃关外五州（文州、阶州、成州、西和州、凤州）、退守三关（七方关、仙人关、武休关）的错误决定，这一错误决定使南宋经营多年的"三关五州"防御体系顷刻瓦解，三关外的人民惨遭蒙古军蹂躏，直至成吉思汗去世，蒙古军队才退出四川。宋蒙双方在山东和四川等地的武装冲突，不得不使宋朝对蒙古加以提防，所以在拖雷大军进入宋境之前，南宋就将山间栈道烧毁，以表明不愿假道蒙古的决心。南宋绍定三年（金正大七年，1230），蒙古派遣李邦瑞使宋，却受到南宋的冷漠对待。

南宋绍定四年（金正大八年，1231）正月，蒙、金双方在凤

金朝覆灭：北宋悲剧的重演

翔展开激战，蒙古军为取胜，强行假道宋境，使者速不罕等人以索粮20万斛为由，在南宋陕西境内大肆掠夺破坏。同年四月，蒙古军攻破南宋利州东路兴元府等地，八月，进攻西和。西和知州陈寅等人虽率领南宋军队奋勇抵抗，但由于南宋朝廷没有及时加以支援，西和城破，惨被屠城。蒙古军攻入四川腹地，蒙古将领按竺迩以强大的军势相威胁，对四川制置使桂如渊说道："宋与金世仇，何不从我军一道伐金，一洗国耻。今我若假道南郑，由金洋可直达唐、邓，会大军以灭金，这对你我都有利啊！"面对强敌，桂如渊只好答应蒙古军借道，并提供给蒙古军打仗的粮草，还派人做蒙古军的向导，引导蒙古军由武休关东抵邓州，西破小关。

南宋绍定五年（金开兴元年，1232）十二月，蒙古遣使来到南宋京湖（京西南路和荆湖北路），与宋商议灭金之事，宋理宗看到蒙古大军的攻势，金朝灭亡在即，不再犹豫，认为建立不朽功业的时机到了，于是双方达成口头协议，宋同意出兵，蒙方则答应灭金之后，将河南之地归还给宋。金哀宗得知宋蒙之间达成议和，赶忙遣使对宋理宗说："大元灭国四十，以及西夏，夏亡及于我，我亡必及于宋。唇亡齿寒，自然之理。所以你现在若与我联合抵抗蒙古，虽然帮了我，同时也是在为你自

第七章 金朝覆灭：历史的巧合

己着想。"此时的宋朝只想着报仇，哪里还想得那么多，毕竟，报仇雪恨近在咫尺，蒙古入侵可能还是捕风捉影。在新仇旧恨的影响下，南宋还是选择了务实外交。南宋绍定六年（金天兴二年，1233），宋军攻打金朝邓州等地，于马蹬山大败武仙，又攻克唐州，切断了金哀宗逃跑的路线，紧接着派孟珙、江海率兵2万，运米30万石，赴蒙古之约，与蒙组成联军包围蔡州。公元1234年，蔡州攻破，金朝灭亡，金哀宗自缢而死，宋朝百年大仇得报。

城破以后，宋军统帅孟珙率军攻入蔡州城，孟珙在废墟之中找到金哀宗的遗骨，与蒙古都元帅塔察儿各取金哀宗的部分遗骨回去邀功。孟珙押送着金朝大臣张天纲、完颜好海等人，携带着金哀宗的遗骨、宝玉、法物返回临安，满朝文武兴高采烈，宋理宗将金哀宗遗骨奉于太庙，以告慰徽宗和钦宗以及列祖列宗在天之灵，积压在南宋君臣内心一个世纪的仇恨终于得以释怀。阔别已久的开封，终于又要回到自己的怀抱，举国上下为之欢欣鼓舞。被胜利冲昏头脑的宋理宗于宋端平元年（1234）正月，派宋将赵葵、全子才等率军7万余人分别从滁州（今安徽省滁州市）、庐州（今安徽省合肥市）出发，先后进驻东京开封府、西京河南府（今河南省洛阳市以东）和南京应天

金朝覆灭：北宋悲剧的重演

府（今河南省商丘市），打算收复黄河以南地区。对宋理宗的行为，大臣范丘岳、史嵩之等人纷纷谏言理宗："蒙古是新兴势力，正在上升时期，士气正盛，夺取三京就像虎口拔牙，太危险了。况且，国内的荆、襄地区正在闹饥荒，内部不稳定，也不宜出兵。"乔行简更是直言不讳："陛下手下能任用的战将、谋士和兵力都不足以支撑这场战争，根本就不能打。打仗所需钱粮从哪里出？兴师十万，日费千金，现在百姓都快家徒四壁了，州、县的仓库大都空空如也，大军一出动，费用浩繁！"可理宗不予理睬，仍然开始他的收复计划。不出所料，宋军进入洛阳和南京，得到的是被蒙古军劫掠过的空城，根本没有军粮供应，将士们被迫"班师"。但是由于宋蒙之间当时是口头商议，并未签订书面协议，这给蒙古攻伐宋朝提供了一个绝好的借口。十二月，蒙古派王檝指责南宋破坏协议，从此，黄河、淮河之间，战火时起，兵连祸结。在金被灭的45年之后，南宋为蒙古所灭。崖山海战，10万军民赴死，他们选择了与国家共存亡、共命运，可谓惊天地、泣鬼神。南宋君臣的所作所为比宣和时期的徽、钦二帝要悲壮得多。

　　南宋在金蒙战争期间，偏安一隅，对何去何从犹豫不决，暴露了其软弱无能和力不从心的弱点，也正是南宋的这个缺点，使

第七章 金朝覆灭：历史的巧合

他不敢与金、蒙为敌，对金不断窥探、对蒙一再忍让。明知自身与金是唇亡齿寒的关系，故在与蒙古交往中一直保持谨慎和警惕姿态。随着金朝大势已去，南宋放弃以金为屏障的想法，联蒙灭金，试图收复失地，洗刷耻辱。而金朝对宋的错误政策起到了助攻作用。不过由于金朝后期的无能和腐败，南宋即使不与蒙联盟，金朝灭亡于蒙古也是迟早的事情。南宋德祐二年（1276）三月，元朝大将伯颜进入临安，元军掳太皇太后谢氏、全太后及恭帝至大都（今北京市）。五月，元世祖忽必烈命恭帝为僧，全太后为尼。

四、尊严耻辱：宿命轮回

蔡州城破，金哀宗自缢而死，完颜承麟战死军中，宰相完颜仲德率最后的1000多名金兵与蒙古军巷战。得知金哀宗自缢的消息，完颜仲德带领剩下的500多人也跳入汝水，以身殉国。而在金天兴二年（1233），金南京被围，哀宗出走蔡州之后，崔立叛变，将南京交给蒙古，并把金朝太后王氏、皇后徒单氏及梁王完颜从恪、荆王完颜守纯及宗室男女500余人，还有搜刮来的宝器一并送给驻守在青城的速不台，速不台下令将众人装上37辆

金朝覆灭：北宋悲剧的重演

宫车，太后在前，中宫其次，妃嫔随后，宫室宗亲一共500余人，带着三教、医流、工匠、绣女一起到北方。可惜，由于《金史》等史书对此事缺乏详细的记载，我们无法了解那段悲惨的历史。其中，完颜守纯，本名盘都，他是宣宗完颜珣第二子，母亲为真妃庞氏。宣宗即位后，完颜守纯先后被封为濮王和英王。宣宗去世以后，完颜守纯争夺皇位失败，哀宗即位后虽然被封为荆王，但遭到哀宗猜疑，被罢官下狱，后来得王太后营救才转危为安，但在青城被蒙古军杀害。与完颜守纯一同被害的还有卫绍王完颜永济之子完颜从恪、完颜琚、完颜瑄、完颜璪兄弟等人。而史书记载不知所终的皇后和公主们，她们的下场也不难想象，羊入虎口，其下场可想而知，等待她们的将是连连厄运。蒙古对金的仇恨，残害金朝宗室后妃的手段与当初北宋灭亡，金朝对北宋宗室相比有过之而无不及。

对于生活在10至13世纪中国大地上的黎民百姓而言，他们饱受战乱之苦，绝大多数被掩埋于历史的尘埃之中，书写的历史早已忽略了这"绝大多数"。而对于史家来说，10至13世纪的历史又是丰富多彩的，多民族融和视域下的发展历史给后人提供了丰富的经验教训。北宋宗室的"靖康之难"和女真宗室的"青城之难"，都让后人唏嘘不已。而赵氏建立的北宋和南宋政权作茧

第七章　金朝覆灭：历史的巧合

自缚，两次联合其他政权夹击邻国，结果导致灭亡。这其中隐含的深刻道理实在是颇堪玩味……

第八章
旁观者清：无法后退的历史车轮

在本章，我们暂且不去考虑生产力和生产关系在历史发展中的决定性作用，不去综合讨论金朝灭亡的原因，因为一个政权灭亡的原因远比我们所总结归纳的要错综复杂得多。在纵横交错的矛盾和此起彼伏的危机当中，一个偶发事件就可能成为压倒骆驼的最后一根稻草。这里我们主要从金朝统治策略入手，看一看以金朝皇帝为代表的统治阶级的所作所为，对金朝后期的统治和灭亡造成的影响。

第八章 旁观者清：无法后退的历史车轮

一、宗室内讧：皇权政治的加强

金朝从金熙宗统治时期开始一直存在残害宗室的斗争。金熙宗统治时期是女真人社会急剧变化的重要时期，也是金政权性质发生重大变化的时期，随着金朝的发展，旧有的贵族联合专政制度无法满足现实需要，引发统治体系的改革，而改革的深入也导致宗室内部斗争不断加剧。

金熙宗为了加强皇权，消除贵族政治对皇权的约束，采取了多项改革措施，如严整君臣关系，以三省六部制代替勃极烈制度等，这些措施导致金朝宗室贵族内部改革派与旧贵族之间出现了裂痕，甚至新旧女真势力发生了激烈冲突，上演了一幕幕残忍的斗争剧。旧贵族势力以完颜宗翰集团为代表，包括尚书左丞高庆裔以及在抗辽和建国过程中立下汗马功劳的完颜希尹，还要加上占据中原地区的刘豫政权。随着改革的深入，金熙宗与贵族集团矛盾激化，他先后诛杀高庆裔、废刘豫、杀完颜希尹和萧庆，在斗争中完颜宗翰抑郁而终。同时熙宗又诛杀太宗子完颜宗磐、完颜宗隽、完颜挞懒集团。后期金熙宗完颜亶开始酗酒，乘醉杀人。皇弟完颜元、完颜查剌，皇后裴满氏

金朝覆灭：北宋悲剧的重演

及妃嫔多人都惨遭杀戮，群臣震恐。因其残忍暴虐，故又遭到海陵王弑杀。

海陵王弑君夺位以后，杀曹国王完颜宗敏、左丞相完颜宗贤；再先后诛杀女真宗室贵族完颜卞及太宗子孙 70 余人，太宗后代全部死绝。久握重兵在外的老臣完颜撒离喝也被害，受牵连的亲属达 20 余人，其旧将折哥和特末同样未能幸免，皆被族诛。海陵王又铲除完颜宗翰子孙 30 余人、完颜杲子孙 100 余人、谋里野子孙 20 余人，众多宗室大臣满门除绝。

章宗以皇太孙身份即位之后，也对世宗诸子心生猜忌，以各种理由加以陷害。章宗对诸王、宗室严加控制和防范，规定强族大姓不得与所属官吏交往，违者以罪论处。章宗还设立王傅府尉官以控制诸王，苛问严密，门户出入皆记录在案。规定诸王任外路者只许游猎 5 日。郑王永蹈以谋反罪被杀，其妃卞玉，两子按春和阿辛以及公主长乐也遭到株连，被赐死。接着章宗又因镐王永中以语言得罪，素有妄想之心，而将其处死，其子神徒门和阿离合懑等一并弃市。并禁锢完颜永中子孙至正大末年，时间长达 40 年。

而金宣宗为弑君之贼胡沙虎所立，懦弱无能，性又猜忌，惩权臣之祸，恒恐为人所摇，所以大臣宿将有罪，必除去不贷。降

第八章 旁观者清：无法后退的历史车轮

卫绍王完颜永济为东海郡侯，并对卫绍王的家眷严加防范。卫绍王皇后徒单氏被削皇后号，迁都于汴时，将卫绍王家属和章宗时期被禁锢的镐王永中的家眷都迁到郑州，长期禁锢，不得出入，不允许其子孙结婚生子，长达19年之久。

造成一次次屠杀或者冤案的原因有很多。从政治角度出发，既是金朝加强皇权的需要，也是在盘根错节的政治环境下各方利益的博弈。但如果从个人的角度出发，归根结底还是人性的欲望和贪婪。一个人的权力一旦没有了约束，就像脱了笼的野兽，肆意暴虐，本性的贪婪就暴露无遗。金朝皇帝对宗室的残害，不但历时长久，而且也极其残忍，在加强皇权的同时，也造成了女真贵族集团统治力的下降，金朝后期出现军事危机，无将帅可派与宗室内讧不无关系。

二、晚期诸帝：素质参差的"大脑"

金章宗晚期，各种矛盾加剧，危机重重。金章宗明昌七年（1196），改元承安，寓意继往开来、天下永安，可最终成了金朝由盛转衰的信号。金朝由盛转衰的原因是多方面的，各种矛盾和危机都是在不知不觉中产生，然后慢慢发酵，最后爆发。

金朝覆灭：北宋悲剧的重演

章宗时期的主要矛盾之一还是民族矛盾，金朝一直实行倾向性的民族政策，民族矛盾是一直存在的。金朝的猛安谋克户即军户，是女真最重要的、最基本的组织，它是女真军队的重要来源，军户的利益高于其他被统治民族的利益。章宗时期，继续采取括地政策以防止女真猛安谋克户变贫，结果使女真贵族占有大量土地，因为有的女真贵族趁机巧取豪夺，将肥沃的土地占为私有，严重损害了广大汉民的利益。平章政事完颜匡负责调配赏赐人口土地，竟擅自占有济南、真定、代州等地区的上等田地，不仅如此，还要夺取百姓手中原有的产业。而普通百姓和汉民占有的土地则越来越少，甚至由于没有土地而沦为佃农，这种长期存在的矛盾一直威胁着金朝的统治基础。

长期安逸的生活使女真人的尚武精神逐渐消退。女真初期以武立国，因为将士们通过战场上立功，可以得到丰厚的封赏和土地，摆脱贫穷，向往美好的生活成为整个女真民族奋斗的目标，这种进取精神成为民族崛起的动力。然而生于忧患，死于安乐。随着和平时期的到来，女真贵族们守着祖辈打下的江山，丰衣足食，不再进取，尤其定居中原之后的女真人不再担忧温饱问题，日渐安逸，将土地出租给汉人，而自己坐享其成。武将们的颓废，致使女真军队骁勇善战、勇敢顽强的精神慢慢

第八章 旁观者清：无法后退的历史车轮

消退。

　　章宗时期货币政策的失败也是危机出现的一个重要表现。早在海陵王和世宗统治时期，金廷便施行纸币和铜钱并行的货币政策，而章宗时期制定的钞法政策却导致社会上流通的交钞多于现钱，从而产生了通货膨胀。明昌四年（1193）以后，朝廷在处理财政问题时采取的不当措施，导致通货膨胀愈演愈烈，最终波及全国，使政府发行的纸币失去信用，引起"钞法随出而随坏"的局面。这里仅以交钞导致的通货膨胀为例加以说明。金章宗统治后期，为解决财政问题发行了交钞，但交钞导致的通货膨胀日渐突出。随着交钞发行量的增加，导致交钞钞值下跌，物价不断上涨，百姓苦不堪言，政府的信誉下降，交钞在社会上流通十分困难。为解决钞滞问题，金廷出台了很多措施，最重要的一项措施是把交钞作为政府财政收支的重要手段。早在交钞发行之前，金廷所有的支出使用的都是铜钱；交钞发行以后，金廷就用部分交钞代替铜钱，但到了章宗时期，则开始以强制手段推行交钞。章宗朝规定，全国所有的财政赋税逐渐取消铜钱，而代之以交钞，到章宗晚期，即泰和八年（1208）的时候，国内已经实现全部以纸钞缴纳赋税的局面。这种强制性的行政命令完全不遵守经济规律，破坏了市场运行的规则，导致交钞逐渐贬值，结果人们极其

金朝覆灭：北宋悲剧的重演

不情愿兑换交钞，造成交钞阻滞，政府就强令以交钞纳税，并提高以交钞纳税的比例，导致交钞贬值阻滞现象越来越严重，造成了恶性循环。除了用交钞缴纳赋税以外，章宗朝还规定，以交钞支付官俸和军饷。金代以武立国，需要雄厚的国家财政供养庞大的军队，如今国家财力日益衰退，除了以交钞支付官兵薪俸，朝廷想不出还有其他什么更好的办法。于是官兵的俸禄除了一部分钱以外，还以绢、银和钞的形式兑现，如果有的部队拿不出钱、银和绢，那就自认倒霉，只能拿到一堆一堆的纸币了。朝廷供养的军队尚且如此，民间的商业往来就自不待言了，金廷只能以行政命令迫使所有商业行为使用交钞，以国家强制力来解决交钞阻滞的问题。如承安三年（1198），金廷规定，在西京、北京、临潢、辽东等路，凡商业交易中，交易额超过1贯以上的商业行为都要使用银钞和宝货进行交易，不得使用铜钱；1贯以下的商业交易才可以自由使用。但是问题依然没有得到很好的解决，几年之后，朝廷又颁布更加详细的规定，民间所有交易额在1贯以上的交易、典质等商业行为都要使用交钞，还明确了使用范围和使用地区，甚至还规定了与之配套的法律措施以及对官员的考核办法。这种靠国家行政命令促进交钞流通的行为违背了货币流通规律，只会适得其反。

第八章　旁观者清：无法后退的历史车轮

政府不但使用强制手段促使交钞流通，还滥发纸币，严重损害了百姓的利益，引起了社会的不满。章宗面对百姓不满于政府的货币政策的状况，并不是改革钞法，而是敕令御史台，以后谁胆敢聚众私下议论钞法就严惩不贷，还以悬赏300贯的办法鼓励大家互相告发，并以"许人捕告"的方式压制社会对交钞的不满情绪。防人之口，甚于防川，这种将国家意志凌驾于经济规律之上的行为并没有取得良好的成效，加之金朝国内自然灾害不断，政府的财政负担越来越重，国家收入日渐窘迫。当蒙古边患逐渐加深时，庞大的军费开支成为困扰金廷的一大难题。金廷向民众征收军须钱，政府规定，按人户家产征收军须钱，半年征收一次，百姓负担日益繁重。但仅靠这些名目繁多的赋税还是不能解决入不敷出的财政困难，在这种内忧外患的形势下，章宗政府只好滥发纸币，导致通货膨胀，交钞失去了作为市场信用工具的意义，彻底沦为朝廷愚弄百姓的工具。为解决日益严重的通货膨胀问题，金廷实施更换钞名的货币政策，并继续加紧对民间财富的敛取，结果遭到民间对交钞的自发抵制。交钞在市场流通中日益贬值，又迫使金廷实施"权禁见钱"的策略，结果铜钱退出流通领域，大量财富蒸发，百姓返贫。紊乱的货币制度和恶性的通货膨胀，加重了金朝的经济危机和社会危机，也加速了金政权衰败

金朝覆灭：北宋悲剧的重演

的步伐。

黄河水患等自然灾害的破坏，也影响了金朝后期的统治。金太宗天会六年（1128），北宋东京留守杜充为了阻滞金军的进攻，掘开黄河，自泗入淮，以阻止金军。而文献记载当中却查不到具体的决河地点和流经路线，据学者研究，掘河地点大致在滑州（今河南省安阳市滑县）附近，使黄河从东北流向改为由东南入海，造成了黄河的重大改道，改变了该地区数千年以来的生态环境。黄河改道致使此后金朝境内发生多次黄河水患。章宗时期的三次黄河水患给金朝国计民生造成了极大的破坏。仅以第一次为例，金廷动用民夫430万，每人每天发200文钱，共计耗资86万贯。而修复工程所用的物资、对受灾百姓的救济需要耗费更多的资金，这使金朝的国力受到一定的影响，这也是金朝由盛转衰的一个重要原因。

章宗后期统治的腐朽衰败已经在盛世的外衣下逐渐显露。土地兼并加剧、租佃矛盾激化，赋役日益繁重，战争威胁迫在眉睫，灾害频繁发生，官员消极怠政、腐化堕落，官员扰乱甚至破坏经济发展等种种问题就像瘟疫一样逐渐蔓延加剧。在章宗打击完颜永蹈、完颜永中等宗室异己力量的过程中，完颜守贞及其门人以及其他正直的官员因反对章宗罗织罪名、屡行大

第八章 旁观者清：无法后退的历史车轮

狱，被以胥持国为首的政治集团利用，他们以朋党之名排斥完颜守贞等官员，造成"明昌党狱"，章宗以"朋党"之名处置了以完颜守贞为首的政治集团。完颜守贞罢相，凡推荐完颜守贞的官员都遭到罢黜，卷入"明昌党狱"的有右拾遗路铎、御史中丞董师中、右谏议大夫贾守谦、户部郎中李敬义、御史中丞孙即康、右拾遗仆散讹可、右补阙蒙括胡剌、右拾遗田仲礼、应奉翰林文字同知制诰赵秉文、翰林修撰王庭筠、监察御史周昂等人。卷入"明昌党狱"的多数人属于文人士大夫，他们被降官革职，有的还受到杖责、身陷囹圄，不但身心受到摧残，仕途受到影响，更重要的是士大夫们参政议政的热情与锐气遭受很大打击。章宗对台谏官、众大臣之逆耳忠言的抵触和不配合，致使章宗晚期言路几近闭塞，政风趋于苟且。官僚群体从之前的敢言敢为、犯颜直谏到后期的循循无异言，以致卫绍王和宣宗时期，朝臣只知奉承、安于苟且、不思进取，这也是导致卫绍王和宣宗时期政风不畅、朝中无人的原因。这再一次证明，在皇权不断加强的金朝后期，帝王的能力直接会影响国家的盛衰。

卫绍王的统治时间比较短，且前文已述，此不赘述。而宣宗统治的特点，主要体现在崇信近侍局、奖用胥吏、包庇权臣、苟

金朝覆灭：北宋悲剧的重演

政成风等方面。其中，金宣宗时期在内政外交方面犯的最重要的两个错误，直接导致了金朝走向衰亡。

宣宗的第一个错误决策是迁都南京。1211年至1214年，蒙古对金朝的侵略还是以掠夺为目的，中都被包围之后，成吉思汗并没有灭亡金朝的想法，主动派使臣诏谕宣宗，只要财物，不要领土。双方议和之后，蒙古军掠夺金朝众多人口和大量财物返回草原。此时金朝实力尚存，如果宣宗励精图治，改革弊政，养精蓄锐，重振朝纲，不是没有重新崛起的可能，至少可以放缓北方被蒙古军占领的步伐。但宣宗不顾众人反对，选择了迁都，这样一来，把金朝所有的怯懦和无能都暴露了出来。蒙古大军不但再次南下，黄河以北广大领域内也群雄并起，积压已久的民族矛盾和阶级矛盾重新上演，金朝对北方领土的控制开始松动。宣宗迁都之后，金廷不思进取，主荒于上而臣嬉于下，把一个好端端的江山弄得支离破碎，生灵涂炭、满目疮痍。南迁之初，监察御史陈规上章"条陈八事"，事关朝臣、台谏、节俭、官员铨选、兵民生计、赏罚、将帅、练兵八大方面，言辞恳切，可宣宗不但不听，反倒让尚书省诘之，宰执恶其言，出为徐州帅府经历官。金廷南迁之后，北方陷入混乱，可宣宗一朝不思进取，面对强敌环伺、国土不安，朝臣还陶醉于声色犬马，笙歌不绝。士人李汾

第八章 旁观者清：无法后退的历史车轮

《州北》一诗再现了当时社会的一角：

> 州北光风艳绮罗，南来扈从北人多。
> 梨园法曲怀奴舞，月窟新声倩女歌。
> 紫禁衣冠出金马，青楼阡陌瞰铜驼。
> 薄游却忆开元日，常逐春风醉两坡。

这首诗生动地再现了当时社会的颓废面貌，而这颓废面貌的背后隐藏的是极度的腐败。宣宗南迁，仅运图书就用车3万辆，运输珍珠宝玩竟用骆驼3000头。尽管当时财政拮据，度日维艰，宣宗仍不惜糜费重金，制作大红半身绣衣。上行下效，那些达官贵戚都把河南视为可以安身立命的世外桃源，携家带口，结驷连骑，过着极度奢靡的生活。平章政事完颜白撒，本性懦怯无能，刚愎贪鄙，且目不知书，专横无比，他曾经嫌朝堂伙食不合口味，总是从家里带来食物，国家的危亡，他并不放在心上。在南京城西建造房屋，规模堪比皇宫，其中婢妾数以百计，而且遍身罗绮，奴婢们每月的工钱和将领的俸禄相当。刘祁在《归潜志》一书中描述当时金朝士大夫的风气：南渡之后，为宰执者往往无恢复之谋，上下同风，止以苟安目前为乐，凡有人言当改革，则

金朝覆灭：北宋悲剧的重演

必以生事抑之。每当蒙古军压境，群臣束手无策，相对而泣，及至敌退解严，便又故态复萌，歌舞升平了。每当朝中商议时事，谈到棘手为难之处，就推托到下次再议，避重就轻，因循苟且。南渡之后，朝廷近侍以谄谀成风。宰执用人，也选那些容易控制的人，而忠直敢谏者如宰相张行信，谏官陈规、许古，御史程震、雷希颜等人，却为宣宗所不容，先后被斥逐出朝。腐败是专制统治的衍生品，它与专制相始终，不可分割。试想，没有约束的权力，它可以为所欲为。而腐败必然出现一系列问题，政府腐败，则人心涣散；财政腐败，国库会亏空；司法腐败，法纪则废弛；军队腐败，战斗力会下降……而这一切，都来源于权力高度集中的皇权政治。礼、义、廉、耻被古代思想家管子称为"国之四维"，四维不张，国乃灭亡，而皇权制度下的腐败，能有多少礼义廉耻？

宣宗第二个错误的决策就是与邻国交恶。当蒙古攻打西夏时，卫绍王"鹬蚌相争，渔翁得利"的态度得罪了西夏，导致西夏依附于蒙古，成为蒙古伐金的重要帮手。如果说西夏被蒙古侵略的时候，卫绍王对蒙古的崛起和攻伐缺乏明确的认识，想坐收渔翁之利，还情有可原，毕竟那时金朝还未进入灭亡倒计时。可是迁都之后，蒙古再次攻金，河北陷入大乱，金朝财

第八章 旁观者清：无法后退的历史车轮

政日渐窘迫、民怨四起，内外交困之际，宣宗还是对国势认识不清，没有及时纠正卫绍王时期的错误政策，继续与西夏相攻伐，同时还穷兵黩武，挑起对南宋的战争。而这都与宣宗昏聩无能，不能知人善任有重要的关系。忠臣可以匡扶社稷，可奸佞小人只会误国误民，术虎高琪就属于后者。他为控制兵权，不把河北方面事情放在心上，将所有的精兵都布置在河南，不肯轻易出动一兵一卒，以挽救国家于危急，只愿在河南苟且度日。蒙古军深入河南，术虎高琪屯兵京城自固，御史台官员纷纷上疏要求宣宗出兵扼守潼关，选在京勇敢之将十数人，各领精兵数千，与河北诸将以战助守，以缓解南京的压力。宣宗将此意见让尚书省裁决，术虎高琪却轻蔑地说："这些台官根本不知道怎么用兵，舞文弄墨他们可能是长项，排兵布阵、备御方略，他们懂什么！"术虎高琪不但在抵抗蒙古军入侵等事上阳奉阴违，他还是伐宋的始作俑者。兴定元年（1217），术虎高琪为掌握兵权，因而以扩大国土为由，力劝宣宗攻打宋朝。宣宗开始并不想这样做，他说："朕只要能守住祖宗留下的江山就够了，何必还要向外攻打？"术虎高琪见宣宗没有这个想法，就赶紧说："如今雨雪充盈，都是皇上圣德所致。我国能够包容小国，天下大幸，微臣多虑了。"虽然术虎高琪跟宣宗这么说，却

金朝覆灭：北宋悲剧的重演

派遣元帅左都监乌古论庆寿、签枢密院事完颜赛不南取土地，导致金宋双方在边境不断交火。宣宗知道后，立即下诏罢兵，可是为时已晚，双方关系已破裂。之后，多位台谏官员上疏与宋议和，都被术虎高琪阻止。过了几个月，右司谏许古劝宣宗跟南宋议和，金宣宗让许古草拟文书，然而文书到了术虎高琪那里，术虎高琪看了说："文中有哀告祈求之意，这不是在向对方示弱吗？此文不能用。"此事就此作罢。

集贤院咨议官吕鉴向宣宗谏言："我朝曾南边屯兵几十万，可战争以来，从唐州、邓州到寿州和泗州，沿边军民大量逃亡，导致该地人烟逐渐稀少。我曾负责息州榷务，每次榷场收入布帛几千匹、银子几百两，几场下来收入可达几万匹布帛和数千银两。可战争爆发以后，不但榷场收入化为乌有、国家失去日常收入，而且广大军民更是饱受战乱逃亡之苦。如今正值隆冬时节，我方应该抓住有利时机边派重兵屯守边境，边与宋方议和，如果拖到来年春天，一旦机会失去，就难以议和了。秦末燕人（指燕王韩广）抓获了赵王（指赵王武臣），赵国派一位能言善辩之人去谈判，燕国却不答应；可当一位牧童毛遂自荐请求前往后，赵王就安全地被放回来了。人无论贵贱，只要适合办事，都可以取得成功。微臣虽然不才，愿意效法古人，请圣

第八章　旁观者清：无法后退的历史车轮

意裁断。"

宣宗命尚书省拿出意见。术虎高琪说："吕鉴太狂妄了，简直是无稽之谈，但他的气概还是值得赞赏的，可以让他到陕西行省，以备出使时所用。"年底，胥鼎进谏伐宋"六不可"，又被术虎高琪拦截了下来："大军已经进发，不能再复议。"在术虎高琪的屡次阻挠下，金廷丧去了与宋朝议和的良好机会。宣宗晚年时悔悟过来："坏我天下的是高琪和象多（抹撚尽忠）啊！"殊不知，造成这一切后果的始作俑者都是他自己。

宣宗朝重用胥吏，致使儒吏与胥吏之间的矛盾冲突加剧。宣宗政府南渡以后，吏权大盛，宣宗喜刑罚，名士往往被笞楚（用木杖、竹板等抽打）。文官和士人遭到酷吏的迫害，被诬陷下狱者比比皆是，甚至被用刀杖迫害致死。术虎高琪一向厌恶儒官而喜好吏员，他交好贵族和官僚子弟聚集的近侍局，趁机安插吏员进入近侍局。南渡以后，近侍局里面大多是吏员出身的官员，他们利用在皇帝身边的机会干预朝政，常被用来伺察百官和军中监战，民间号为"行路御史"。蒲察合住以吏起身，久为宣宗所信，声势烜赫，性复残刻，人们明知其蠹国而都不敢言。当时有"三贼之目"，即王阿里、蒲察咬住和蒲察合住。术虎高琪用事，威刑自恣，南渡之后习以成风，即使是士大夫也为所移，如右丞徒

金朝覆灭：北宋悲剧的重演

单思忠好用麻椎击人，号"麻椎相公"；转运使李特立号"半截剑"，是说他用的刀短小锋利；内翰冯璧号"冯剑"；雷渊为御史，至蔡州得奸豪，杖杀500人，号曰"雷半千"。又有完颜麻斤出，皆以酷闻，而蒲察合住、王阿里、李涣等人则在胥吏队伍中尤为狡刻。

卫绍王和金宣宗一改世宗和章宗时期重用士大夫以制衡女真贵族的政治传统，重用胥吏和近侍，结果适得其反：女真贵族趁战乱拥兵自重，发动兵变，甚至弑君，皇权受到威胁。南渡以后，儒吏冲突升级，削弱了金朝的统治基础，加速了金朝的灭亡。

哀宗统治的10年，力图扭转时局、抗蒙图存，但终归回天乏术、无济于事。面对刚刚兴起、充满勃勃生机的蒙古政权的猛烈攻击，再加之他无法挽救丧乱中的金王朝在经济、政治、军事上的全面崩溃，抗蒙所取得的成效终究是昙花一现，正如郝经所言："天兴不是亡国主，不幸遭逢真可惜。"留给后人的只有无限的惋惜和冥思。而刘祁对金哀宗的评价是持否定态度的，他认为金哀宗夺长而立，以圣智自处，用术取人，任用贵戚、难驭骄将；不知大略，淫纵恣肆，讳言过恶，喜听谀言，等等。姑且认为刘祁所说都是真实的，但与哀宗抵御蒙古的所作所为相比，也

第八章 旁观者清：无法后退的历史车轮

是瑕不掩瑜。况且，人无完人，就是把唐宗宋祖搬出来，谁又是完美君王呢？

客观来讲，哀宗的帝王素养较之前的两位皇帝要高，这要综合分析。首先，在哀宗身上看不到骄奢淫逸末世帝王形象，而是一位奋发图强、意在中兴的励志楷模。这要感谢哀宗有一位好母亲，时刻告诫他如何做一位好皇帝。哀宗生母王云，是金宣宗仁圣皇后王霓的姐姐，王云和王霓同侍一夫。王霓因无子，便收养完颜守绪，姐妹二人同心协力，共同抚育完颜守绪。完颜守绪即位之前，王云教育得十分严格，即使是守绪被立为太子后，如果犯了错，照样会挨母亲王云的鞭子。完颜守绪登基以后，哀宗同父异母的哥哥、荆王完颜守纯被视为他巩固帝位的重要阻碍。按照金朝以往惯例，哀宗肯定不会放过这个隐患，将其留在身边，果然，荆王因"图谋不轨"而被下狱，按律当斩。王云听说后，把哀宗叫来，生气地对哀宗说："你就这么一个兄长，为什么听信谗言要加害于他呢？当初章宗杀了他的伯父和叔叔，享年不永，皇嗣又绝，难道你要仿效他吗？赶快把荆王放出来，带他见我。到时如果我看不到他，你也不要见我了！"哀宗赶忙命人把荆王放出来，带到太后身边，王云见到荆王无恙，喜极而泣，替哀宗安抚荆王。一次，点检撒合

金朝覆灭：北宋悲剧的重演

辇教哀宗骑鞠（打马球），王云知道后，非常生气，国家在内外交困之际，竟然敢教唆皇上沉溺于玩乐，于是传旨告诫撒合辇："你作为臣子，应当辅佐帝王匡扶国事，你却教皇帝不务正业。如果下次再让我知道你这么干事，一定狠狠赏你板子。"后来金军在战场上取得了一些胜利，国势颇振，有些文士就开始雀跃起来，歌颂圣德中兴。太后王云听说后，十分不高兴："皇帝年轻气盛，容易生骄傲之心。现在侥幸打了一两次胜仗，这算什么'中兴'？这些人简直是谄媚奉承！"而王霓也对即位不久的哀宗说："祖宗打天下何其不易，你要效法先祖，励精图治，打退蒙古人，收复中都，这样四方承平，百姓才得以安乐，到那时你穿着冕服，去中都太庙向祖宗们行禘祫之礼才好啊！"如此识大体、顾全局的两宫太后，是哀宗励志扭转时局过程中的精神支柱，有什么比这更重要呢？

其次，哀宗即位后，锐意改革时弊，铲除奸佞，力图扭转时局。他广开言路，团结抗蒙力量，哀宗褒死节之士，为习礼吉思（马庆祥）、王清、田荣、李贵、王斌、冯万奴、张德威、高行中、程济、张山等13人立褒忠庙，以激励抗蒙将士；起用完颜合达、完颜陈和尚等名将抗击蒙古，组建强大的抗蒙军队，曾一度取得大昌原战役、卫州战役和倒回谷战役的胜利；还起用胥鼎

第八章 旁观者清：无法后退的历史车轮

等前朝老臣，处死残酷苛刻的吏部侍郎蒲察合住，将奸臣左司员外郎尼庞古华山贬逐出京。

哀宗决心抗蒙，集中兵力全力对付蒙古。哀宗派人到南境榜谕宋界军民停止南伐，试图改善与宋的关系。又与西夏讲和，双方议定，西夏以兄事金，各用本国年号，西夏遣使来聘，奉国书称弟。哀宗还为了抵抗蒙古，组建忠孝军、合里合军。忠孝军是哀宗亲自组建的骑兵部队，相对其他女真军队配置优良、待遇优厚，并且军纪严明，所过之处，秋毫无犯，深得民心。忠孝军在作战时勇猛无比，充当先锋，疾如风雨，是金朝抗蒙力量中的一支劲旅。

面对危局，哀宗显示出帝王英主的魄力，锐意改革，采取一系列措施，去除时弊。元好问评价哀宗："陛下之所以御将，镇南之所以报国，君臣之间可以无愧千古！"赞扬的就是哀宗能够知人善用，具有驾驭全局的帝王风范，能够激励将士为其效命甚至不惜以死报国。面对蒙古军的次次围城和攻击，哀宗能够与将士并肩作战，亲驭六辔、抚巡三军，没有钱奖赏将士，就拿出自己使用的器皿以旌战功，杀厩马以充犒赏。蒙古军攻城，而哀宗攻心，将士无不以一当百，视死如归。父既受刃于前，子复操戈于后。蔡州城破，大臣完颜仲德以死殉国，属下将士无一人投降；近侍完颜绛山，舍命为哀宗掩埋遗骨，等等，这些都是哀宗作为开明帝王所具有的优秀品质。

哀宗在位10年，无不在为中兴金室、抵抗蒙古而努力。他身体力行，不徇私枉法、不逞兵以忿、不滥杀无辜，勤俭治国、敦崇儒术、鼓励农业、重视教育，选贤与能、亲贤臣远小人。正如王鹗所说：虽然哀宗的统治"不能达到太平盛世，但也算是小康小息"，即使是亡国之君也值得称颂。死于社稷，上下一同，试问古之亡国之君中，能有几人？

三、民族政策：亲疏有别的"家人"

兴起于白山黑水之间的女真人，因为辽朝贵族的压迫而奋起反抗，并成功推翻辽朝的统治建立了金朝。而金朝建立之后，这样的压迫情况依然存在。

金朝国内生活着很多民族，除女真之外，还有汉、契丹、奚、渤海等各个民族，是一个典型的多民族国家。北宋皇室赵子砥在"靖康之难"时随徽宗、钦宗二帝北迁，后来于南宋绍兴八年（1138）逃回南宋，在他的见闻实录《燕云录》一书中记载：金朝对待各民族政策和待遇有着明显的不同，能掌握兵权和钱谷

第八章 旁观者清：无法后退的历史车轮

的首选女真人，以此类推，其次是渤海人、契丹人和汉人。这真实地反映了金初女真统治者对待各民族的态度。

辽朝灭亡以后，契丹人成为金朝统治下的主要民族之一，生活在金朝国内的契丹人多达10余万。金初统治者对契丹人以部族制度进行统辖，除了少数分散在各处的契丹人以外，大部分契丹人依然聚居在西拉木伦河和老哈河一带，过着"逐水草而居"的游牧生活。金廷设西北路招讨司、西南路招讨司、东北路统军司等机构，并设有群牧所，群牧所的官员由朝廷任命，多为女真人担任，广大牧民由契丹人等游牧部族组成，为金廷饲养马匹，提供战马。更重要的是，契丹人与其他游牧部族一起驻守在金界壕沿线，为金朝戍守西北边疆，抵御蒙古草原各部。金太祖天辅七年（1123），女真统治者完成了对大兴安岭以东契丹、奚故地的经略，将北京路地区有权势的契丹人、奚人任命为猛安谋克，享有世袭特权。

金朝初期，对故国心存感念的契丹人对金朝灭亡辽朝的帮凶北宋一直心存怨愤，因此他们积极参与对宋战争，成为金灭北宋的有力支持者。金太宗天会三年（1125），投降金朝的耶律余睹为元帅右都监，领兵伐宋，破宋兵于汾河北，擒其帅郝仲连等，斩杀万余人。天会四年（1126），萧仲恭出使宋朝，宋企

金朝覆灭：北宋悲剧的重演

图利用他契丹人的身份策反耶律余睹，萧仲恭表面答应，回来之后，便把宋钦宗秘密写给耶律余睹的信交给了完颜宗望。但从族源上来讲，加之祖上结下的世仇，出自东胡族系的契丹人对出于肃慎族系的女真人的统治很难达到认同，自始至终都是金朝国内不安定的因素。耶律余睹本是辽朝宗室，仕辽为东路都统，其妻子萧氏与天祚帝文妃为一奶同胞的姐妹，文妃所生一子被封为晋王，为人贤良，有人望。辽朝权臣萧奉先因担心妹妹元妃与天祚帝所生的秦王不能成为太子，就诬陷文妃、耶律余睹等人阴谋作乱，要谋立晋王，辽天祚帝听信谗言，处死了文妃等人。耶律余睹因身在军中免遭一劫，但他无路可走，只能被迫投奔金朝，成为金灭辽战争的重要帮手。可是，当在军中的耶律余睹多次乞求完颜阿骨打，允许他将侍妾和儿子接到身边时，却引起了阿骨打的猜疑。阿骨打命人将耶律余睹的家属严加监护，不允许其擅自离开。又下诏："余睹投降时，所率部民都是强制过来的，要时刻警惕他们生变，应该把他们迁到内地去。"由此看来，不仅是耶律余睹心存异志，而且阿骨打一开始就不信任他，以扣押其家属的方式提防着他。也许就在耶律余睹奉命讨伐耶律大石的天会八年（1130），也许是在其他的某一时间，他联系上了耶律大石，要交通西辽，共谋金朝。

第八章　旁观者清：无法后退的历史车轮

天会十年（1132），此时耶律余睹任金朝西军大监军、西京留守，他密约云中、河东、河北、燕京郡守中的契丹人和原仕辽汉人一同举兵反金，可消息败露，耶律余睹出逃鞑靼，结果被边将所杀。耶律余睹的叛变导致金境内大批契丹人被杀害，其同谋燕京统军使萧高六伏诛，蔚州节度使萧特谋葛自杀。元帅府诸将分捕耶律余睹叛党，仍令诸路尽杀契丹人，屠杀清洗的行动持续了一个月。诸路大乱，各部契丹人纷纷逃入西夏。金人对契丹人的屠杀，使金和契丹人关系开始恶化。

相较其他皇帝，海陵王比较器重契丹人，但他穷兵黩武，对契丹的残暴征兵又一次点燃了契丹人心中的怒火。金正隆五年（1160），海陵王为南征攻打宋朝，在全国范围内强制征兵，契丹人也不例外，所有契丹平民丁壮都要当兵。当牌印官燿合和杨葛前来契丹部落，宣读海陵王的诏书以后，遭到了以耶律撒八为首的契丹各部的强烈抵制。因为契丹所居住的西北路地理位置非常重要，此处的契丹各部与北方蒙古高原上的蒙古各部世代相伐结怨已久，如果契丹男丁都被征去打仗，留下的老弱妇孺就会遭到蒙古各部的侵扰。燿合和杨葛忧心忡忡地回到中都，燿合畏惧海陵王的残暴，不敢说出实情，杨葛则担心日后西北地区要出事，忧惧因自己处置不当而被海陵王治罪，抑郁而死。不久之后，海

金朝覆灭：北宋悲剧的重演

陵王再次命燥合与牌印官耶律娜、尚书省令史没答涅合前去监督西北路军队出征事宜。耶律撒八等人看到契丹各部壮丁马上要被征尽，遂与孛特补率领部众杀了西北路招讨使完颜沃侧和燥合，可能因为耶律娜和没答涅合是契丹人、同气连枝的缘故，并没有杀死他们，只是将他们抓起来，取出招讨司库房中的 3000 副铠甲，分发众人，举行起义。大家商议立豫王耶律延禧的子孙，以此为号召，推都监老和尚为招讨使，山后四群牧、山前诸群牧尽杀群牧使鹤寿、徒单赛里、完颜术里骨等人，群起响应。耶律撒八率领起义队伍攻打金朝的韩州、咸平、济州等地，迅速占领该地区。海陵王收到耶律撒八叛乱的消息，马上派枢密使仆散忽土、西京留守萧怀忠率兵 1 万，与右卫将军萧秃刺前去镇压起义，但皆以失败告终。同时，海陵王以各种理由诛杀契丹人。耶律撒八要在金朝派大军前来镇压之前，率领队伍进行战略转移，沿着龙驹河（今克鲁伦河）西行，打算投奔西辽耶律大石。但一直居住在故地的各部契丹人不愿远离故土穿过茫茫戈壁去追寻耶律大石，于是内部产生分歧并矛盾升级。六院节院使移刺窝斡带人杀死了耶律撒八，成为新领导人，在移刺窝斡的率领下，掉头东行，抵达临潢。这一期间，接连挫败金朝派来的各路大军，金朝枢密使仆散忽土、北京留守萧赜、西京留守萧怀忠、右卫将军

第八章　旁观者清：无法后退的历史车轮

萧秃剌都因讨伐不利等原因被杀。后海陵王又派北面兵马都统白彦恭、副都统纥石烈志宁、西北面兵马都统完颜毂英、西北路招讨使唐括字姑征讨耶律撒八，都徒劳无功。反倒是海陵王的残暴引起众怒，最终被杀于南伐的军中，而完颜雍即位于辽阳。世宗完颜雍派移剌扎八、前押军谋克播斡、前牌印麻駇、利涉军节度判官马脑等人前去招安移剌窝斡，结果移剌扎八反倒被移剌窝斡说服，也参加了进来。移剌窝斡于大定元年（1161）称帝，年号天正。此后移剌窝斡率军北上，先后与金军战于泰州（今吉林省白城市东南）、济州（今吉林省农安县）、懿州（今辽宁省阜新市彰武县西）、川州（今辽宁省北票市东北黑城子古城）、花道（今内蒙古自治区赤峰市东南）、袅岭西陷泉（今内蒙古自治区巴林左旗境内）等地，但在金军的围剿之下，胜少败多，损兵折将，队伍士气受挫。金世宗又以悬赏、挑拨离间等方式招诱，契丹队伍中不断有人投降金廷，后移剌窝斡被叛徒出卖，被擒以后被押送到中都处死。而余部仍坚持斗争，直至大定四年（1164）才被镇压下去。耶律撒八和移剌窝斡领导的契丹人起义，在西北路爆发，迅速蔓延到西京、北京、咸平府、上京等地，金治下的契丹部族几乎都加入进来，人数众多、规模庞大，对金朝统治产生了重要而深远的影响，从此金朝对契丹人的统治政策发生了重大转

金朝覆灭：北宋悲剧的重演

折。

耶律撒八和移剌窝斡领导的反金叛乱，使世宗及其以后的金朝统治者对契丹人更加不信任。一次，世宗与朝廷众臣谈及契丹人时说道："海陵时，契丹人尤被信任，终为叛乱，群牧使鹤寿、驸马都尉赛一、昭武大将军术鲁古、金吾卫上将军蒲都皆被害死。赛一等人都是功臣之后，在官时并没有与契丹结怨，足可见契丹人的野心。"尚书右丞唐括安礼对世宗说："您作为英明之主统御万民，契丹人同为我大金子民，应该一视同仁。"世宗叹了口气说："朕并非要区别对待他们，只想好好治理，使其真心归顺，以防患于未然。将来国家万一有边患，契丹人恐怕不能与我们一心啊。"世宗废除了参与叛乱的契丹猛安谋克，将契丹户分散于女真各猛安谋克之中。而金大定十七年（1177）世宗命监察御史完颜觌古速巡视边境，随行的契丹人揆剌、招得、雅鲁、斡列阿4人，越境逃奔西辽，契丹人叛逃的事情让世宗大为震惊。金朝从灭辽后，一直视远在中亚的西辽为重大隐患，这次的越境行为再一次提醒世宗，应该对境内的契丹人采取新的统治措施。世宗在诏书中说："大石在夏国西北，以前移剌窝斡叛乱，契丹人都跟着参与其中，朕没有治他们的罪，令其返回旧地，从事旧业，可是他们仍心怀不臣之心。倘若耶律大石趁机离间诱惑，必

第八章 旁观者清：无法后退的历史车轮

生边患。"于是，为防止西北路的契丹人与西辽交通，世宗决定把他们迁往辽东，与女真人杂居，想通过相互杂居、男婚女聘的方式，逐渐使其融合。但契丹人的东迁却为金末耶律留哥之乱埋下了祸根。

卫绍王即位之后，北方强大起来的蒙古给金朝带来了更大的威胁，同时辽东的契丹人也渐有不稳定的迹象，为防患于未然，金朝进一步加强了对契丹人的控制。金政府规定，一户契丹民户要与两户女真户夹居，这种严密的防范措施更加坚定了契丹人的叛意，金统治者担心的事情最终还是发生了。大安三年（1211），蒙古南下攻金，契丹千户耶律留哥趁机在隆安等地举兵反金，闻讯归顺的契丹人很快就达到10余万。耶律留哥的抗金斗争一直持续到兴定四年（1220）才告结束。更让人玩味的是，耶律留哥担心抵挡不住金军镇压，毅然投靠蒙古，即使后来有机会称帝，他也坚辞不受，死心塌地追随成吉思汗。再从前面几次契丹人的反叛来看，生活在金朝的契丹人，仿佛一直都在寻找着自己的"根"，所谓的"根"可能就是前面所说的同宗同源的血缘关系吧，而金朝的政策似乎也存在一定的缺陷。反观被其灭亡的辽朝，国祚200余年，似乎没有发生大的民族性质的叛乱或起义，这与契丹统治者施行的"以辽制治契丹，以汉制待汉人"的二元

金朝覆灭：北宋悲剧的重演

政治密不可分。辽代统治兼容并蓄，包容一切，使得在其统治下各族人民能够各得其所，若不是天祚帝统治的腐败，对女真索要无度，也不至于灭国。

金统治下的奚人，与契丹人同属东胡族系，二者具有较为密切的渊源。奚人在辽朝时享受很高的政治地位，又以后族身份世代与契丹皇族通婚，因此奚人在金朝的命运与契丹人紧密相连，金人往往将奚人视作契丹人。金朝将奚人编入奚人猛安谋克，与契丹人一道为金朝驻守西北边防。无论是契丹人还是奚人，任高官的并不多，但萧裕是一例外。海陵王时期，奚人萧裕受到重用、权倾朝野。因为他是帮助海陵王杀死金熙宗、谋权夺位的主谋，他还帮助海陵王除掉太宗子孙70余人、秦王宗翰子孙30余人。海陵王拜萧裕为尚书左丞，加仪同三司，授猛安，赐钱2000万、马400匹、牛400头、羊4000只。不久为平章政事、监修国史，后为右丞相、兼中书令。萧裕的弟弟萧祚为左副点检，妹夫耶律辟离剌为左卫将军，权势滔天。海陵王非常信任他，有人在海陵王面前说他坏话，海陵王以为是别人妒忌萧裕，于是把萧祚和耶律辟离剌降官，分别出任外官，以绝众疑。因为海陵王嗜杀、好猜忌、反复无常的性格，误使萧裕以为两位亲人外补很可能是海陵王对自己不满所致，这使得萧裕坐立不安，恐遭遇祸

第八章 旁观者清：无法后退的历史车轮

端，就与前真定尹萧冯家奴、前御史中丞萧招折、博州同知遥设、女婿遏剌补谋乱。但因消息走漏，被人告发而被杀。萧裕事件再次证明，女真人和奚人的关系就如同其与契丹人的关系一样，极其脆弱，很容易就会破裂。而之后发生的耶律撒八和移剌窝斡叛乱，多有奚人参与其中，因此金统治下的奚人命运与契丹人别无二致。

说到金朝北方民族，还要特别说明一个由各民族组成的军队——乣军，这是金朝覆灭过程中的一个重要问题。金朝建立以后，因地制宜，在北部边境建立了一整套边防体系，以抵御蒙古高原鞑靼诸部。在边防体系中，乣军是其中重要的一部分。所谓"乣"，是一种行政单位，金朝将北方的少数民族组织起来，建立军队，为其戍边，守卫边防。诸乣设详稳一员，从五品，执掌边堡的戍守；还设麽忽一员，从八品，副于详稳。金朝东北路统辖有二部和五乣；西北路和西南路招讨司先后设咩乣、木典乣、骨典乣、唐古乣、耶剌都乣、移典乣、苏木典乣、胡都乣、霞马乣等。乣人与北方民族习俗相同，大体上是游牧民族，其中也包括奚人和契丹人。金朝将乣人组成军队，则称乣军。各支乣军分别隶属于东北、西北和西南路招讨司，分布在上京路、北京路、西京路北部区域，用以牵制蒙古高原诸部。参加乣军的士兵都善于

金朝覆灭：北宋悲剧的重演

骑射，能征惯战，为金朝守边，是金朝一支重要的边防力量。但是由于乣军的队伍成员主要由归降的契丹、奚和掳掠而来的蒙古、党项、塔塔尔等部族构成，其组成成分极其复杂，很难管理。乣军的长官由朝廷直接任命，以加强对乣军的控制，而为减少矛盾和冲突，乣军的副手一般由乣军本部选出。金朝采取各种措施限制和防范乣军，致使乣军与金朝关系非常敏感。由于金朝处理不当，乣军多次发动叛乱。海陵王时期曾爆发过耶律撒八和移剌窝斡、德寿和陀锁等多次反抗金朝的起义。金章宗时期，女真军队在长期的和平环境下渐渐失去锋芒，因此无论是抵御北方蒙古还是对宋作战，乣军都成为金朝对外作战的主力和先锋，各路乣军号称骁骑。因为金廷对其所立战功分配不均，导致乣军纷纷散走，投靠蒙古。明昌和承安年间，乣军多次爆发叛乱，为加强对乣军的控制，金廷把他们迁到中都附近加以安抚，这给卫绍王时期带来了重大隐患。

乣军与女真统治者离心离德，反而更加倾向于新兴的蒙古政权。卫绍王称帝以后，诏谕蒙古诸部，却被成吉思汗羞辱一番，使者回来如实禀告卫绍王，听了使者的禀报后卫绍王更加生气，于是打算设计铲除铁木真。金大安三年（1211）春，按照惯例，蒙古又要前来入贡，完颜永济遣重兵分屯山后，计划待蒙古人进

第八章　旁观者清：无法后退的历史车轮

场纳贡时来个突然袭击，除掉铁木真。然而乣军中有人却偷偷报信给蒙古，铁木真开始还半信半疑，侦察兵回来报告确有此事，这才相信这些前来报信的乣军。从此蒙古彻底断贡，结束了与金朝的附属关系。卫绍王被胡沙虎弑杀以后，金朝国内皇权削弱，武将专权，朝纲紊乱，金统治者对乣军的控制也逐渐减弱。乣军原来由各路招讨司长官招讨使统领，远离政治中心，可自从由正五品的泰州刺史术虎高琪统领之后，便开始参与金朝的内部权力争夺。术虎高琪率领乣军杀死胡沙虎，引起金廷内乱，乣军也趁金朝内部统治混乱和衰败之机作乱。宣宗南迁以后，乣军发动多次叛乱，投降蒙古，帮助蒙古迅速占领中都，切断了金朝中原地区连接东北地区的中枢要地，金朝统治者逐渐丧失了对东北地区的统治权。更为严重的是，乣军常年为金朝戍边抵御蒙古大军，对金朝的金界壕等军事防御体系十分熟悉，有了乣军做向导，蒙古在灭金的道路上减少了很多阻碍。乣军投降蒙古以后，被编入蒙古军队，成为蒙古南下灭金的重要参与者，加速了金朝的灭亡。

金朝统治下的汉人分为两部分，一部分就是赵子砥《燕云录》里面所说的汉人，即辽朝统治时期境内的汉人，金朝称之为"汉儿"；另一部分则指从北宋得来的汉人，金朝称之为"南人"。

金朝覆灭：北宋悲剧的重演

根据历史学家的研究，金朝存在民族等级排序，依次为女真人、渤海人、契丹人及奚人、汉人、南人，由此可见汉人在金朝的社会地位十分低下。金灭亡辽朝以后，原辽统治下的汉人都在金军的胁迫下，被强制迁往金源内地和辽东等地；北宋亡国以后，金朝将北宋境内的大量汉族人口迁到黄河以北。金军攻破开封，押送各种技艺工役3000家北归；金军北撤，驱赶北还的汉族人口达10万余人。辽朝统治下的汉人与北宋治下的汉人具有明显的不同：辽朝统治下的汉人长期处于北方少数民族的统治之下，因与辽朝融合了200多年，尤其以汉人为主的燕云地区因数次易主，他们比起南人来更容易接受女真人的统治。因此从这一点来说，金统治者更加容易接受辽统治下的汉人。金人对待汉人和南人的政策和态度明显不同，有人认为，金朝存在阶级差别的一个最典型例子就是科举制度上的"南北选"。所谓的"南北选"，即原辽遗民和原北宋统治下的遗民，因其各自的科举制度不同，所以金朝按照各自的录取制度实行。针对原辽和北宋治下之汉人施行的"南北选"制度在考试内容、考试场次、录取人数上明显不同。原辽汉人应试易于原宋治下的汉人：一是考试内容不同，太宗时期，初创"南北选"，汉人考诗赋，只试一场，南人考经义，要考三场。二是录取人数上，北方也多于南方。但是，这只能作

第八章　旁观者清：无法后退的历史车轮

为金朝初期各项制度不完善的一个表现。不过在执行考试过程中经常出现不公平现象，如天会十年（1132）西京白水泊会试，完颜宗翰（粘罕）私下告诫考试官不要录取中原人，导致当年考试内容只有词赋，而无经义，原北宋治下的汉人根本没有机会参加考试。

那么女真统治者是否真正信任辽代的汉人呢？金世宗曾说："燕人（辽代汉人）自古以来就没有多少忠诚的，契丹来了他们就服从契丹的统治，宋人来了他们又服从宋的统治，现在我们统治了这里，他们又顺从地接受了我国的统治，可见其禀性如此。"看来女真统治者之前对汉人和南人的区别对待只是因为汉人比南人更加容易统治罢了，根本就不是因为信任他们。熙宗皇统七年（1147）发生的"皇统党狱"恰恰生动地体现了金人对汉人的排斥和打压。辽代汉人世家韩匡嗣家族的后人韩企先，于辽亡以后入仕金朝，仕太祖、太宗、熙宗三朝，深得金朝统治者信任。韩企先在相位多年，身边聚集了很多汉族仕人，而这些人都以原辽统治下的汉人为主，其中就包括田瑴，而以蔡松年、许霖等为代表的南人则不被重用，与田瑴等人宿怨很深。韩企先去世以后，负责官员铨选的田瑴遭到许霖举报，理由是工作过程中徇私舞弊、专擅朝政。熙宗下令追查，从而引发党

金朝覆灭：北宋悲剧的重演

狱，最后以朋党之罪将田毂、奚毅、邢具瞻、王植、高凤庭、王倣、赵益兴、龚夷鉴8人斩首，田毂妻子及相关联的孟浩等34人流放，永不赦免，牵涉的人数之多、打击面之大前所未有，朝省为之一空。其实，"皇统党狱"本质上是女真统治集团内部斗争的产物，田毂等人只不过是政治牺牲品。"皇统党狱"无论是女真贵族借助南人打压汉人的政治斗争，还是汉人派系之间的斗争，都在证明着一个现实问题，就是女真统治者对汉人是不信任的。

而金朝统治下的普通汉民又是什么状况呢？金初金军南下攻打宋朝时，遭到北宋汉人的顽强抵抗，女真贵族甚至建议金太宗将汉人斩尽杀绝。金军南下，每到一处必掠夺人口北上，尤其攻破北宋首都开封之后，北迁普通百姓无数。大量北宋百姓像牛羊一样被金人驱赶着渡过黄河，一路北迁，稍有不慎就会受皮肉之苦，甚至遭到残忍杀害，遗骸遍布荒野，惨不忍睹。还有部分移民被女真贵族卖到西夏等国易马。

金朝实行一系列措施以统治汉民。首先，金廷签发改俗令，命淮河以北广大地区的百姓削去头发，穿左衽衣服，违令者斩，中原百姓不得不改变传统的习俗。金廷又将女真军户南迁到中原汉地，与汉民杂居。仅海陵王一朝，南迁的军户就高达42万人。

第八章 旁观者清：无法后退的历史车轮

金廷按照人口数量分配给女真军户官田，由于有限的土地无法满足庞大的女真军户，金廷就以各种名义括田，掠夺汉人田地以对女真户"计口授田"，大量官田、荒闲牧地、绝户地，甚至是僧尼道士女冠等地，都被女真军户占有。汉人祖祖辈辈赖以生存的土地被金廷以剥削压榨甚至巧取豪夺的方式占有，广大汉人的利益受到严重损害，矛盾日益激烈，为日后的农民起义埋下伏笔。宣宗南迁以后，疆土日蹙，大批南下女真军户和躲避战乱的难民与南方汉人之间因土地纷争所导致的矛盾越发激烈。为了解决女真人的生计，金廷要么要求当地农民缴纳粮食，要么剥夺土地交给南迁的军户。大批汉民不堪忍受压迫揭竿而起，这无疑严重动摇了金朝的统治根基。

渤海人与女真人的关系，如同辽朝时期奚人与契丹人的关系，正如完颜阿骨打起兵之初曾说过的一句话，"女真和渤海本同一家"。女真统治者对待渤海人的态度要好于对契丹人、奚人和汉人，因为渤海人和女真人属于同一族源，他们都是肃慎族系中靺鞨的后裔，渤海源于粟末靺鞨，而女真则属于黑水靺鞨。契丹天赞三年（924），契丹皇帝耶律阿保机率军攻破忽汗城，灭亡渤海国，自此以后，渤海人处于契丹统治之下。为了便于控制渤海人，辽朝将渤海人从故地迁到辽朝东京、上京、中京各地。完

金朝覆灭：北宋悲剧的重演

颜阿骨打兴兵伐辽，渤海人积极响应，纷纷依附于女真。女真统治者非常重视与渤海人之间的关系，不但授以渤海贵族高官厚禄，还通过与渤海贵族进行政治联姻以巩固彼此关系。渤海与女真皇室联姻的主要是辽阳大氏、李氏、张氏三支渤海右姓，从太祖至世宗朝，他们与皇室累世通婚，金朝的9位皇帝中，海陵王、金世宗、卫绍王都是由渤海人所生，渤海贵族与宗室之间的联姻更是数不胜数。

大氏家族原是渤海国的王族。关于大氏家族的族源有很多种说法，其中一个说法是大姓与太昊伏羲氏有关。渤海国灭亡以后，大氏家族及其后裔被迫迁入辽朝统治者管辖的地区。金朝建立，与完颜氏联姻，海陵王生母、世宗柔妃都出自大氏家族。大氏家族作为渤海国王族遗裔更是有着强大的影响力，金统治者通过与大氏家族联姻去实现一定的政治目的。而渤海李氏家族是居住在辽东地区的"辽阳大族"，代表人物有李石、李献可，世宗母亲贞懿皇后李氏是李石的姐姐，世宗之子郑王永蹈、卫绍王永济、潞王永德都是元妃李氏所生。张氏家族原是渤海地区显赫的高氏家族，以高霸为代表，入辽后以张氏为姓，到了金朝，代表家族的主要有张浩家族和张玄素家族。张浩仕太祖到世宗五朝，张浩及家族其他成员均在金朝中枢机构任职，地位显赫。金世宗

第八章 旁观者清：无法后退的历史车轮

元妃张氏，生赵王永中。除此之外，还有渤海高氏家族、王氏家族，都是金朝渤海世家大族。章宗时期，渤海贵族逐渐卷入皇室斗争之中，遭到女真势力的打压，但是，这只是统治集团内部权力斗争的表现。有金一代，尤其到金朝末期，都没有关于渤海人反抗的行为，可见双方之间的关系还是比较牢固和稳定的。

综合以上分析，金朝女真统治者对待不同民族的态度各不相同，契丹人和奚人一直都是女真统治者的心头之患，时刻加以提防；对待汉人和南人，存有一定程度的蔑视和提防，但汉文化的优势使女真统治者不得不利用汉人进行有效统治；而由于同宗同源的缘故，女真贵族心理上真正能够接受的是渤海人。对于一个多民族国家，一项最重要的统治政策就是如何制定合理的民族政策，这关乎国家的兴衰。总观辽朝和金朝的灭亡，一个最重要的原因就是实行不合理的民族政策，而这种政策必定会带来社会的不稳定因素。这需要以皇帝为首的统治集团智慧地处理统治民族与其他民族的关系，因为在古代封建社会，帝王本身的素质和驾驭四方的领导能力是关键。帝王作为统治中枢的核心部位，他的一个错误决定可能会造成很大的影响，卫绍王一句"敌人相攻，中国之福"，导致西夏投降蒙古，成为蒙古灭金的助力。

金朝覆灭：北宋悲剧的重演

四、矛盾爆发：夹缝求生的反抗军

中国古代王朝的更替，主要原因之一就是国内存在的各种矛盾，金朝也不例外。金朝灭亡的原因是多方面的，既有女真贵族内部的矛盾和斗争，又有金与周边政权交恶所导致的摩擦与战争，还有汉人反对压迫的抵抗斗争。

北宋灭亡以后，河北路和河东路一带汉民抵抗金朝的斗争此起彼伏、持续不断。除了真定、怀、卫、浚之地以外，河北各州郡都在抗击金朝，很多兵民联合起来，有的占据城郭、有的据守黄河，自发聚集抗金力量，原北宋官员也加入进来。

海陵王时期，横征暴敛，大兴兵役，导致民怨沸腾。自天德三年（1151），海陵王营造燕京，又造南京宫室，两次迁都，两次营造都城；穷兵黩武，常年对外进行军事征伐，使得全国上下民不聊生。正隆三年（1158），金军南下攻宋，山东人民不堪其扰。沂州（今山东省临沂市）人赵开山首举义旗，将姓名倒置为"开山赵"，聚众万余人起兵。先后攻占密州（今山东省诸城市）、日照（今山东省日照市）等地，人数多时达到30万，在淄（今山东省淄博市以南）、齐（今山东省济南市）等地屡次重创金军。

第八章 旁观者清:无法后退的历史车轮

正隆末年,海州东海县民张旺和徐元、大名府王友直、济南府耿京等相继聚兵反抗,虽然这些军事斗争规模较小,没有给金朝以致命打击,却反映了金朝对当地百姓的压迫。

金朝末年,金政府对华北地区的统治瓦解,民众组成大大小小的武装团体以求自保,少则几万人,多者则达到几十万人。他们的政治向背对当时金、蒙、宋三方有着重要的影响,山东红袄军就是其中最具代表性的势力之一。卫绍王大安三年(1211),蒙古大军南下攻金,被金廷派去戍边抵抗蒙古的山东益都(今山东省青州市)人杨安儿趁机聚众起事,身穿红袄,因此被称为"红袄军"。杨安儿率领红袄军攻伐金朝州县,势力和影响逐渐扩大,山东为之震动。金廷与蒙古议和、中都之围解决之后,金朝廷马上调遣兵马围剿。金廷以仆散安贞为山东路统军安抚使,仆散安贞又以沂州防御使仆散留家为左翼,以安化军节度使完颜讹论为右翼,合兵攻打红袄军。杨安儿率兵攻打莱州(今山东省烟台市莱州市)和登州(今山东省烟台市蓬莱区),两州守官徐汝贤和耿格不敌红袄军,相继开城投降。其队伍迅速壮大,声势威震四邻,兵力达10万余人,杨安儿遂僭号,置官属,改元"天顺"。仆散安贞亲率大军前来镇压,徐汝贤等率三州10万士兵拒战,转战30里,数万人战死。棘七

金朝覆灭：北宋悲剧的重演

等率兵4万列阵于辛河，仆散留家由胶西进兵，交战中，棘七败绩，损失惨重。仆散安贞军队到达莱州，红袄军将领史泼立率20万人在城东列阵迎战。仆散留家以轻兵攻城诱战，史泼立不敌，战败，红袄军损失大半。同时，仆散安贞以重赏招降徐汝贤遭拒后，又派莱州黥卒曹全等诈降于徐汝贤以为内应。贞祐二年（1214）九月，金兵攻下莱州，徐汝贤被杀，耿格、史泼立投降。十一月，杨安儿与部下汲政等乘舟入海，被舟人陷害，堕水而死。之后杨安儿之妹杨妙真领导红袄军继续与金廷作战。杨妙真号"四娘子"，勇悍善骑射，与刘福等收集数万残部，继续与金军对抗。此时，各路兴兵反抗者的星星之火已经发展成为燎原之势，杨安儿的消息传遍山东各地，各地的反抗队伍纷纷树起旗帜，郭方三据密州（今山东省诸城市），进攻沂、海两州；李全起兵于潍州（今山东省潍坊市），攻取益都；刘二祖起兵于淄州（今山东省临淄区南）、沂州等。这些大大小小的队伍在今天的河北南部、山东、江苏中北部一带，抵抗金廷长达40年之久。在金军的围剿和镇压下，他们为求自保，相继在金、蒙、宋之间斡旋，成为三方拉拢的对象，对金朝晚期政局产生了重要的影响。

李全（1190—1231），金朝潍州北海（今山东省潍坊市）

第八章 旁观者清：无法后退的历史车轮

人，其率领的队伍影响很大。李全自幼酷爱武术，弓马矫捷，善使铁枪，人称"李铁枪"。卫绍王至宁元年（1213），蒙古军进攻山东，李全之母和长兄都死在乱军之中。至宁二年（1214）年末，遭受重大打击的李全为给亲人复仇，与二哥李福聚众数千起兵，加入反抗之列，攻打临朐（今山东省临朐县），进取益都。不久，刘庆福、国安用、郑衍德、田四、于洋、于潭等率领的小众队伍纷纷投靠李全，队伍不断发展壮大。与益都杨安儿和泰安刘二祖领导的队伍一起，成为当时红袄军的三支主要势力。蒙古军北撤后，金统帅仆散安贞率重兵镇压山东、河北等地的红袄军，红袄军遭受重创，杨安儿、刘二祖相继失败被杀，李全也险些被金军所擒。为保存实力，他决定退保东海（今江苏省连云港市东南），不久，杨安儿妹妹杨妙真和舅舅刘全，刘二祖部下霍仪、彭义斌分别率领队伍与李全会和。兴定元年（1217），金宣宗以宋朝绝岁币为由，在腹背受敌的情况下，南伐宋朝，双方关系破裂。为牵制金军，宋方以各种方式招降山东等地的队伍，致使李全归宋，成为宋朝安插在金朝后方的一把利剑。继李全之后，红袄军将领石珪、夏全、时青等相继率军附宋抗金，极大地影响了金朝伐宋的军事计划。李全等率领队伍在淮东地区帮助宋军抵抗金军的进攻，大败金军。

金朝覆灭：北宋悲剧的重演

金宣宗兴定三年（1219），李全又将据守益都的另外一支队伍首领张林劝降，张林遂附表将所辖山东青、莒、密、登、莱、潍、淄、滨、棣、宁海、济南等12州版籍归宋，南宋不费一兵一卒就得到了包括益都府在内的金朝山东东路全境。与此同时，南宋朝廷利用李全、张林所统率的山东反抗军来抵御金朝的南侵。而李全也"宁作江淮之鬼，不为金国之臣"，发誓不再向北，将其父母兄嫂之骨从潍州迁至淮南。但是宋廷在利用他们抵抗金朝的同时，也提防着这支队伍，不许北军南渡以避免造反，致使各路反抗队伍无法联合起来共同抗金，反而使他们逐渐变为地方的割据势力。南宋朝廷对他们缺乏信任，内讧不断，使其在宋、金、蒙三方摇摆不定。

以红袄军为主的势力出于各自的目的，在金、蒙、宋之间寻求生存空间，成为三方拉拢和利用的对象，并在各自的政治抉择下分别成为金朝义军、南宋抗金义军或蒙古汉人世侯，深刻影响着时局的变化。也由此看到，金廷"贞祐南渡"以后，河北和山东等广大地区是金、蒙、宋三方争夺的主要焦点之一，而金朝实际已经失去了对以上地区的控制权，只能凭借"九公封建"和极少数投降的红袄军等义军代理其地。宋朝在对待义军的态度上畏首畏尾，既想利用，又缺乏对义军的信任，没有抓住金蒙战争契机分得一杯羹，把多数义军推向了蒙古。而河北和山东的混乱分散了金朝的注意力，减少了蒙古军进攻的阻力，加速了金朝的灭亡。

五、周边关系：策略失误的金廷

随着金朝的日益腐败，蒙古的逐渐强大，发生在金朝晚期的金蒙战争的性质发生了改变。其周边的西夏和南宋也被卷进来，成为蒙古称霸亚洲所发动的战争的一部分。各政权之间错综复杂的政治关系和利益纠葛，驱使着一代代历史学者和历史爱好者反复翻阅浩如烟海的史籍，一遍遍不厌其烦地述说着他们的战与和、仇与恨。

公元960年，赵匡胤黄袍加身，建立赵宋一朝，而167年后，宋钦宗赵桓统治时，祖宗苦心经营的一半国土被金朝夺走，且遭遇骇人听闻的"靖康之变"。这种国恨家仇如切肤之痛，成为罩在南宋朝廷几代人头上挥之不去的阴霾。南宋一朝偏安一隅也好，苟且偷安也罢，但地理位置上的联系使双方不可避免地发生关系。而彼此之间建立关系的基础是制衡，通过相关的条件约束以达到利益平衡，比如宋"开禧北伐"失败之后，为阻止金军继

金朝覆灭：北宋悲剧的重演

续进攻，向金输送岁币来换取金朝退兵，以此达到双方的利益平衡，实现了和平。虽不算是什么铁杆盟友关系，但也算是相敬如宾，各谋其政。各政权的博弈，讲究的不仅是一个政权统治核心的智谋和手腕，还要有通盘考虑的大局观念。而这种能够掌握博弈格局的人或智囊团至关重要，稍有不慎，满盘皆输。金朝的卫绍王完颜永济和宣宗完颜珣就是那个一步走错、步步走错的下棋人——北边树立了一个劲敌蒙古，又把昔日靠平衡而与宋和西夏建立的和平关系打破了。

南宋自从"靖康之变"开始就已经对金种下了仇恨的种子。出于对金朝强大军事实力的忌惮，南宋朝廷有心无力，虽然尝试发动了几次军事行动，但都以失败告终，一次又一次地将百姓的税收以岁币形式补贴给了金朝的财政。双方不是有难同当的盟友，只有利益纠葛。"嘉定议和"之后，南宋朝廷年年向金输送岁币。双方和平相处，友好交流，互派使节祝贺生辰、正旦等礼节性的交往不断，作为双方和好重要标志的榷场贸易又恢复了，双方百姓又可以进行正常的生意往来，互通有无。1211年，情况开始慢慢出现了变化，由于金境遭遇战争的破坏，道路经常被乱兵阻隔，因此双方无法实现正常的互派使节，更无法进行正常的使臣交流。随后，蒙古军队大举进攻金朝，黄

第八章　旁观者清：无法后退的历史车轮

河以北广大地区逐渐为蒙古所占，山东、河北等地义军相聚自保。趁着金朝北方混乱，宋朝也试探性地接触了一些投降的义军和红袄军。金宣宗南迁之后，南宋已经意识到金朝的衰败，双方关系逐渐瓦解。

金宋交恶的导火索是宋停止向金朝输送岁币。金朝因抵抗蒙古出现严重的财政危机，急需获得南宋的岁币以补贴日益窘迫的财政，但南宋以各种借口，请求金朝减少所输送的岁币，遭到金朝拒绝。之后南宋又以战争阻隔为由拒绝向金输送岁币，随后，金宋双方军队在边境地区开始出现摩擦。贞祐二年（1214），金宣宗采纳术虎高琪的意见，发兵南下进攻宋朝。金廷此举，目的无非就是北边损失南边补，打算在南方拓广疆土获得丰富的战略资源。战争初期，金兵屡屡取胜，宋朝伤亡惨重。金帅完颜赛不开战取捷，一路连克光山、罗山、兴州等数城，斩杀宋军近2万人。同时，金数路军队同时出兵，在樊城、枣阳、光化军、大散关以及西和州、阶州、成州等地向宋发起全面进攻，猛烈攻击宋军，宋朝军队猝不及防，处于被动境地。可随着时间的推移，调整过来的宋军开始了激烈的反攻，形势对金军渐渐不利，金军攻下来的许多城池得而复失，在宋军的反击下金军节节败退，损失惨重，陷入战争的旋涡不能自拔。

金朝覆灭：北宋悲剧的重演

金哀宗即位后，及时修正错误的攻宋政策，但宣宗发动的长达数年的攻宋战争已使宋朝廷基本放弃了联金的想法，开始考虑如何与蒙古合作。

西夏是1038年由元昊建立的大夏国，又称白上国，西夏是宋朝及后世对它的称呼。西夏的主体民族是党项人，还有吐蕃人、黄头回纥以及汉人，其统治范围相当于今天的宁夏、甘肃大部分地区、陕西北部以及青海、内蒙古的部分地区。西夏前期与北宋、辽朝对峙，后又与南宋和金朝形成鼎足之势。国内经济以农业、贸易和畜牧业为主，由于处在中原与西方的贸易线上，西夏凭借天然的地理优势，通过对过往货物征收赋税获取了丰厚的收入。与周边大国相比，西夏虽不算强大，但凭借自身的优势，在10至13世纪的大国之间扮演着较为重要的角色，成为辽、北宋、金、南宋，甚至是西辽和蒙古拉拢的重要对象和战略伙伴。

金天会二年（1124），西夏与金议和，成为金的藩属国，虽然双方互不信任、互相提防，偶有摩擦，但双方的边界冲突随着北宋灭亡、金朝内乱不断而逐渐趋于平和。在金世宗和金章宗时期，西夏经历了崇宗李乾顺、仁宗李仁孝、桓宗李纯祐和襄宗李安全4代君主，双方维持了80多年的和平时期。在这80多年里，

第八章 旁观者清：无法后退的历史车轮

双方往来交聘不断，经济文化交流频繁，可这种友好的关系随着蒙古的到来逐渐破裂。

高原上的蒙古强大以后，多次骚扰西夏。金泰和六年（1206），成吉思汗建立大蒙古国后，采取"先弱后强"的战略，先行攻打与金结盟的西夏。金大安元年（1209），成吉思汗率大军进攻西夏，蒙古大军抵达翁金河和固日班赛罕山，很快穿过河西，抵达兀剌海城。西夏国主襄宗李安全得知蒙古来袭，命令世子李承祯和大都督府令公高逸指挥5万大军阻挡蒙古军，双方在兀剌海城外相遇并展开激战，结果夏军惨败，李承祯逃走，高逸舍命抵抗，最后被俘，不屈而死，蒙古军顺利占领兀剌海城。接着乘胜越过贺兰山，直奔西夏军事要塞克夷门。克夷门是贺兰山的一处关口，是从蒙古草原进入银州的一条重要通道，如果克夷门被攻克，西夏首都中兴府（今宁夏回族自治区银川市）就会危在旦夕。克夷门的得失至关重要，因此，李安全派12万大军防守。镇守克夷门的是西夏的宗室重臣嵬名令公，嵬名令公利用地理优势，占领高地，采取由上至下的战术攻击蒙古军队，以遏制蒙古骑兵优势。蒙古军军事受挫之后，便退出山口，与西夏军队对垒相峙。在双方僵持的两个月里，蒙古军想方设法让嵬名令公出兵，将其引到山间空旷地带，以

金朝覆灭：北宋悲剧的重演

发挥蒙古骑兵的优势。于是，成吉思汗命令一部分军队暗自埋伏在周围，其余军队则大张旗鼓，拆除营地，假装撤军，以迷惑对方。果然，嵬名令公求胜心切，看见蒙古军撤退，马上率军冲下山，殊不知钻进了蒙古军的埋伏圈。待嵬名令公明白过来，为时已晚，在蒙古骑兵的攻击下，西夏军惨败，嵬名令公也沦为阶下囚。蒙古军攻下克夷门后，急速越过山脉，进军西夏首都中兴府，不久便包围了中兴府。但是中兴府固若金汤、防守严密，蒙军围攻了两个月，也没有打下来。成吉思汗正在愁眉不展之时，天公作美，一连数天，天降大雨，致使黄河泛滥，成吉思汗利用天时，水淹中兴府。眼看中兴府危在旦夕，夏襄宗李安全一边拼死抵抗，一边向金朝求援。此时金朝，章宗已经去世，卫绍王刚刚即位不久，他接到夏襄宗的求救以后召开臣僚会议，多数大臣已经敏锐地看出蒙古的企图，认为金朝应该去援助西夏。可卫绍王却对西夏的告急置若罔闻，采取隔岸观火的态度。因卫绍王的拒绝，夏襄宗只好背水一战，誓死捍卫都城，苦撑到了十二月。就在夏襄宗快要撑不住、中兴府的城墙马上被洪水浸泡得即将倒塌的时候，蒙古大军也吃到了连日大雨的苦头，蒙古军营所筑堤坝溃决，军营遭到洪水的冲击，损失严重，粮食和战马都泡在水里，部队急需休整，已

第八章　旁观者清：无法后退的历史车轮

无法继续攻城。成吉思汗只好下令撤军，寻找高地，重新驻扎，这给了襄宗喘息之机。可能对于蒙古来讲，苍天是他们的命运主宰，水淹军营也许是天意，西夏命不该绝。于是成吉思汗派人诏谕西夏，襄宗被迫与蒙古订立城下之盟，向蒙古称臣纳贡，纳女请和，将察合公主献给成吉思汗，并答应附蒙伐金。就这样，卫绍王把本可以联盟的战友推向了蒙古。

经此一战，金与西夏两败俱伤。金朝无疑失去了往日的盟友，树立了一个敌人；对于西夏，在蒙古的威逼下，被迫与蒙古签订城下之盟。而西夏的屈服促使成吉思汗可以毫无后顾之忧地派出更强大的军队去攻击金朝。对于金朝的"抛弃"，夏襄宗气急败坏，决定报复金朝。一是以武力报复金朝，不断侵扰金的边境；二是为成吉思汗提供军队，配合成吉思汗攻打金朝；三是配合蒙古取道西夏，出击金朝。金大安二年（1210）八月，西夏入侵金地葭州（治今陕西省榆林市佳县），来报复金朝对西夏的见死不救之行为。之后的几年，西夏相继入侵金朝东胜及泾州、汾州，进围平凉府（今甘肃省平凉市）。西夏还遣使赴南宋，约南宋一起夹击金朝。后来卫绍王试图改善与西夏的关系，但西夏慑于蒙古的威力，不敢与金和好复盟，只能继续屈服于蒙古的差遣。蒙古攻下金中都以后，成吉思汗撤军，避暑于鱼

金朝覆灭：北宋悲剧的重演

儿泺（今内蒙古自治区克什克腾旗达来诺尔），但蒙古军仍不时派遣小股部队去往金朝境内进行骚扰。金贞祐四年（1216）九月，蒙军将领三摸合拔都率领一支军队借道西夏，穿过鄂尔多斯，袭击金朝陕西地区，西夏按约定提供助兵3万，同蒙古军一起袭击金朝陕西。此后，西夏多次援助蒙古攻打金朝。金朝既要抵抗蒙古的进攻，又要面对西夏的骚扰，大大分散了兵力。金与西夏在对待蒙古进攻方面，其实双方均是失败者。之后，西夏一面被迫协助蒙古攻打金朝，一面又与金朝签订和议，在摇摆不定中最终得罪蒙古，惨遭灭国。而金朝对待西夏的错误政策，使双方展开了毫无意义的长达14年的拉锯战，为蒙古兼并两国创造了大好机会。

20世纪中叶，法国著名史学流派年鉴学派的重要代表人物费尔南·布罗代尔曾提出"长时段"的历史概念，即在百年、几百年甚至上千年的地理时间范围内，从地理格局、气候变迁、社会组织、思维模式和文化心态等方面整体来考察一个社会结构或历史现象。纵观金朝120年的"长时段"之历史，我们所探讨的金朝晚期之各种历史事件或现象，其实都是这一时间和空间范围内之"碎片化"的历史。但"总体历史"和"碎片化"的历史相结合，使得我们能够更加清晰地看到金朝晚期历史发展的总体趋势

第八章 旁观者清：无法后退的历史车轮

和结局以及更好地分析造成这种结局之种种原因。由此及彼，纵使历史无法假设，历史的车轮亦不能倒退，但"疑今者，察之古；不知来者，视之往"，总结过去是为了更好的将来，也许这就是历史意义之所在。

结　语

从历史长河来看，盛衰起伏，是古今中外任何一个封建王朝都要经历的必然过程。对于金朝，这个盛衰节点就发生在金章宗完颜璟统治时期。金章宗承袭世宗大定盛世，他在统治初期励精图治、深化改革、发展经济，维护统治阶级利益，国家在稳定的轨道上继续前行，国家兴盛、经济发达、人口增长、府库充实、天下富庶、文化繁荣，开创了"明昌之治"。但任何一个承平日久的政权，在最安逸的时候也是最应该提高警惕的时期。一个不思进取的国家和民族，最后打败它的不是外部的敌人，而是自己。所以历代前贤都在历史中总结经验教训,要常怀远虑、居安思危,老子曾说:"祸兮福之所倚,福兮祸之所伏。"欧阳修也说:"祸患常积于忽微,而智勇多困于所溺。"因为中国古代历史仿佛就是在一个模式中不断地轮回,一个强大的政权打败了一个腐朽的政权,然后逐渐颓废消沉,直到被另一个崛起的政权取代。

步入老年的金朝在慢慢走向衰亡的过程中,出现了很多症状,其原因既来自于自身,也有来自外部的因素,最后在历史长河中留下短短的惊鸿一瞥,给后世留下了很多警示。英国历史学家汤因比曾经指出:文明衰落的根本原因是内在的、精神的,不是外在的、物质的。实际上,金朝作为中国古代文明发展史上的一个阶段,同样也具有这样的性质。汤因比把文明衰落的最终原因归之于人,特别是担负文明的创造性工作的"超人",他们可以兴邦,同样也可以丧邦。如果把以皇帝为代表的金朝统治集团比作"超人"的话,金朝统治者如果善始善终、居安思危,是不是可以避免或者延缓其衰亡呢?虽然任何事物的产生都会有其内在的逻辑性和合理性,不会以人的意志为转移,生死存亡在大自然的造化当中都有其自然法则,但是历史的魅力在于,它一直给人类以无限想象的空间,总会不自觉地对号入座,以古鉴今、借古讽今。随着历史的车轮不断地旋转,无数的今天都将成为明

金朝覆灭：北宋悲剧的重演

天，于是人们反反复复地重复着历史、记录着历史、总结着历史。

今天，我们仍然在金朝的故纸堆里面寻找历史发展的规律和警示箴言。发源于中国东北地区的女真人世代繁衍生息于白山黑水之间，广袤的地理自然环境养育了女真民族豪爽开放、坚贞不屈的民族性格，从偏安一隅的大国附庸到称霸黄河南北的金朝，女真人足足用了几百年的时间。金朝立国近120年，历经10帝，创造了辉煌的金源文化。金朝晚期，因其本身族属文化与儒家传统文化以及周边文化的冲突对立，导致金朝统治的内外关系非常紧张。金朝灭亡的历史证明，不同民族、不同文化之间从排斥到融合，需要漫长的过程。女真民族的发展轨迹也再次证明，女真发展的历史就是不同地域、不同民族和不同文化相互碰撞交流的历史。随着金朝的灭亡，女真人逐渐淡出历史舞台，但以女真人为首创造的金源文化却从未离开人们的视野。在中国古代历史的天空中，金源文化也许不是那颗耀眼的星，但它一定是一颗永恒的星。谨以此篇《念奴娇·金源怀古》作为本书结语：

　　　　按出虎水，完颜出，大金得胜陀颂碑。铁马金戈，
　　　浪淘沙，英豪风云际会。休祉三京，庙享百年，笑傲居

结 语

南北。大定明昌,社稷多少安危。

　　哀秦汉隋唐帝,叹辽宋金元祖,国祚昌永?陵谷变迁,冢墓间,牲祭烟灭灰飞。故址神游,多情应笑我,心生百感。人生苦短,予何谓鬓毛衰。

后 记

2006年7月的一天，刚刚研究生毕业、迈出学校大门的我，机缘巧合地进入了辽宁省博物馆这座文物殿堂，开启了我13年博物馆的职业生涯。在辽博，我畅游在历史的长河之中，感受5000年历史文明，体会汉、鲜卑、高句丽、契丹、女真、渤海、蒙古、满等各族先民共同缔造的历史文明，让我在敬畏历史的同时，也深感历史修养的不足。后来经过几年的努力，我拿到了中央民族大学历史文化学院"专门史"的博士学位证书，忝列在李师桂芝门下。

后 记

多年下来，我很惭愧没有一个像样的成果呈现给学界。早年出版的《辽代汉官集团的婚姻与政治》一书是我在博士论文的基础上完成的，所谓"无知无畏"，在还没有足够的学术积累和广泛的学术视域下，盲目地将论文出版，不仅给自己造成了无法挽回的学术损失，某种程度上也为学界增加了一些学术困惑。拙著出版之后，有多位史学前辈就书中相关问题咨询于我，显然我的解释是苍白的，书中还有很多需要商榷和修订之处。后来，我逐渐转入辽代石刻研究的领域，尝试围绕石刻资料进行对石刻文的考释和相关历史问题的研究。但是由于自己的史学基础和理论修养欠缺，很多研究成果仍然存在诸多遗憾。借此机会，我要感谢诸多前辈和师友们的雅量指正和提携鼓励。过往种种让我在之后从事历史研究过程中如临深渊，如履薄冰，哪怕写作中的一个标点符号，一个字或词，都需要字斟句酌，丝毫不敢懈怠。

进入高校工作之后，我的工作范围逐渐转入教学和科研，工作方式自然发生了很大的改变。新的环境使我有了莫大的压力，也促使我不断反思之前的研究成果和研究方法。在不断反思以及从事相关历史教学和科研工作的过程之中，我越来越意识到，历史研究除了要具备扎实的史学基础和研究能力之外，有两点是绝不能忽视的。首先，从事史学研究一定要有严谨认真的态度。我

金朝覆灭：北宋悲剧的重演

亲身的学术经历，让我更加体会到"谨于言而慎于行"之道理的深刻，生活在英国16至17世纪的法学家和政治家爱德华·柯克也曾谈道："事前谨慎总比事后补救强。"经历了很多学术教训之后，现在，每当我创作一篇学术论文，都要虚心向师友和专家学者请教，请他们拨冗审阅，提出修改意见。我再根据师友和专家学者们反馈的意见，进行无数次的修改、沉淀、再修改、再沉淀，直至完善。当然，无论我怎么努力修改和完善，始终都无法达到"至善"，这也许就是学海无涯的道理吧。一篇学术论文如同一块玉石、一件象牙要经过切、磋、琢、磨等数道工序之后方能成器一样，学术创作何尝不是如切如磋、如琢如磨呢？其次，历史研究要与时俱进，不能坐在功劳簿上"吃老本"。亚里士多德曾说："人生最终的价值在于觉醒和思考的能力。"而这种能力的成就，只能是不断地学习和探索，正所谓"理无专在，而学无止境"。中央民族大学李鸿宾教授在一次学术会议上曾语重心长地嘱咐我："历史研究没有什么捷径，只有大量地阅读，在这基础之上不断地创作！"中国的古籍文献汗牛充栋，现当代学人的论著浩如烟海，有选择地阅读对我学术视野的开拓至关重要；同时，史学的理论修养也必不可少，中外史学发展的阶段和特点以及中外史家的不同史观和史学方法，都是我要了解、学习和掌握

后 记

的必备知识,只有具备一定的理论修养,才能具备一定的判断能力,对当今国内外流行的一些史学理论和思想以及史学研究途径和方法有一个清晰的比较和判断,从而正确地看待和选择当今学界流行的一些史学研究手段和方法。这是我对史学前辈嘱咐话语的理解,也是我今后所要秉持的理念,作为我学习和研究生涯的圭臬。

《金朝覆灭:北宋悲剧的重演》一书是我在金史领域的一次尝试。在我接到撰写任务之后,首先拟定了书稿的撰写思路和设定了书稿的框架。本书的初衷是在金章宗后期统治到金朝灭亡的时间段内,以金蒙关系为线索,阐述金朝和蒙古之间的和战关系,兼及金与南宋和西夏等周边政权的史实。本书通过金与北宋结局的对比,论述两个政权从建立到灭亡具有的许多相同轨迹,还通过不同族群、不同政治和文化群体的活动,考察公元12世纪到13世纪在中国疆域内各政权、各民族之间多元文化的互动和交融情况。但在书稿撰写过程中,由于本人的学术视野及掌握的学识有限,对一些问题的把握还不够成熟,有些问题尚需进一步深入探讨。总之,书中一定有很多不足之处,敬请学界方家雅量指正。

在本书撰写过程中,我参考了前辈学者的诸多学术著作,如

金朝覆灭：北宋悲剧的重演

李师桂芝先生的《辽金简史》、王曾瑜先生的《辽金军制》、赵永春先生的《金宋关系史研究》、李锡厚和白滨两位先生的《辽金西夏史》、杨浣先生的《辽夏关系史》、周峰先生的《谈金：他们的金朝》等。还有诸多先生的学术论文和博士论文，如《辽金"二税户"研究》《金朝的民族政策与民族歧视》《论金宣宗"九公封建"》《金朝明昌党事考实》《试析金宣宗迁都开封》《论金代的忠孝军》《金章宗的文学活动及其意义》《论元好问丧乱诗"诗史"特征》《对李冶〈测圆海镜〉的新认识》《金元之际女真文人徒单公履生平与创作考论》《金朝财政研究》《金代武将群体研究》《金代移民研究》，等等，限于本书撰写体例，引用诸位先生论著中的观点无法一一标出，在此表示由衷的感谢。

本书之所以能够出版，我要感谢河南大学历史文化学院耿元骊教授的约请，感谢提供诸多帮助的哈尔滨师范大学社会与历史学院李秀莲教授、辽宁人民出版社蔡伟老师以及辽宁大学历史学院研究生范文丽和陈文博两位同学。

齐　伟

甲辰年戊辰（农历三月）于沈阳